„… Geschichte und Gegenwart lehren, wie leicht der gesellschaftliche und politische Orientierungsrahmen, der uns alle prägt, aus den Fugen geraten und schleichend inhumane Züge annehmen kann …"

Der lange Winter in Springhirsch

Das KZ-Außenkommando Kaltenkirchen

Jürgen Gill

Wachholtz

Alle Rechte, auch die des auszugsweisen Nachdrucks,
insbesondere der Vervielfältigung, der Einspeicherung und
Verarbeitung in elektronischen Systemen, sowie der
fotomechanischen Wiedergabe und Übersetzung, vorbehalten.

ISBN 978-3529-06134-9

© 2008 Wachholtz Verlag, Neumünster

Inhalt

1. Einleitung	6
2. **Die Tafeln einer Ausstellung im Dokumentenhaus der KZ-Gedenkstätte Kaltenkirchen**	8
3. Das Konzentrationslager Neuengamme	41
4. **Die Außenkommandos**	42
5. Vorbereitungen für Kaltenkirchen	46
6. **Das Außenkommando Kaltenkirchen**	48
- Das Lager	48
- Die Lagerinsassen	51
- Einzelne Häftlinge	52
- Die Lagerführung	56
- Die Wachmannschaft	64
- Häftlingsfunktionäre in Kaltenkirchen	66
- Johannes Wehres	66
- Sergiusz Jaskiewicz	70
- Richard Tackx	72
- Der Lageralltag	74
- Das Lager und die Zivilbevölkerung	84
- Der evangelische Gemeindepastor Johannes Thies	85
- Die Menschen im Umfeld	86
- Krankheiten und Häftlingsaustausch	87
- Luftangriffe	89
- Fluchtversuche	90
- Hertha Petersen	93
- Die Toten	96
- Evakuierung des Lagers	104
7. **Kaltenkirchen danach**	109
8. **Gräberstätte Moorkaten**	115
9. **Nachwort**	123
10. **Die Geschichte der KZ-Gedenkstätte Kaltenkirchen**	126
11. **Schlussbetrachtung und Ausblick**	135

Einleitung

Die erste Auflage von Gerhard Hochs „Hauptort der Verbannung, das KZ-Außenkommando Kaltenkirchen" ist 1979 beim Verlag C. H. WÄSER in Bad Segeberg erschienen. Die dritte und letzte Ausgabe stammt aus dem Jahr 1983. Heute nach 25 Jahren soll das Werk neu bearbeitet werden, weil die Nachfrage wegen der inzwischen entstandenen KZ-Gedenkstätte Kaltenkirchen groß ist, weitere Erkenntnisse über das KZ-Außenkommando Kaltenkirchen hinzu gekommen sind und ein Buch über das KZ-Außenkommando Kaltenkirchen heute wegen des veränderten öffentlichen Bewusstseins eine andere Leserschaft ansprechen muss als damals.

Die vorliegende Ausgabe hat die Arbeit von Gerhard Hoch zur Grundlage, hält sich weitgehend an deren Gliederung, kürzt aber einige Passagen, die damals einer anderen Intention gehorchten, fügt inzwischen erlangte neue Erkenntnisse hinzu, erweitert sie um die Geschichte der Entwicklung der KZ-Gedenkstätte Kaltenkirchen und fußt im Wesentlichen auf den Dokumenten, Briefwechseln, Aussagen von Zeitzeugen und anderen Materialien, die sich bei Gerhard Hoch seit 1975 bis heute angesammelt haben und die im Zuge der Entwicklung der KZ-Gedenkstätte Kaltenkirchen neu zusammengetragen wurden.

Das KZ-Außenkommando Kaltenkirchen, ein KZ-Außenlager des großen norddeutschen Konzentrationslagers Neuengamme bei Hamburg, bestand vom August 1944 bis zum 16. April 1945 an der Reichsstraße 4, heute Bundesstraße 4, etwa 3 km südlich von Lentföhrden in Springhirsch, einem Ortsteil von Nützen. Entlang der Reichsstraße 4 gab es damals viele verschiedene militärische Einrichtungen, Baracken und Gebäude, z.B. Baracken der Luftwaffe, Gebäude der 1. Marine-Kraftfahrausbildungsabteilung und des „Erweiterten Krankenreviers des Stammlagers für sowjetische Kriegsgefangene X A Schleswig, Zweiglager Heidkaten". Die nördlich gelegenen Baracken der Luftwaffe in Springhirsch wurden im Sommer 1944 rasch zu einem Konzentrationslager umgewidmet mit allem, was dazu gehörte, Stacheldrahtzaun, Wachtürme, Appellplatz, Strafbunker usw., denn die Luftwaffe benötigte dringend Arbeitskräfte zum Ausbau der Start- und Landebahn des Militärflugplatzes Kaltenkirchen. Die Zusammenarbeit der Wehrmacht mit der SS funktionierte auch hier vorzüglich. Die Luftwaffe brauchte Arbeitskräfte und die SS lieferte KZ-Häftlinge aus dem KZ-Neuengamme.

Also wurde die Kaltenkirchener Heide, im Wesentlichen das Gelände des heutigen Bundeswehr-Übungsplatzes, ein Ort des Leidens für unzählige junge Männer, die aus den unterschiedlichsten Gründen dem Machtanspruch und dem Eroberungswillen des Deutschen Reiches im Wege gestanden hatten. Die Einwohner in der Region wussten in der Regel von der Existenz des KZ-Außenlagers und was dort geschah. Denn SS und Wehrmacht gaben sich wenig Mühe, das Lager und damit verbundene Aktivitäten in seiner Umgebung vor neugierigen Augen zu verbergen.

Jahrzehntelang nach dem Krieg überdeckte hartnäckiges Schweigen die Orte des Leidens. Als einziger historischer Ort, versteckt im Wald von Moorkaten und verschleiert unter falschem Namen, gab es einen kleinen Begräbnisplatz. Das Hinweisschild an der „Betonstraße" wies auf eine „Kriegsgräberstätte" hin. Dass hier KZ-Häftlinge neben sowjetischen Kriegsgefangenen begraben lagen, davon wusste nach einer gewissen Zeit kaum jemand mehr. Und am Ort an der Bundesstraße 4, wo sich das KZ-Außenlager befunden hatte, wuchs bis in die Mitte der neunziger Jahre der „Wald des Vergessens".

Erst ab 1975 begann sich in der Region die Erinnerung zu regen. Das war das Verdienst eines Mannes, Gerhard Hoch, der unter enormen Schwierigkeiten und gegen vielfältige Widerstände die Schleier des Vergessens wegzureißen suchte.

Ursprünglich war nicht daran gedacht worden, das Außenkommando Kaltenkirchen monographisch darzustellen. Seine Geschichte sollte Platz finden in der Gesamtdarstellung der Geschichte Kaltenkirchens von 1933 bis 1945, die Gerhard Hoch unter dem Titel: „Zwölf wiedergefundene Jahre – Kaltenkirchen unter dem Hakenkreuz" 1980 veröffentlicht hat und die 2006 unverändert neu aufgelegt wurde. Der Autor hatte in der Einleitung der ersten Auflage von „Hauptort der Verbannung" 1976 erklärt, dass es „durch die frühzeitige Fertigstellung der Gedenkstätte (Gräberstätte) Moorkaten" … „sinnvoll" erschienen sei, „diesen Teil gesondert herauszugeben". Mit der Schaffung der KZ-Gedenkstätte Kaltenkirchen in Springhirsch, die sich seit dem Ende der neunziger Jahre bis 2007 stetig entwickelt hat, ergibt sich ein weiterer Grund dafür, das KZ-Außenkommando in einer besonderen Monographie darzustellen.

Im Folgenden wird der Schlussteil der Einleitung von Dr. Gerhard Hoch der ersten Ausgabe unverändert übernommen: „Um zu gesicherten Ergebnissen zu kommen, wurde versucht, alle erreichbaren Unterlagen im In- und Ausland einzusehen und auszuwerten. Archive in Frankreich, England, Belgien, den Niederlanden, Polen und der DDR haben bereitwillig geholfen. Besonderen Dank gebührt Herrn Dr. W. Johe von der Forschungsstelle für Geschichte des Nationalsozialismus in Hamburg, der Amicale Internationale de Neuengamme mit ihren Einrichtungen und Vertretern, den Staatsanwälten der Zentralen Stelle in Ludwigsburg und den Staatsanwaltschaften in Hamburg und Kiel.

Die wichtigsten Informationen stammen jedoch von Überlebenden des Außenkommandos aus Polen, Frankreich, Holland und der Bundesrepublik. Aufzeichnungen verschiedenster Art, briefliche und mündliche Mitteilungen vermittelten eine anfangs nicht erwartete Fülle von Einzelheiten. Aber auch zahlreiche Mitbürger aus Kaltenkirchen und den umliegenden Gemeinden trugen wesentlich zur Abrundung des Bildes bei. Ihnen allen sei herzlich gedankt."

Die Tafeln der Ausstellung im Dokumentenhaus der KZ-Gedenkstätte Kaltenkirchen

Was könnte besser in eine Darstellung des KZ-Außenkommandos Kaltenkirchen einführen als die Tafeln an den Wänden des Versammlungsraumes der KZ-Gedenkstätte Kaltenkirchen in Springhirsch. Denn das Buch greift zur Veranschaulichung und zum Beleg auf viele der dort gezeigten Dokumente zurück. Die hier gezeigten Tafeln sind hervorragend geeignet, dem Leser schon im Vorweg einen Überblick über das Thema zu verschaffen und ihn darüber hinaus zu motivieren, die Gedenkstätte einmal zu besuchen. Dort wird eine Fülle von Material ausgebreitet, das über die eigentliche Darstellung des ehemaligen Lagers hinausgeht, das die Vor- und Nachgeschichte aufrollt und den drängenden Fragen nachgeht, warum ausgerechnet im ländlichen Raum Südholsteins die Demokratie so früh und so gründlich scheiterte, warum hier das unmenschliche KZ-System ohne Widerspruch hingenommen und akzeptiert wurde. Außerdem belegen die Tafeln sehr eindringlich, wie nach 1945 von offizieller und inoffizieller Seite versucht wurde zu vergessen, aber wie dann nach dreißig Jahren dieser Versuch des Verdrängens endlich misslingen musste, weil Gerhard Hoch hartnäckig zu recherchieren begann. So eingestimmt mag der Leser gespannt sein, im Text nach näheren Einzelheiten zu suchen. Zum Beispiel dürfte er besonders an einer ausführlicheren und vertiefenden Darstellung der in den Tafeln angesprochenen Schicksale und Ereignisse interessiert sein.

Die Texte und die Dokumente der Tafeln stammen von Dr. Gerhard Hoch. Die grafische Gestaltung besorgte Dipl.- Grafiker Wolf Leo, Berlin.

Die Geschichte des Nationalsozialismus vor 1933 in der Region Kaltenkirchen

Das KZ-Außenkommando Kaltenkirchen

Die Ursprünge des Nationalsozialismus

Der Nationalsozialismus kam nicht von außen oder von oben über das deutsche Volk.
Er war Erfüllung des Sehnens und einer demokratiefeindlichen politischen Kultur im deutschen Bürgertum der Weimarer Republik. Das ist ablesbar an den Wahlergebnissen der bürgerlichen Parteien seit 1924:

Das Beispiel der Region um Kaltenkirchen:

Wählerwanderung von den bürgerlichen Parteien zur Hitler-Partei (NSDAP) bei der Reichstagswahl, Region Kaltenkirchen

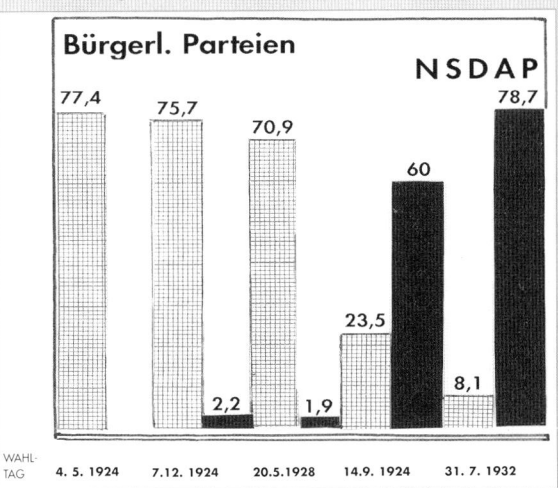

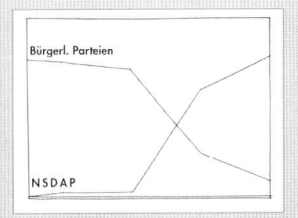

Wählerstimmen für die NSDAP bei der Reichstagswahl am 31.7.1932

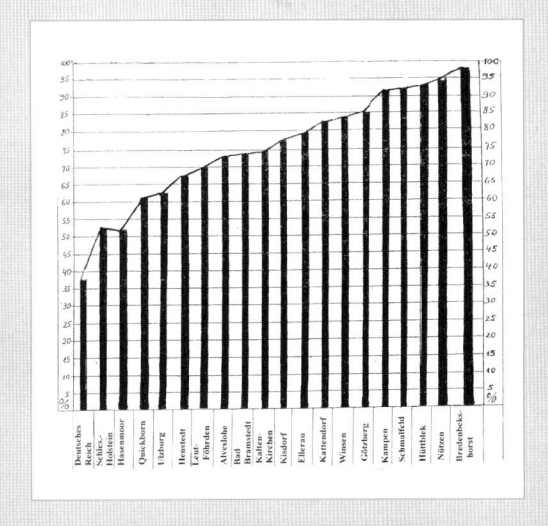

Wussten die Wähler, wen und was sie mit der NSDAP wählten?

Die Geschichte des Nationalsozialismus vor 1933 in der Region Kaltenkirchen

Politische Leiter aus den Dörfern der Region Kaltenkirchen

Die Nationalsozialisten („Nazis") traten stets öffentlich auf – für alle unübersehbar und unüberhörbar. Nazis – das waren in den Gemeinden vor allem angesehene Mitbürger der Wähler (Bauern, Selbständige, Angestellte, Beamte, Lehrer, auch Pastoren).
Sie waren die wichtigsten Propagandisten des Nationalsozialismus.

Parteiredner trugen die politischen Ziele der NSDAP bis ins kleinste Dorf unserer Region.

Hüttmanns Gasthof, Kaltenkirchen, Hauptversammlungslokal der NSDAP

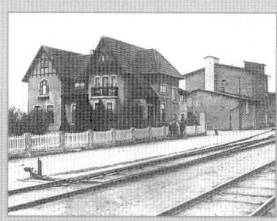

Getreidemühle Dieckmann, Alveslohe

Hans Dieckmann, Ortsgruppenleiter und Hauptagitator, Alveslohe

Heinz Blum, Lehrer, Redner, Ortsgruppengründer, Alvesloh

Als oberste Ziele wurden überall und einheitlich verkündet:

Beseitigung der parlamentarischen Demokratie des „Weimarer Systems"
Militarisierung des Volkes und aggressive Außenpolitik
Eliminierung der Juden und politischen Gegner (insbes. Sozialisten)

Mittel der Information und Werbung der Nationalsozialisten:

Beispiele aus der Region:
Straßenumzüge mit Musik

Öffentliche Übertragung von Hitler-Reden
Filmvorführungen als neues Medium
Nutzung von nationalen Gedenktagen, z. B. Heldengedenktag
Auftreten bei volkstümlichen Veranstaltungen, z. B. Sonnenwendfeiern
Theaterabende mit nationalen oder volkstümlichen Stoffen
„Deutsche Abende" mit „Deutschem Tanz" (siehe „Kommentare")
Paramilitärische Übungen, häufig nachts (siehe „Kommentare")
Plakate und Handzettel massenhaft
Lieder, auf Versammlungen und auf der Straße gesungen.
(siehe „Kommentare")

Militärkappelle der Kaiserlichen Schutztruppe im Dienst der SA in Alveslohe und anderen Orten

10

Die Geschichte des Nationalsozialismus vor 1933 in der Region Kaltenkirchen

Als Schwerpunkte nationalsozialistischer Agitation und Aggression galten:

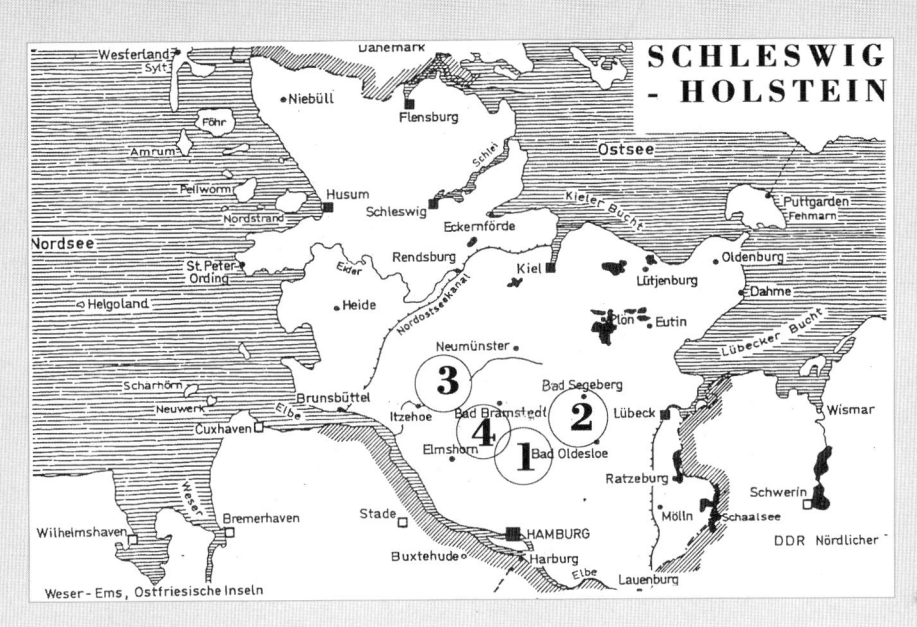

1. **Kattendorf:** SA-Führerschule

2. **Struvenhütten:** Sitz des SA-Sturmbanns 2/213

3. **Lokstedter Lager:** (heute Hohenlockstedt): Wehrsportschule der SA

4. **Nützen, Springhirsch:** Hof Ebert: SS-Heim

Springhirsch SS-Heim

Mitglieder der SA-Führerschule Kattendorf, als besonders aggressiv bekannt, hier wegen eines Uniformverbots 1932 in Zivilkleidung

Die Geschichte des Nationalsozialismus vor 1933 in der Region Kaltenkirchen

Mit welcher Sprache und Wortwahl wandten sich die „Nazis" an die Wähler?

Dazu einige von zahllosen Beispielen aus der Region:

Kreisleiter der NSDAP Werner Stiehr auf einer Bauernkundgebung in Segeberg:

„Wer heute nicht für uns, ist gegen uns, und wer gegen uns ist, wird kaputtgeschlagen"

Kreisleiter Stiehr bei einem Aufmarsch in Altona

Harald Thomsen aus Dithmarschen auf einer Werbeveranstaltung in Oldesloe:

„Nach der Machtübernahme wird es zwei Leitsätze geben: Wer Schiebungen macht und wer marxistische Ziele verfolgt, ist ein Volksverräter. Wer Volks- und Landesverrat begeht, wird erschossen"

(Kaltenk. Zeitung v. 2.11.1931)

Harald Thomsen

Maurermeister und Ortsgruppenleiter Hermann Schümann in Henstedt:
Zur katholischen Zentrumspartei:
„Die stinkendste Pest, die je gewütet hat"

und zur SPD:
„Die rücksichtsloseste Mördergesellschaft, die es je gegeben hat"
(Kaltenk. Zeitung v. 27.11.1931)

Schmiedemeister Hans Kummerfeld aus Nordhastedt (Dithm.) auf einer Versammlung in Kaltenkirchen:
„Hitler gräbt alles Faule bis auf den Felsen des Fundamentes fort, und mit dem wirklich deutschblütigen Volksteil wird er es schaffen, nicht mit den polnisch- oder jüdischvermischten Bastarden, die dort gezüchtet sind, wo polnische Arbeiter sich mit dem deutschen oder jüdischen Blut vermengten. Die Bastarde können nicht deutsch denken und fühlen und werden uns nie begreifen"
(Kaltenk. Zeitung v. 5.11.1932)

Hans Kummerfeld

Welche Rolle spielte dabei die Evangelische Kirchengemeinde Kaltenkirchen?

Maßgebliche Vertreter der Gemeinde und des Kirchspiels Kaltenkirchen engagierten sich sehr früh und öffentlich in der NSDAP und in der SA. Pastor Ernst Szymanowski, seit 1926 Mitglied der NSDAP, trat als Parteiredner auf und schaffte in der Bevölkerung viel Vertrauen für die Partei Hitlers.

Pastor *Ernst Szymanowski*, später unter dem Namen Ernst Bieberstein, hoher SS-Führer, Chef eines SS-Einsatzkommandos in der Sowjetunion, in Nürnberg als Kriegsverbrecher zum Tode verurteilt, dann begnadigt und frei gelassen.

Die Jahre 1933 bis 1939

30. Januar 1933:
Reichspräsident von Hindenburg übergibt Hitler die Macht als Reichskanzler
Die zuvor angekündigte Politik wurde alsbald eingeleitet:

24. März 1933 „Ermächtigungsgesetz = Beseitigung der demokratisch-parlamentarischen Staatsform (siehe „Kommentare")
  Verbot der Kommunistischen Partei (KPD), dann auch der SPD
  Selbstauflösung der bürgerlichen Parteien
  Gleichschaltung der gesellschaftlichen Organisationen – zumeist freiwillig – unter die Führung der NSDAP
Auch der angekündigte Terror setzt ein:
1. April 1933: reichsweiter Boykott jüdischer Geschäfte und Einrichtungen, zum Beispiel in Bad Segeberg   (siehe „Kommentare")

Segeb. Kreis- u.Tagebl. vom 3. April 1933

Errichtung mehrerer Konzentrationslager für politische Gegner in Holstein

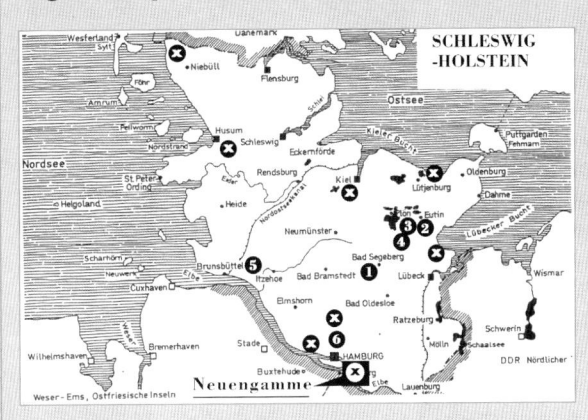

Konzentrationslager in Schleswig-Holstein 1933-34:
(Punkt mit Zahl)
1. **Kuhlen**, Teil der Anstalten der Inneren Mission in Rickling, Juli bis Oktober 1933, dort je 1 Häftling aus Kaltenkirchen und Kattendorf
2. **Eutin,** Juli bis Oktober 1933
3. **Holstendorf,** Oktober bis   Dezember 1933
4. **Ahrensbök,** November 1933 bis Juni 1934
5. **Glückstadt,** Juni bis September 1933
6. **Wittmoor,** (heute Norderstedt), April bis Oktober 1933

Konzentrationslager am Ende des Dritten Reiches in Schleswig-Holstein:
(Punkt mit Kreuz)
1. **Kaltenkirchen,** Sommer 1944 bis April 1945
2. **Ladelund,** November bis Dezember 1944
3. **Husum-Schwesing,** September bis Dezember 1944
4. **Wedel,** September bis November 1944
5. **Neustadt,** Dezember 1944 bis Mai 1945
6. **Lütjenburg-Hohwacht,** Dezember 1944 bis März 1945

Im Jahre 1932 wurde die spätere KZ Baracke von der „Evangelischen Freischar der Arbeit" errichtet.

(Quelle: H. Jenner, Konzentrationslager Kuhlen 1933, Rickling 1988, S. 85)
(siehe „Kommentare")

Drohung mit dem KZ (Segeb. Kreis- u. Tagebl. 6.8.1933)

Der Weg der „Volksgemeinschaft" in den Krieg

Ziel:
Schaffung Großdeutschlands

Vorbereitungen:
Die Wirtschaft stellt sich in den Dienst der Aufrüstung
Die Hitler-Jugend versteht sich als Mittel vormilitärischer Ausbildung und Einstimmung
Im Schulunterricht wird die Jugend mannigfach militarisiert
Dem Volk wird eingeredet: eine „Welt von Feinden" rings um Deutschland

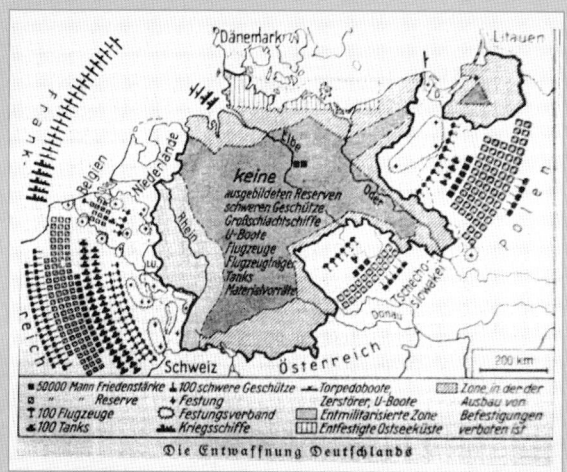

Vor und nach 1933 im Unterricht verwendete Karte

Voraussetzung für den Krieg:
Schaffung einer einheitlichen „Volksgemeinschaft" aus deutschen „Herrenmenschen"
Störende, schwächende, als nicht-integrierbar betrachtete Personen und Gruppen werden eliminiert.

Dazu dienen:
Maßnahmen der Eugenik (Sterilisierung)
Einweisung politischer und missliebiger Personen in die Konzentrationslager
Gesellschaftliche, dann physische Eliminierung (Ausgrenzung) von Juden und Zigeunern

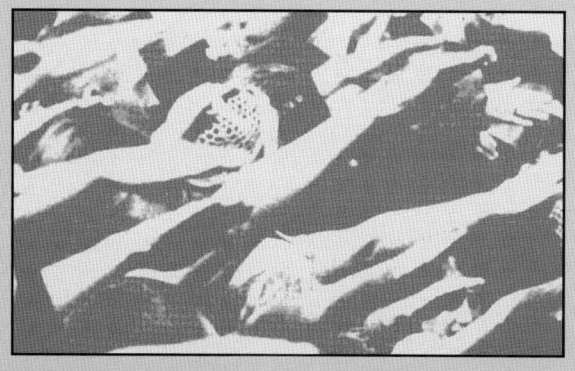

Die Führung von Staat und Partei konnte der Zustimmung der großen Mehrheit des Volkes, insbesondere auch der Wehrmacht, sicher sein.

Zustimmung und Bestärkung kam auch von kirchlicher Seite, zum Beispiel aus Kaltenkirchen.

Pflugschar und Meißel – Gemeindeblatt für das Kirchspiel Kaltenkirchen
Nummer 15, Sonntag (Palmarum), den 10. April 1938, 10. Jahrgang
Am 10. April: Ein „Ja" dem Führer

WHW = „Winterhilfswerk"
(siehe „Kommentare")
aus: „Pflugschar und Meißel" vom 7.2.1937

WHW „Auch Du..."
Text: aus „Am Sehrohr der Zeit. Evangel. Gemeindeblatt f. d. Kirchengemeinde

Auch Du Dein Opfer zum Sieg!
2. KRIEGSWINTERHILFSWERK 1940/41

Das Unheil nimmt Gestalt an – in und um Kaltenkirchen

Ab 1935 Errichtung von Landjahrlagern für Jungen und Mädchen (Kaltenkirchen, Alveslohe, Kattendorf) (siehe Kommentare)

Landjahrmädel in Alveslohe

Kaltenkirchen wird Standort des Reichsarbeitsdienstes (siehe Kommentare)

Tor zum Arbeitsdienstlager an der Kieler Straße

Ab 1938 Errichtung des Militärflugplatzes Kaltenkirchen

Ab 1940 gehören Kriegsgefangene und Zwangsarbeiter aus verschiedenen Ländern zum öffentlichen Bild aller Gemeinden

Mutter Jekaterina Melnikowa mit Kindern Olga und Pjotr, aus Nordrussland verschleppt. Vater und älterer Sohn wurden vor ihren Augen erschossen.

Am 5. September 1941 Vollstreckung des Todesurteils an dem deutschen Unteroffizier Fred Göttner durch Sanitätssoldaten in Moorkaten

Fred Göttner

Hinrichtungsstätte

1941 Errichtung des „Erweiterten Krankenreviers des Stammlagers XA Schleswig Zweiglager **Heidkaten**" – Ort des Massensterbens kranker sowjetischer Kriegsgefangener bis 1944.
(siehe „Kommentare")

Das Unheil nimmt Gestalt an – in und um Kaltenkirchen

In einem Lager in Heidkaten ließ die Wehrmacht von November 1943 bis Mai 1944 37 italienische Militärinternierte sterben. (siehe „Kommentare")

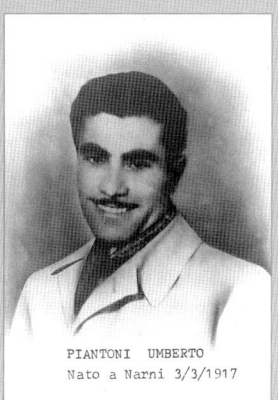

Mai 1945 Ermordung von 10 serbischen Kriegsgefangenen in Kampen durch SS-Soldaten (siehe „Kommentare")

Zwei der verstorbenen italienischen Militärinternierten

Im April 1945 Ermordung von drei KZ-Häftlingen aus Fuhlsbüttel in und bei Kaltenkirchen
(siehe „Kommentare")

Grabdenkmäler auf dem Friedhof Kaltenkirchen

Grabstein auf dem Friedhof Kaltenkirchen

Im März 1943 Denunziation des Mittelschullehrers Gustav Meyer, Verhaftung durch die Gestapo und Verurteilung zu Zuchthausstrafe

Am 5. Januar 1945 wurde Bernard Adamski, 19 Jahre alt, nach vierjähriger Zwangsarbeit bei einem Bauern in Alveslohe verhaftet und im „Arbeitserziehungslager Nordmark" in Kiel-Russee am 7. Februar 1945 zu Tode gebracht.

B. Adamski mit seinem Arbeitgeber

Stationen deutscher Aggression

„Hitlers Ziel ..."

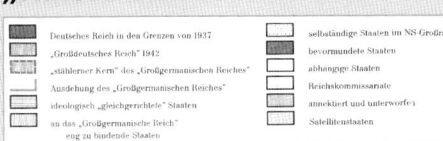

- Deutsches Reich in den Grenzen von 1937
- „Großdeutsches Reich" 1942
- „stählerner Kern" des „Großgermanischen Reiches"
- Ausdehnung des „Großgermanischen Reiches"
- ideologisch „gleichgerichtete" Staaten
- an das „Großgermanische Reich" eng zu bindende Staaten
- selbständige Staaten im NS-Großraum
- bevormundete Staaten
- abhängige Staaten
- Reichskommissariate
- annektiert und unterworfen
- Satellitenstaaten

Quelle: Der Zweite Weltkrieg. Berlin 1985

„Deutsche Eroberung...bis 1942"

Quelle: Chronik d. 20. Jahrh. 12. Aufl. 1992

„Hitlers Aktionen..." von Kriegsbeginn

Quelle: Bodo Harenberg. Chronik d. 20. Jahrh. Dortmund 1982

Der Rückschlag.

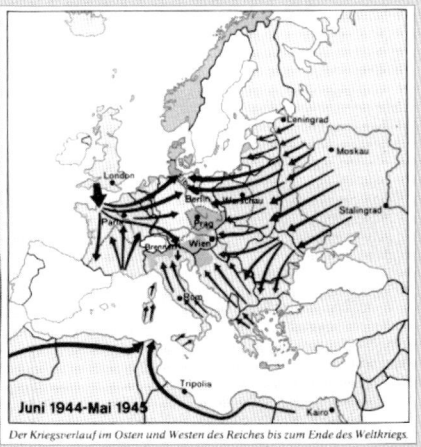

Juni 1944–Mai 1945

Der Kriegsverlauf im Osten und Westen des Reiches bis zum Ende des Weltkriegs.

Quelle: Chronik d. 20. Jahrh. 12. Aufl. 1992

Militärflugplatz Kaltenkirchen

Zur Geschichte:

1935
Erkundung des Geländes durch die Luftwaffenführung

1938
Erwerb der Grundstücke und Baubeginn

November 1944
erste Stationierung von Jagdflugzeugen Messerschmitt Me 262

Ab 5.4.1945
Stationierung von Jagdflugzeugen des Typs Arado Ar 234

7.4.1945
schwerer alliierter Luftangriff auf den Flugplatz

5.5.1945
Besetzung durch englische Truppen

Nach Sprengung aller Betonpisten wurde das Gelände aufgeforstet und ab 1966 von der Bundeswehr genutzt.
Die dunklen Flächen bezeichnen die Aufforstung.

Luftfoto der Royal Air Force vom 25.12.1944

Topografische Karte 1:50.000
Schleswig-Holstein/
Hamburg Deutsche Landesvermessung

A. Reichsstraße (heute Bundesstraße) 4 Altona-Kiel
B. „Betonstraße" Kaltenkirchen – Moorkaten – Reichsstraße 4
C. Stichbahn Kaltenkirchen – Moorkaten – Flugplatz
D. Lager Moorkaten (siehe „Kommentare")
E. Gräberstätte für Kriegsgefangene und KZ-Opfer (siehe „Kommentare")
F. Wald- und Gartenstadt Springhirsch (siehe „Kommentare")
G. Flugfeld – Das Linienmuster wurde mit Farbe aufgetragen, um Felder und landwirtschaftliche Nutzung zu simulieren. Dadurch sollte die feindliche Luftaufklärung in die Irre geführt werden
H. Start- und Landebahn
I. Hauptarbeitsorte der Häftlinge (helle Bodenfärbung)
J. KZ-Außenkommando Kaltenkirchen
K. Flugplatzkommandantur
L. 1. Marinekraftfahr-Ausbildungsabteilung (siehe „Kommentare")
M. „Schieberwald" (siehe „Kommentare")
N. „Erweitertes Krankenrevier Heidkaten" (siehe „Kommentare")

Die neuen Jagdflugzeuge in Kaltenkirchen

düsengetriebenes Jagdflugzeug (Strahlflugzeug) Typ Me 262, in Kaltenkirchen eingesetzt ab November 1944

Luftfoto der Royal Air Force vom 25.12.1944 (Ausschnitt) (Der Pfeil weist auf das KZ-Außenkommando)

düsengetriebenes Jagdflugzeug Typ Ar 234, in Kaltenkirchen eingesetzt ab 5.4.1945 (siehe „Kommentare")

Güterzug der Eisenbahn Altona-Kaltenkirchen-Neumünster

In solchen Güterwagen wurden die ersten 500 – 600 Häftlinge von Hamburg-Neuengamme nach Kaltenkirchen transportiert. Fahrdauer: 2 1/2 Tage, ohne Verpflegung und Wasser.

Das Lager

Luftfoto vom 25.12.1945, der stark vergrößerte Ausschnitt (4 Punkte) zeigt das Lager

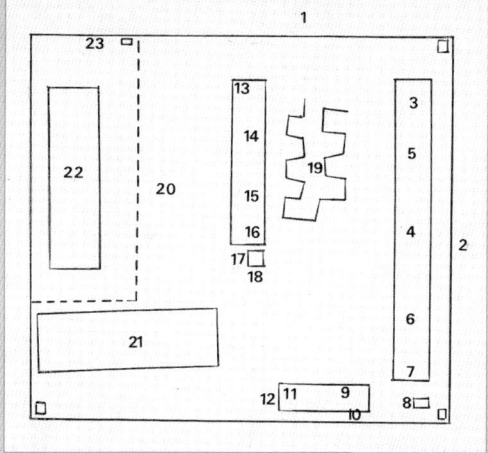

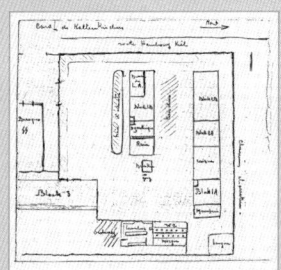

Die Skizze wurde im Juni 1945 im KZ Ravensbrück von dem Kaltenkirchener Häftling (und späteren General der französischen Armee) Edmond Mahieu mit französischen Bezeichnungen angefertigt.

Die Ziffern geben in deutscher Übersetzung Mahieus Bezeichnungen für die Gebäude und Objekte auf seiner Skizze an

1. Reichsstraße 4
2. Weg zum Nordteil des Flugplatzes
3. Block 2 B
4. Block 2 A
5. Küche
6. Block 1 A
7. Tischlerei
8. Schuppen (Lager für Holz und Särge)
9. Latrine
10. Leichenablage
11. Waschraum
12. Müllplatz
13. Büro des Lagerältesten
14. Block 1 B
15. Isolierstation Ruhr
16. Krankenrevier
17. Strafbunker
18. Gong
19. Luftschutz-, Splitterschutzgräben
20. Gebüschzeile
21. Block 3
22. Unterkunft der Wachmannschaft (nicht SS, sondern Wehrmachtssoldaten)
23. Lagertor

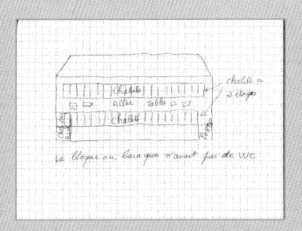

Skizze des französischen Häftlings Roger Rémond
Ansicht einer Baracken-Abteilung („Stube") mit Mittelgang (Allée) und Tischen (Tables), beidseitig doppelstöckigen Holzpritschen (Chalits), abgetrenntem Platz für den „Stubenältesten" (Chef de block) und der Tür (Porte).
R. Rémond:
„Im Block gab es keine Toilette."

Das System der Konzentrationslager

Rechtsgrundlage war letztlich die Verordnung des Reichspräsidenten von Hindenburg zum „Schutz von Volk und Staat" vom 28. 2.1933
(siehe „Kommentare")

Reichspräsident von Hindenburg und Hitler am „Tag von Potsdam" am 21.3.1933 (siehe „Kommentar") nach dem Gottesdienst in der Potsdamer Garnisonkirche

(Quelle: Der Spiegel, 1983, Nr. 6)

Die Konzentrationslager bildeten ein geschlossenes System mit der Befehlsstruktur:
- Reichsführer SS Heinrich Himmler
- Reichssicherheitshauptamt in Berlin
- Hauptlager
- Außenkommandos

Reichsführer SS Heinrich Himmler

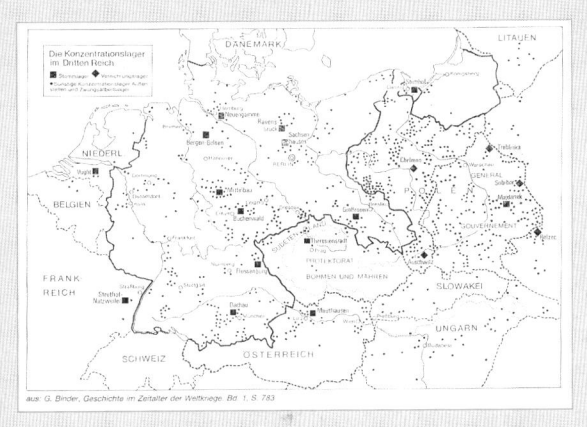

aus: G. Binder, Geschichte im Zeitalter der Weltkriege, Bd. 1, S. 783

Neuengamme war eins von insgesamt 22 Hauptlagern, Kaltenkirchen in Springhirsch eins von 1202 Außenkommandos.

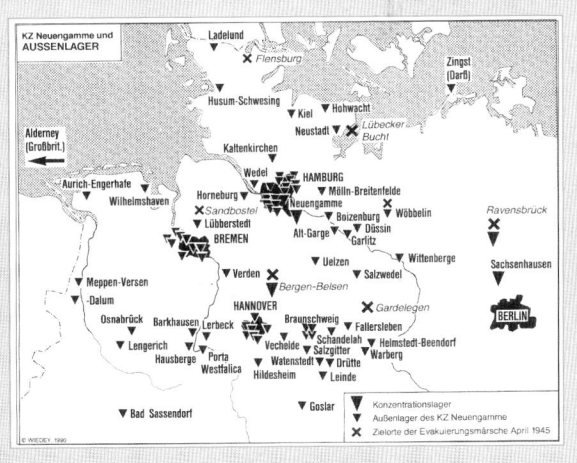

Zweck der Konzentrationslager

Ursprünglich:
Ausschalten der politischen Gegner und Drangsalierung unerwünschter Minderheiten

Während des Krieges:
Sammlung eines Arbeitskräftereservoirs für die Kriegswirtschaft, verbunden mit dem Zweck der „Vernichtung durch Arbeit" (siehe Kommentare).

Verbrechen der Wehrmacht

Es war die Luftwaffenführung, die bei der SS die Errichtung des Lagers betrieb. Die erforderlichen Baracken sowie die Wachmannschaft wurden der SS zur Verfügung gestellt. Die Häftlinge waren für Erdarbeiten auf dem Flugplatz vorgesehen.
Damit machte sich die Luftwaffenführung mitschuldig an allem, was den Häftlingen in diesem Lager angetan wurde.

Lagerführung und Funktionshäftlinge

Lagerführer SS-Hauptsturmführer Otto Freyer, Kaufmann aus Stuttgart. Er wurde als Hauptmann der Wehrmacht von der SS übernommen und trotz seines Widerstrebens als Lagerführer nach Kaltenkirchen geschickt. Im Frühjahr 1945 wurde er auf sein wiederholtes Drängen abgelöst, aus der SS entlassen und in seine Heimat zurückgeschickt.

Freyers Nachfolger wurde SS-Hauptsturmführer Bernhard Waldmann aus Lünen/Westf. Die Häftlinge erlebten ihn als besonders hart und rücksichtslos.

Dem Lagerführer unterstanden 2 bis 3 SS-Unterführer, namentlich bekannt nur SS-Rottenführer Ernst Lange.

Die Wachmannschaft bestand aus etwa 85 älteren, nicht fronttauglichen Soldaten der Luftwaffe.

Lagerältester Johannes Wehres Wehres war wegen Beteiligung am kommunistischen Widerstand seit 1934 in Haft gewesen. Als Lagerältester hatte er die schwere Aufgabe, die Anordnungen der Lagerführung gegenüber seinen Kameraden durchzusetzen. Er tat es mit größtmöglicher Rücksichtnahme. Ihm stand ein Raum in der Lagerverwaltung zur Verfügung.

Der polnische Lagerschreiber Sergiusz Jaskiewicz in den 60er Jahren (Warnschild am Bundeswehr-Übungsplatz).
Er arbeitete in der Lagerschreibstube. Ihm oblag Buch- und Karteiführung und Innenarbeit im Lager (siehe „Kommentare").

Jaskiewicz mit der Witwe des polnischen Häftlings Stanislaw Jaworski, Johanna Jaworska, in den 70er Jahren in Kaltenkirchen. Jaworski starb am 3. Mai 1945 beim Untergang der Cap Arcona in der Neustädter Bucht, der Sohn im KZ Sandbostel. Sie selbst wurde im Warschauer Gefängnis Pawiak gefangen gehalten (Auskunft Jaskiewicz).

Der französische Lagertischler Richard Tackx Aufnahme kurz nach seiner Befreiung vor der Lagertischlerei. Er war Führer des Beerdigungskommandos.

Tackx 1970 in Caen, wo ihm durch seinen früheren Lagerkameraden, den General E. Mahieu, eine hohe militärische Auszeichnung (Médaille Militaire) verliehen wird.

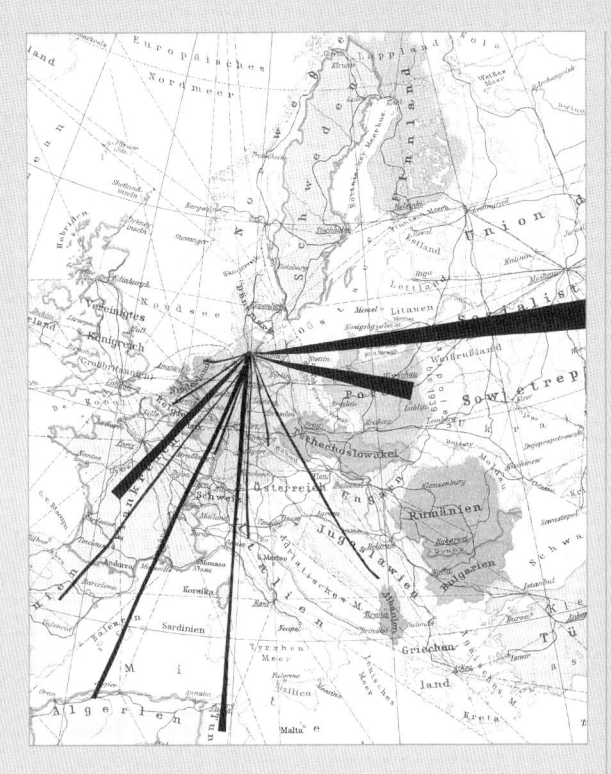

Die Häftlinge

Weitaus die meisten Häftlinge stammten aus der damaligen UdSSR und dürften zum größten Teil Kriegsgefangene gewesen sein. Die zweitstärkste Gruppe bestand aus Polen. Bei den zahlreichen Franzosen handelte es sich, so weit bekannt, überwiegend um Widerstandskämpfer oder um Geiseln. (siehe „Kommentare")

Weniger hoch waren die Häftlingszahlen aus folgenden Ländern: Algerien, Tunesien (wahrscheinlich als Soldaten der französischen Armee)**, Niederlande, Belgien, Deutschland, Jugoslawien, Italien, Spanien.**
(siehe „Kommentare")

Einige ausgewählte Häftlinge:

Zwei katholische Priester:
rechts: Abbé Louis Besançon, verhaftet wegen Widerstands gegen die deutsche Besatzung,
links: Dominikanerpater Humbert, verhaftet als Anhänger General de Gaulles.
Beide wurden als Geiseln deportiert.

Bei einem Besuch in Kaltenkirchen 1978:
von links nach rechts:
G. Hoch, Richard Tackx mit Ehefrau Jacqueline Tackx, Abbé Louis Besançon, Roger Rémond, Walter Todt aus Hamburg
(gen. „Jean-Jacques", deutscher Widerstandskämpfer auf französischer Seite und Kontaktmann der französischen Ex-Häftlinge).

Roger Rémond
während eines Besuches in Kaltenkirchen. Er überlebte trotz schwerster körperlicher Schwächung („Muselmann") (siehe „Kommentare")

Ausbeutung der Arbeitskraft

Orte des Arbeitseinsatzes:

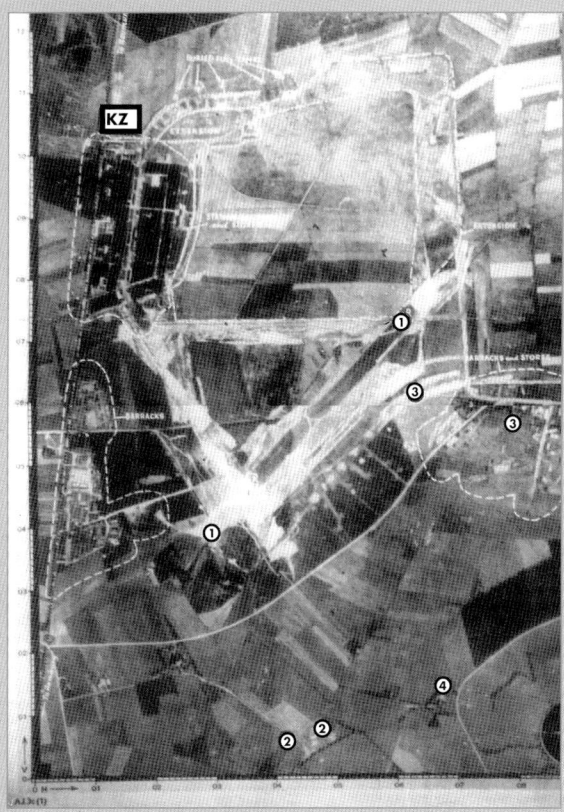

Alliierte Luftaufnahme Winter 1944/45.
Die Unterkunftskomplexe wurden gestrichelt eingezeichnet
(Norden Springhirsch, Süden Heidkaten, Osten Moorkaten).

1.
Start- und Landebahn.
Aktuelle Arbeit erkennbar an der hellen Bodenfärbung (Sand)

Alliiertes Luftfoto 25.12.1944

2.
Wege- und Hallenbau in den Alvesloher Gemarkungen
Brunskamp,
Im Busch und Schäferei

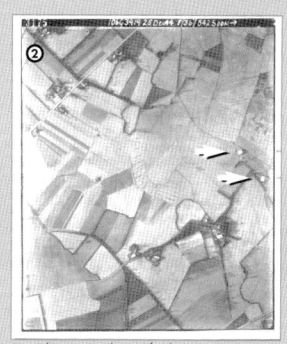

Ausschnitt aus der Aufnahme vom 25.12.1944. Am rechten Rand 2 Flugzeughallen im Bau.

3.
Ende der Anschlussbahn
Kaltenkirchen – Moorkaten.
Hier mussten Häftlinge
Güterwaggons entladen.

Östlicher Teil der Startbahn Mai 2002

Reste der Bahntrasse entlang der Straße nach Moorkaten Mai 2002

Ausschnitt aus der Aufnahme vom 25.12.1944

4.
Hof Kröger,
Ortsteil Brunskamp, Alveslohe.
Auf dessen Diele wurden die Arbeitsgeräte einer Häftlingskolonne abgelegt. Vor dem östlich davon gelegenen Wald wurden Häftlinge „auf der Flucht" erschossen.

Ausbeutung der Arbeitskraft

Arbeitsbedingungen

Erschwerung der Arbeit durch mangelhafte Ernährung und Bekleidung, Holzschuhe

Behandlung durch die Wachmannschaft

Die Soldaten suchten durch große Härte das Doppelziel des Häftlingseinsatzes zu erreichen. Zeugen berichten von Schreien, Drohungen und Prügeln seitens der Soldaten. Der Lagerschreiber weiß vom Befehl des Lagerführers, missliebige Häftlinge auf der Arbeitsstelle „auf der Flucht" zu erschießen – so die Auskunft des damaligen Hofbesitzers auf Brunskamp.
Geschrei und Prügel begleiteten die erschöpften Häftlinge, die ihre Toten mitschleppen mussten, auf dem Weg zurück ins Lager.

Im Flugplatzbereich tätige Firmen:

Bassow, Lübeck

Torkuhl, Lübeck

Ohlendorff'sche Baugesellschaft, Hamburg

mehrere kleinere Spezialunternehmen

Unternehmen und Handwerksbetriebe aus Kaltenkirchen

Behandlung durch Zivilangestellte der Baufirmen

Sie war stets abhängig von der persönlichen Einstellung gegenüber den Häftlingen und daher unterschiedlich.
Z.B. berichtet Dr. Bohuslan aus Warschau (17.07.1992) über seinen ukrainischen Kameraden Kozlowski, der erschlagen wurde.
„Den oben Genannten – ich habe in demselben Block 3 gewohnt – hat nämlich nicht der Wächter, sondern ein Zivilist, ein deutscher Vorarbeiter, erschlagen."

Arbeitszeit

Sie war grundsätzlich so bemessen, dass die helle Tageszeit restlos zur Arbeit genutzt werden konnte.
So ergaben sich 60, bei Sonntagsarbeit bis 70 Wochenstunden. Sonntags wurde bis Mittag gearbeitet; darauf folgten Arbeiten im Lager. Der ehemalige polnische Häftling Krajewski berichtet (15.10.1992), dass die Häftlinge manchmal auch nachts arbeiten mussten. „Meistens war es das Ausladen der Eisenbahnwaggons. Nach solcher Nachtschicht hat sich die Sterblichkeit der Häftlinge beträchtlich vergrößert."

Der Lageralltag

1. Sicherung und Bewachung des Lagers

Das gesamte Lager war mit einem doppelten, unter elektrischem Strom stehenden Stacheldrahtzaun umgeben, zwischen denen ein Wachposten patrouillierte.

Überreste eines Betonpfahles auf der Gedenkstätte

An den vier Ecken des Lagers war je ein hölzerner Wachturm errichtet. Die Anzahl der Häftlinge wurde kontrolliert durch die Zählappelle morgens vor dem Abmarsch zur Arbeit und abends nach der Rückkehr von der Arbeit.

2. Behandlung der Häftlinge

Sie war unterschiedlich je nach Charakter und Einstellung zu den Häftlingen. Die Grausamkeit mancher Wachsoldaten und vieler krimineller Kapos (siehe Komm.) richtete sich mit besonderer Intensität gegen die Angehörigen slawischer Völker, also Russen und Polen, da sie nach dem in Deutschland verbreiteten Vorurteil rassisch und kulturell als minderwertig galten.

Bei kleinsten Anlässen, aber auch willkürlich gab es eine Vielfalt von Strafen: Essenentzug, Schläge, Fußtritte, Strafgymnastik. Besonders hart und nicht selten tödlich war das Einsperren in den Strafbunker.

Skulptur von Ingo Warnke mit der Inschrift „Folter" in den Sprachen der Häftlinge vor dem Strafbunker (durch Latten markiert)

Als besonders schlimmes Folterinstrument wurde es empfunden, wenn abends der Zählappell aus Schikane über Stunden ausgedehnt wurde. Dies zermürbte die ohnehin erschöpften Häftlinge physisch und psychisch. Viele brachen dabei zusammen.

3. Lagerarbeit

Dazu gehörte: Reinigung, Reparaturen, Entleerung der Jauchegrube (Latrine). Solche Arbeiten wurden durch Funktionshäftlinge, aber auch durch die halbwegs arbeitsfähigen kranken Häftlinge durchgeführt.

Einige Häftlinge wurden zu Sonderarbeiten für bestimmte Bewohner der Wald- und Gartenstadt befohlen. Z.B. fertigte der Lagertischler R. Tackx im Haus einer Frau in der Wald- und Gartenstadt in allen Räumen eine heute noch vorhandene Kassettendecke an.

Das Haus in der Wald- und Gartenstadt

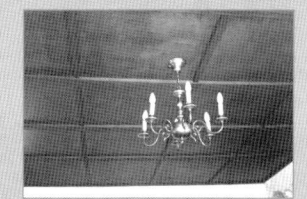

Die Kassettendecke im Jahr 2001

4. Die Unterkünfte

Die kleinste „Wohn"-Einheit der Baracken, die „Stuben", waren dicht gedrängt mit zweistöckigen Holzpritschen, belegt mit Stroh, ausgestattet. Mit dem zeitweiligen Anschwellen der Häftlingszahl mussten sich zwei Häftlinge die Pritsche teilen. Ein einfacher Ofen konnte geheizt werden, wenn Häftlinge von den Arbeitsstellen Holz mitbringen konnten.

Die Luft in den Stuben wird als stickig, geschwängert von den Ausdünstungen der vielen Bewohner und deren sehr oft nassen Oberbekleidung beschrieben.

Der Lageralltag

5. Die Ernährung

Nach dem Wecken gab es Frühstück: ein viertel Liter warme kaffeeähnliche Flüssigkeit und eine Scheibe durch wertlose Zusatzstoffe gestrecktes „Lagerbrot" mit etwas Margarine und Marmelade, mittags auf der Arbeitsstelle gab es einen halben Liter Wassersuppe mit Kartoffeln und Rüben und eine Scheibe Brot, abends ein Liter Suppe wie mittags.

Das Essen wurde in der Lagerküche zubereitet.

Reste der Lagerküche, 1994 wieder entdeckt

Skulptur von Ingo Warnke: ein schräg und schief gestellter Tisch mit der Gravur des Wortes „Hunger" in den Sprachen der Lagerhäftlinge

Brot, Margarine und verschiedene Grundstoffe für die Suppen wurden von Einzelhändlern aus Kaltenkirchen und Barmstedt geliefert.

6. Die Bekleidung

Gestreifte Häftlingsoberbekleidung aus hartem Drillichstoff.
Wie berichtet, wurde sie, obwohl während der Arbeit stark beschmutzt, kaum je gewaschen: Hose, Jacke, Mütze. Während der kalten Jahreszeit gab es einen Mantel. Die Unterwäsche bestand aus Unterhemd und Unterhose.

Häftlinge im Lager Wöbbelin

Zur Fußbekleidung berichtet ein französischer Häftling:
„Wir hatten so Schuhe, das war eine Art Pantoffel, eine Sohle aus Holz und darauf kein Leder, das war Stoff."

7. Die Hygiene

7.1 Sauberkeit

Für die stets über 500 Mann starke Lagerbelegschaft stand ein nur 52 qm großer Waschraum mit einigen durchgehenden Waschtrögen zur Verfügung – völlig unzureichend, um eine hinreichende Körperreinigung nach der Arbeit zu ermöglichen. Dieser Mangel trug wesentlich zu dem hohen Krankenstand bei.
Ähnliches galt für die Latrine mit 110 qm Fläche und nur zwei Sitzreihen.

Die freigelegte Latrinengrube, dahinter Fundamente des Waschraumes.

7.2 Medizinische Versorgung

Für das Krankenrevier standen ein russischer Arzt und zwei Helfer zur Verfügung.
Ausrüstung und Medikamente sollen kaum vorhanden gewesen sein.

Stele mit Hinweis auf das Krankenrevier

Ärztliche Hilfe war besonders dringend nötig zur Behandlung der vielen Verletzungen während der Arbeit, die leicht zu Entzündungen und Sepsis führten. Auch Frostbeulen traten gehäuft auf.
Dazu H. Stroweis aus Frankreich (28.11.1991): „Ich hatte Frostbeulen an den Fingern. Sie waren so stark vereitert . . . es fiel mir sehr schwer, zu essen, meine Hände rochen dermaßen unangenehm, das war entsetzlich."

Um die am weitesten verbreitete und gefährlichste Krankheit, die Ruhr, (im Lagerjargon „Scheißerei") einzudämmen, war eine besondere Isolierstation eingerichtet worden.

Stele mit Hinweis auf die „Isolierstation Ruhr"

7.3 Die Muselmänner

Unter dieser Bezeichnung verstand man in den deutschen Konzentrationslagern, auch in Kaltenkirchen, die physisch und psychisch zugrunde gerichteten Häftlinge, die in der Regel die Widerstandskraft und den Lebenswillen aufgegeben hatten. Ihr Zustand war das Ergebnis der Misshandlungen und Entbehrungen des Lageralltags. Sie waren entweder zu Skeletten abgemagert oder durch Ödeme aufgedunsen und mit Geschwüren bedeckt. Nur wenige überlebten diesen Zustand
(siehe „Kommetare").

Widerstand

Es gab manche Versuche, dem Vernichtungswillen der SS entgegen zu wirken.

Die beiden französischen katholischen Priester Abbé Louis Besançon und Dominikanerpater Humbert stärkten ihre Kameraden, indem sie während des Marsches zur Arbeit laut die liturgischen Gebete zur Messfeier sprachen und indem sie den Schwerkranken und Sterbenden beistanden.

Der polnische Häftling Jaskiewicz hatte den Auftrag, laufend den Häftlingsbestand zu registrieren.

Aus den Eintragungen des Lagerschreibers –
linke Spalte: in Neuengamme vergebene Nummer des Häftlings;
rechte Spalte: Todesdatum

Jaskiewicz nutzte zudem die Gelegenheit, verbotener Weise auf kleinen Zetteln ein „konspiratives Büchlein" anzufertigen und zu retten, in welchem er auf 70 Seiten genauere Angaben über die Häftlingszahlen und die Todesursachen machte.
(Dies Dokument ist nicht mehr vorhanden).

Der französische Häftling Richard Tackx machte als Führer des Beerdigungs-Kommandos auf kleinen Zetteln genaue Angaben über die Grablage seiner französischen Kameraden in Moorkaten und gab vielen von ihnen kleine Erkennungszeichen mit ins Grab, die 1951 wesentlich zur Identifizierung der Toten beitrugen. Er wurde dabei entdeckt und entging nur knapp der Exekution.

Vier solcher Zettel.
Spalte 1: Laufende Nummer der Bestattung;
Spalte 2: Nationalität abgekürzt;
Spalte 3: sofern Franzose: Name und einige Daten;
Spalte 4: Häftlingsnummer.

Grabbeigaben

Einigen Häftlingen war es gelungen, ein primitives Radiogerät anzufertigen, über das ihnen Informationen über die Kriegslage zugingen.

Das Gerät befindet sich in der KZ-Gedenkstätte Wöbbelin.

Fluchtversuche

Einige wenige Fluchtversuche verliefen erfolgreich. Ein ukrainischer Häftling berichtet, wie ein mutiger und menschlicher Wachsoldat ihm zur Flucht verhalf. Die meisten wurden wieder eingefangen und anschließend in Neuengamme exekutiert.

Mehrere französische Häftlinge nutzten Mitte April 1945 einen Fliegeralarm zur Flucht in die nahegelegenen Moorgebiete. Sie überlebten nur, weil Hertha Petersen, eine Bewohnerin der Wald- und Gartenstadt Springhirsch, ihnen nachts in ihrem Haus Unterschlupf und Verpflegung bot. Ihr Verhalten war mit der Todesstrafe bedroht.

Die drei Flüchtlinge Richard Tackx, Victor Chevreuil und Lucien Robinet nach ihrer Befreiung in Alveslohe

Auch Else Stapel in Springhirsch half gegen alle Befehle und Verordnungen manchen Häftlingen.

**Nach diesen mutigen Menschen -
Richard Tackx,
Hertha Petersen
und Else Stapel -
hat die Stadt Kaltenkirchen im Jahre 1996
Straßen benannt.**

Die Toten

Alle Überlebenden erinnern sich, dass es täglich Tote gegeben habe. Hauptursachen des Massensterbens waren:

Schwere Arbeit bei mangelhafter Ernährung und Bekleidung,

Krankheiten bei geschwächter Konstitution und Mangel an medizinischer Behandlung,

gewaltsame Tötungen (Erschießen und Erschlagen) auf den Arbeitsstellen.
Als offizielle Todesursache wurde fast immer angegeben:
„Herz, Allg., Darm, Lung., gelegentlich auch „Sepsis".

Skulptur von Ingo Warnke am Ort der Totenablage.
Zehn Zahlen geben die Häftlingsnummern von Toten des Lagers an.

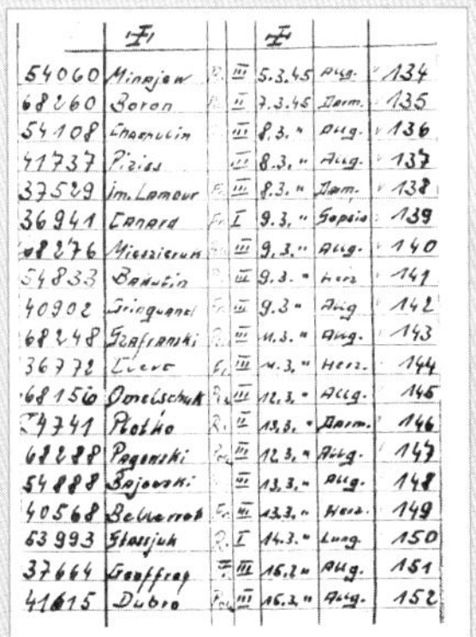

Die auf den Arbeitsstellen Umgekommenen mussten von den Häftlingen ins Lager zurück getragen werden. Sie wurden beim Abendappell mitgezählt.

Die Leichen wurden neben der Latrine in einem Bretterverschlag abgelegt und waren dort den Ratten ausgesetzt. Am nächsten Morgen wurden sie vom Beerdigungskommando abgefahren.

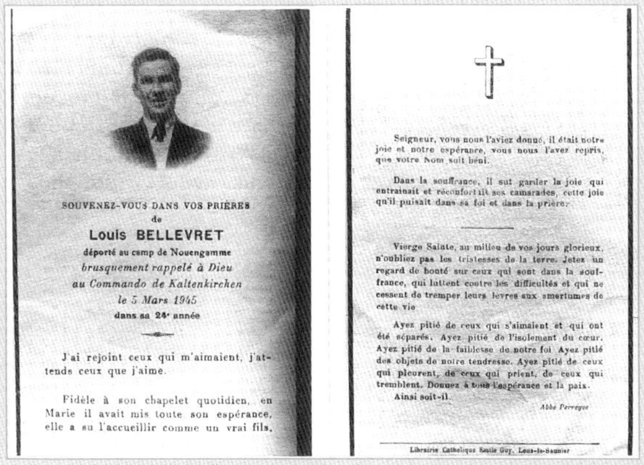

Ein Blatt aus dem vom Lagerschreiber Jaskiewicz angefertigten Verzeichnis der Sterbefälle

Gebetszettel der Familie Bellevret aus Frankreich
für ihren im Außenkommando Kaltenkirchen zu Tode gebrachten Angehörigen Louis.

Die Beerdigungen

Mit der Beerdigung der Toten war ein spezielles Beerdigungskommando beauftragt, das unter der Leitung des französischen Häftlings Richard Tackx stand. Von Beruf Tischler oblag ihm auch die Anfertigung von Särgen in der Lagertischlerei. Zum Transport der zuvor entkleideten Leichen benutzte man einen zweirädrigen Karren. Die Särge wurden jedoch nur zum Transport der Leichen verwendet. Am Begräbnisort wurden die Leichen in die Grube gekippt, in Moorkaten gruppenweise neben- oder übereinander. Nur Franzosen wurden gelegentlich im Sarg begraben. Bezüglich der Leichen der Osteuropäer hieß es:
„Weg mit dem Dreck!" (S. Jaskiewicz)

Bei den Exhumierungen 1951 freigelegter Sarg

Aus unbekannten Gründen wurden ab 11.11.1944 einige Tote auf dem öffentlichen Friedhof in Kaltenkirchen bestattet:
1 Franzose, 1 Pole, 5 Deutsche und 1 Russe, dessen Name „Kowsechl" eine jüdische Abkunft vermuten lässt.

Ein größerer Begräbnisplatz liegt im Kaltenkirchener Ortsteil Moorkaten, wo ab Spätherbst 1944 insgesamt etwa 163 Tote aus verschiedenen Nationen beerdigt wurden. (Diese Toten wurden 1951 exhumiert, die Gräberstätte in den Jahren 1977/78 umgestaltet.)

Kissenstein auf dem Friedhof in Kaltenkirchen

Kissenstein für Adam Kowsechl

Die Begräbnisstätte Moorkaten Anfang Mai 1945 mit französischen Kriegsgefangenen aus Alveslohe

Französische Kriegsgefangene in Alveslohe mit Kreuzen für die Gräber in Moorkaten

Vom 10. bis 25. Februar 1945 wurden 21 Tote einige hundert Meter nördlich des Lagers unmittelbar an der Reichsstraße begraben. Sie wurden 1951 nach Moorkaten umgebettet.

Alle Berichte bezeugen die Existenz weiterer Begräbnisplätze. Danach gab es für die Transporte „lange Touren" z. B. nach Moorkaten, aber auch „mittlere" und „kurze Touren". Es hat also mit Sicherheit auf dem Gelände des Flugplatzes bisher unbekannte Gräber und Massengräber gegeben. Dafür sprechen auch Beobachtungen von Firmenangehörigen. (siehe „Kommentare")

Die genaue Gesamtzahl der Toten dieses Lagers zu ermitteln, ist unmöglich. Offizielle Verzeichnisse erfassen nur 240 Sterbefälle. Mündliche und schriftliche Äußerungen von Überlebenden, besonders auch von damaligen Funktionshäftlingen, machen eine Mindestzahl von 700 Toten wahrscheinlich. (siehe „Kommentare")

Die Evakuierung des Lagers

Ab Dezember 1944 wurden Jagdflugzeuge auf dem Flugplatz stationiert.
Ihr Einsatz gegen alliierte Bomber begann erst im Februar 1945 und blieb ohne spürbare Folgen. Am 7. April 1945 wurde der Platz durch 143 amerikanische Bomber angegriffen, dabei die Start- und Landebahnen stark beschädigt.

Die Häftlinge wurden sofort zur Reparatur der Startbahnen eingesetzt.
Schon am 10. 4. konnte der Flugbetrieb wieder aufgenommen werden. Bei dem Luftangriff sollen auch etwa 20 Häftlinge im Krankenrevier getötet worden sein.

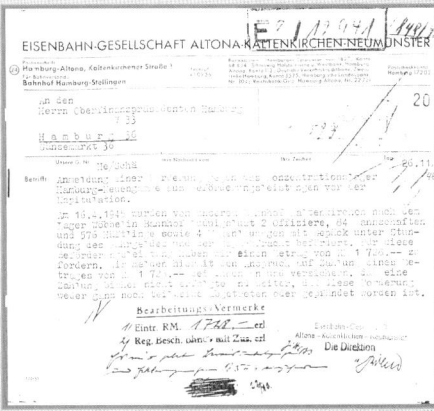

Aufnahme vom 8.4.1945 (siehe „Kommentare")

Mahnung der Eisenbahn AKN vom 26.11. (wahrscheinlich 1946) an die Oberfinanzdirektion Hamburg zur nachträglichen Zahlung des Fahrpreises
für diesen Evakuierungstransports über 1.728 Reichsmark

Am 16. April wurde das Lager evakuiert.
576 Häftlinge, 2 Offiziere und 84 Wachmannschaften wurden auf dem Bahnhof Kaltenkirchen in Waggons verladen und in das Lager Wöbbelin bei Ludwigslust in Mecklenburg verlegt.

Lagerführer Waldmann hatte gegenüber dem Rottenführer Lange die Absicht geäußert, es sei am besten, wenn er die russischen Häftlinge umlegen ließe, damit sie sich nicht mit der russischen Armee verbinden könnten (Bericht des Lagerältesten Wehres). Dazu kam es aber nicht.
Entgegen der Absicht der Lagerführung gelang es dem Lagerschreiber Jaskiewicz, den gesamten Restbestand an Lebensmitteln mit auf den Transport zu nehmen. Dennoch überlebten viele den Transport nicht.

Lager Wöbbelin

Das Konzentrationslager Wöbbelin bestand in völlig unfertigem Zustand nur vom 12. Februar bis zum 2. Mai 1945.
Es war Endpunkt von Evakuierungsmärschen und -fahrten aus verschiedenen Lagern.
Weit über 1000 Häftlinge wurden Opfer der grausamen Zustände in diesem Lager.
(Carina Baganz. Zehn Wochen KZ Wöbbelin. Wöbbelin 2000)

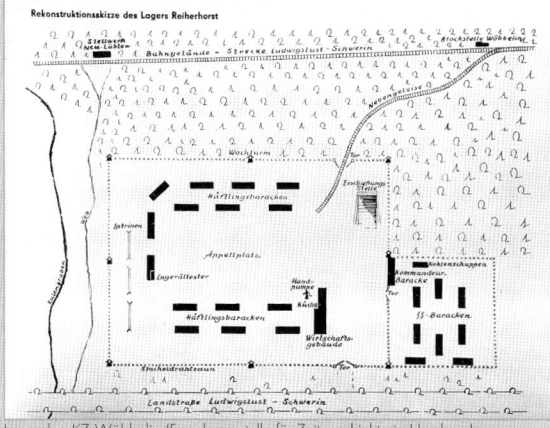

Lagerplan KZ Wöbbelin (Forschungsstelle für Zeitgeschichte in Hamburg)

Szenen in Wöbbelin nach der Befreiung durch die US-Armee am 2. Mai 1945 (Forschungsstelle für Zeitgeschichte in Hamburg)

„Der Anblick..."

„Die Begräbnisstätte..."

Vermutlich ist der Transport aus Kaltenkirchen dort bereits am 17. April angekommen.
Der Kaltenkirchener Häftling B. Krajewski schreibt (Warschau 15.10.1992):
„Die schrecklichsten Momente habe ich erst in Ludwigslust erlebt (Wöbbelin).
In diesem Lager kämpfte man jeden Tag um das Überleben. Die Leute waren wahnsinnig vom Hunger."

Spuren verschwinden

3. Mai 1945
Die letzten deutschen Soldaten verlassen Kaltenkirchen

4. Mai 1945
SS-Soldaten ermorden in Kampen 10 serbische Zwangsarbeiter

Auszug aus dem Friedhofsregister Kaltenkirchen

In der nördlichen Baracke des Lagers wird eine Gastwirtschaft eröffnet.

Neben der Unterkunft der Wachmannschaft entsteht eine Tankstelle.

Auf der Gräberstätte in Moorkaten werden die Gräber der französischen Häftlinge anfangs noch durch numerierte schwarze Holzkreuze mit den französischen Farben gekennzeichnet.

5. Mai 1945
erste englische Soldaten in Kaltenkirchen

In Springhirsch errichten die Engländer ein Auffanglager für deutsche Soldaten.

Auf dem Flugplatz werden bis zu 23.000 beschlagnahmte Kraftfahrzeuge aus Schleswig-Holstein zusammengezogen und zum Teil repariert.

Die Baracken des Lagers dienen als Autoreparaturwerkstätten.
(Quelle: Thomas Hampel)

1949 beginnen die Sprengungen der Pisten und die Aufforstung des Flugplatzgeländes
(Th. Hampel)

1966 Die Bundeswehr übernimmt das Gelände als Übungsplatz

Zivilpersonen, insbesondre Ost-Vertriebene, beziehen Baracken in Heidkaten und Springhirsch.

Das alliierte Luftfoto zeigt die auf dem Flugfeld abgestellten Fahrzeuge, zahlreiche Bombenkrater und die betonierte breite Straße („Ringbahn") um das gesamte Flugplatzgelände

Die Gemeinde Kaltenkirchen übernimmt im Auftrag des Landesinnenministerium und des Volksbundes Deutsche Kriegsgräberfürsorge die Pflege der Gräberstätte.
Die Inschrift des großen Holzkreuzes – „Den Toten zum Gedenken" – verschleiert die Bedeutung der Gräber und die Existenz eines nach Kaltenkirchen benannten Konzentrationslagers.

Die Standardinschrift „Kriegsgräberstätte" trägt zu der Löschung des Gedächtnisses bei.

1967 –
Die Staatsanwaltschaft Kiel betreibt ein Ermittlungsverfahren äußerst lasch, verzichtet auf eine Vernehmung des Lagerführers Freyer und stellt das Verfahren am 11.07.1972 ein

(Landesarchiv Schleswig/Az Staatsanwaltschaft 2 Js 680/72).

Exhumierung in Moorkaten

Richard Tackx betrieb nach seiner Rückkehr in Frankreich die Exhumierung der Toten in Moorkaten. Sie wurde im Sommer 1951 im Auftrag der französischen Regierung durch eine Sonderkommission unter Beteiligung von R. Tackx durchgeführt.
Die Öffentlichkeit nahm davon keine Notiz.

Grabungsarbeit

R. Tackx an einem geöffneten Grab mit Sarg und einem Behältnis zur Aufnahme der Überreste

Kommissionsmitglieder bei der Untersuchung der Überreste
(mit Baskenmütze Grabungsleiter Vigneron, mit dunklem Jackett R. Tackx)

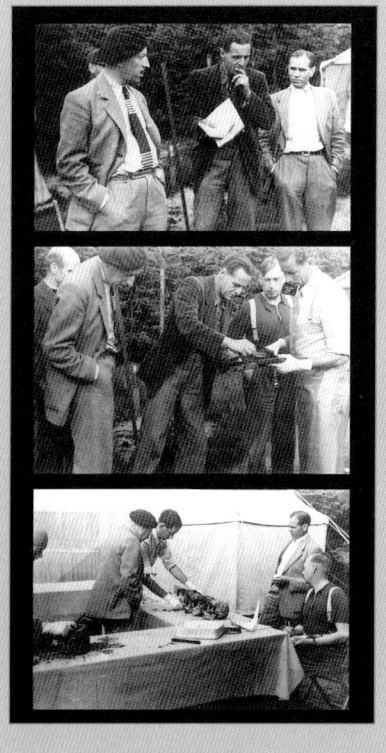

KALTENKIRCHEN MOORKATEN GRAB N° 29/F25

KALTENKIRCHEN MOORKATEN GRAB N° 14/F7

Wiedergefundene Grabbeigaben

Identifiziert wurden 68 Franzosen und 3 Holländer.
Die Überreste wurden den Angehörigen zur Bestattung in der Heimat übergeben.
Die Überreste der Nicht-Identifizierten wurden erneut beigesetzt.

Der zweibändige Exhumierungsbericht liegt in deutscher Sprache in der Stadtverwaltung Kaltenkirchen vor.

Frühe Regungen der Erinnerung

Am 17. Oktober 1949 besuchte eine französische Delegation mit Abbé L. Besançon Moorkaten. Als einziger fühlte sich Mittelschullehrer Gustav Meyer angesprochen. Er übte mit seiner Klasse ein ins Französische übersetztes Lied ein, das die Kinder an den Gräbern sangen. „Daß die Jugend ihnen solche Ehre antat, hat sie völlig in ihrer Meinung (über Deutschland) verändert."
Der Abbé „war zu Tränen gerührt, als die Kinder sangen."
(Aus einem Brief der Vereinigung der Verfolgten des Nazi-Regims an G. Meyer.)

Gustav Meyer
(von Schülern denunziert, mit Zuchthaus bestraft, nach 1945 von der Gemeinde wegdrangsaliert; dazu: G. Hoch. Gustav Meyer, ein Kaltenkirchener Lehrerschicksal. 1992)

Dezember 1965
Der frühere Lagerschreiber S. Jaskiewicz und der Hamburger Journalist Franz Ahrens suchen in Kaltenkirchen die Stätten des Lagers und der Gräber.
Nur Pastor Karl August Döring scheint sie zu kennen und führt die Besucher dorthin.
An diesen Orten entsteht zwischen den beiden Kommunisten und dem evangelischen Pastor eine enge Freundschaft.

Pastor Karl August Döring

Frühjahr 1975
In der Redaktion der „Info" (Bürgerzeitung der SPD in Kaltenkirchen) erhebt sich die Frage:
„Was geschah eigentlich Anfang Mai 1945 in Kaltenkirchen?"
Der Arbeiter Hermann Möller gab erste Hinweise auf ein KZ am Ort und auf viele Gräber.

Hermann Möller

Das Ergebnis erster Nachforschungen war ein Aufsatz in „Info" unter dem Titel:
„Kaltenkirchens blutige Erde."
(siehe „Kommentar")

Am 7. September 1975 folgten zahlreiche, vor allem junge Menschen, einer Einladung, gemeinsam mit Pastor Dr. Scholz auf dem Friedhof die unscheinbaren Grabsteine der vielen Opfer nationalsozialistischer Gewalt mit je einer Blume zu schmücken.

Pastor Dr. Scholz

(Heimatspiegel vom 27.11.1975)

Am Volkstrauertag 1975 versehen Besucher aus Kaltenkirchen und vielen anderen Orten die Gräber in Moorkaten mit 120 Windlichtern.

35

Das Werk der Aufklärung

1975-1976 begann die „Historische Arbeitsgruppe", ersten Hinweisen nachzugehen und weitere Dokumente zu sammeln.

von links: Wolfgang Röttgers, nicht ermittelt, Ehepaar Bindheim, Gerhard Hoch

Erste Spuren und die Bereitschaft einiger Bürger, über ihre Erinnerungen zu sprechen, führten zu der Einsicht, dass die „Entdeckung" eines Konzentrationslager mit dem Namen „Kaltenkirchen" dazu zwingt, die Geschichte des Nationalsozialismus in und um Kaltenkirchen im Gesamtzusammenhang systematisch zu untersuchen. Die Ergebnisse dieser Forschungen wurden dann – dank der Unterstützung der damaligen „Friedensgruppe Kaltenkirchen" und der örtlichen SPD -schrittweise durch Bücher und Aufsätze der Öffentlichkeit mitgeteilt:

Reichsarbeitsdienst in Kaltenkirchen.
Abteilung 8/73 „Jürgen Fuhlendorf." 1977

Hauptort der Verbannung.
Das KZ-Außenkommando Kaltenkirchen. 1978

Zwölf wiedergefundene Jahre.
Kaltenkirchen unter dem Hakenkreuz. 1981

Verschleppt zur Sklavenarbeit.
Kriegsgefangene und Zwangsarbeiter in Schleswig-Holstein. 1985

Das Scheitern der Demokratie im ländlichen Raum.
Das Beispiel der Region Kaltenkirchen/Henstedt-Ulzburg 1870-1933. 1988

Zeitgeschichtliche Spuren in Kaltenkirchen 1933-1945.
Ein Stadtführer. 1989

Gustav Meyer.
Ein Kaltenkirchener Lehrerschicksal. 1992

Die Amtszeit des Segeberger Landrats Waldemar von Mohl 1932-1945.
2001

Aufsätze in Zeitschriften (genaue Titel siehe „Kommentar"):

Das KZ-Außenkommando Kaltenkirchen. *2001*
Mittelschule Kaltenkirchen 1919. *1988*
1946 – die verhinderte Selbstreinigung. *Ein Dokument aus Kaltenkirchen. 1986*
Otto Gösch. *Das Schicksal eines Kaltenkirchener Arbeiters. 2000*
Der Segeberger Kreisleiter Werner Stiehr. *2000*
Vom christlichen Umgang mit der Geschichte – *Verdrängung und Verheißung. 1984*
Wald- und Gartenstadt Springhirsch. *1997*
Die Wirklichkeit des Nationalsozialismus, dargestellt an Lagern und Konzentrationslagern unserer Region. *1983*
Die Zeit der „Persil-Scheine". *1988*
Inszenierung des Altonaer Blutsonntags. *1985*

(Autor der Publikationen: Gerhard Hoch)

Umgestaltung der Gräberstätte Moorkaten

Ein erstes Resultat der Einsicht in die Existenz des KZ-Außenkommandos war der Entschluss, den Friedhof im Wald von Moorkaten in einen angemessenen Zustand zu versetzen. Dies geschah in Zusammenarbeit der Stadt Kaltenkirchen, der Landesregierung in Kiel und des Volksbundes Deutsche Kriegsgräberfürsorge.

An der Umgestaltung waren während zweier Sommerferien Jugendliche aus mehreren Ländern tatkräftig beteiligt.

Die französische Delegation: Abbé Louis Besançon, Roger Rémond, Richard Tackx und M. Krattinger

Am 13. August 1978 erfolgte die feierliche Einweihung der Gräberstätte unter Beteiligung einer Gruppe Überlebender des Lagers aus Frankreich

mit Kranz Madame Aubry, Präsidentin der Amicale Internationale de Neuengamme, neben ihr Vizepräsident Fritz Bringmann (Aukrug)

Gräberstätte Moorkaten, Blick vom Eingang aus

Die irreführende und verharmlosende Bezeichnung „Kriegsgräberstätte" konnte erst 1992 korrigiert werden

Heutige Kennzeichnung

Spurensuche am Ort des Lagers

1994 stoßen Spaziergänger zufällig auf eine überwachsene Betonplatte im Waldboden und räumen sie frei.

Baggereinsatz

Es ist Teil der früheren Lagerküche

Fundamente des Waschraums treten zutage

Dieser Fund und das Hinzutreten einiger Studenten aus Hamburg führen zur Gründung der „Arbeitsgruppe KZ Kaltenkirchen" mit der Zielsetzung, etwaige weitere Überreste des Lagers zu suchen, frei zu legen und zu sichern.

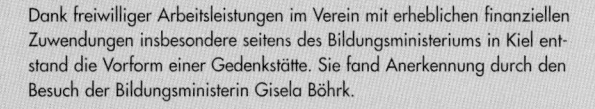

Wichtigstes Werkzeug bleiben Schaufel und Spaten

Dank freiwilliger Arbeitsleistungen im Verein mit erheblichen finanziellen Zuwendungen insbesondere seitens des Bildungsministeriums in Kiel entstand die Vorform einer Gedenkstätte. Sie fand Anerkennung durch den Besuch der Bildungsministerin Gisela Böhrk.

Bildungsministerin Gisela Böhrk und Amtsvorsteher Klaus Brakel mit G. Hoch an der Gedenkstätte (Bild: Norderstedter Zeitung vom 30.07.1998)

Vertreter des Landesamtes für Denkmalpflege und der Unteren Denkmalschutzbehörde entschieden nach Besichtigung: Aufnahme der Anlage als Kulturdenkmal in das Denkmalbuch des Landes Schleswig-Holstein.

Aus Hamburg: Maren Grimm und Oliver Gemballa, Mitte G. Hoch

KZ-Gedenkstätte Kaltenkirchen in Springhirsch

Wegweiser an der Bundesstraße 4

Waschraum und Latrinengrube des ehemaligen Lagers

Am 5. Juli 1999 wurde auf Anregung der Stadt Kaltenkirchen (Bürgermeister Ingo Zobel) und nach Vorarbeit durch die Stadtverwaltung der Trägerverein KZ-Gedenkstätte Kaltenkirchen in Springhirsch e.V. gegründet. Die Eintragung in das Vereinsregister und die Anerkennung der Gemeinnützigkeit folgten. Mitglieder des Vereins können natürliche und juristische Personen werden. Ihren Beitritt erklärten der Kreis Segeberg, die Stadt Kaltenkirchen und zahlreiche Städte und Gemeinden der näheren Umgebung, viele Schulen und mehrere Kirchengemeinden.

**30. April 2000
Feierliche Eröffnung
der Gedenkstätte**

Im Jahre 2001 Spenden der **Kreissparkassen Segeberg und Pinneberg** ermöglichten die Anschaffung eines Büro-Containers. Er dient als Dokumentenhaus und wird, so weit es möglich ist, der Öffentlichkeit zugänglich gemacht.

Dokumentenhaus

Ebenfalls im Jahre 2001: Die **Schleswag** legt kostenlos einen Stromanschluss zum Dokumentenhaus.

Gerätehaus

Die **Flughafen Hamburg** GmbH stellt dem Verein ein Pumpenhaus des früheren Militärflugplatzes als Gerätehaus zur Verfügung.

Im Jahre 2002 verstärkte Ingo Warnke die Aussagekraft der Gedenkstätte durch seine bildhauerischen Arbeiten. Am Ort des früheren Appellplatzes, also an zentraler Stelle, erhebt sich eine drehbare Steinsäule mit einer eingravierten Gedichtstrophe von Stefan Heym. (siehe „Kommentare")

Mit Dank
seien die bedeutendsten Sponsoren der Gedenkstätte genannt:

Ministerium für Bildung, Wissenschaft, Forschung und Kultur des Landes Schleswig-Holstein

Innenministerium des Landes Schleswig-Holstein

Sparkasse des Kreises Segeberg

Sparkasse des Kreises Pinneberg

Europäische Kommission in Brüssel

Flughafen Hamburg GmbH

Schleswag AG, Rendsburg

Prof. Jan Philipp Reemtsma

dodenhof, Kaltenkirchen

Verein „Gegen Vergessen – für Demokratie"

Deutsche Bank AG

Rudolf Fock, Kaltenkirchen

Ungenannt bleiben die zahlreichen Einzelpersonen, Firmen und Institutionen, die durch ihre Beiträge und verschiedenen Leistungen Anteil an Errichtung und Erhalt der Gedenkstätte haben.

Das Konzentrationslager Neuengamme

Während des Sommers 1944 wurde im Konzentrationslager Neuengamme bei Hamburg zum ersten Mal der Name Kaltenkirchen genannt. Die Lagerkommandantur wurde von höchster militärischer Stelle und vom Reichssicherheitshauptamt der SS beauftragt, auf dem Gelände des Militärflugplatzes Kaltenkirchen ein Außenkommando zu errichten und dieses mit etwa 550 Mann zu belegen. Baracken der Luftwaffe befanden sich an der Reichsstraße 4 in Springhirsch, die für die rasche Errichtung des Außenlagers genutzt werden konnten. Zweck der Maßnahme war, schnellstmöglich die betonierte Start- und Landebahn des Militärflugplatzes zu verlängern, damit die neuen düsenbetriebenen Jagdmaschinen (Me 262, Me 163, Ar 234) zum Einsatz kommen konnten.[1]

Das KZ-Außenkommando Kaltenkirchen, das im Spätsommer 1944 errichtet und am 16. April 1945 mit der Evakuierung der Häftlinge nach Wöbbelin bei Ludwigslust (Mecklenburg) aufgelöst wurde, ist nicht zu verstehen ohne Kenntnis des großen norddeutschen Zentrallagers, des Konzentrationslagers Neuengamme. Trotzdem soll es an dieser Stelle nur insoweit kurz beschrieben werden, wie es zum Verständnis des Kaltenkirchener Lagers notwendig ist.

Inmitten der Hamburger Vierlande südlich von Bergedorf liegt Neuengamme, ein lang gestrecktes Straßendorf am Südufer der Dove Elbe, etwa fünfundzwanzig Kilometer südöstlich der Hamburger Innenstadt. Im offenen Gelände zwischen Dove Elbe und Gose Elbe begannen im Dezember 1938 Häftlinge aus dem KZ Sachsenhausen ein Außenkommando zu errichten. Die SS hatte ein hier gelegenes älteres Klinkerwerk übernommen und gedacht, dieses durch den Einsatz von Häftlingen und deren unmenschlicher Ausbeutung rentabel zu machen. Am 4. Juni 1939 wurde Neuengamme zu einem selbständigen Konzentrationslager erhoben. Mit dem fortschreitenden Bau von Baracken wuchs auch die Zahl der Häftlinge schnell an.

Das Leben der KZ-Häftlinge in Neuengamme war besonders bedroht, sichtbar an der extrem hohen Sterblichkeitsrate. Es herrschten äußerst schlechte Lebensbedingungen, die Arbeiten im Klinkerwerk, in den Außenkommandos und beim Ausbau des Kanals (Dove Elbe) waren unmenschlich. Brutale Antreiberei, Demütigungen, Misshandlungen und Morde taten das Übrige und führten dazu, dass insgesamt über 55 000 Häftlinge mit Neuengammer Nummern den Tod fanden. Damit starben mehr als die Hälfte der etwa 106 000 Häftlinge, die zwischen 1939 und 1945 durch das Hauptlager und die Außenkommandos geschleust worden waren, viele davon noch nach der Evakuierung 1945.[2]

Unter den Häftlingen befanden sich neben Deutschen hauptsächlich Menschen aus den von deutschen Truppen besetzten europäischen Ländern. Am stärksten waren vertreten Sowjetbürger, Polen, Franzosen, Niederländer, Belgier und Dänen, aber auch Tschechoslowaken, Letten, Litauer, Norweger, Spanier, Italiener, Griechen, Slowenen, Ungarn, Serben und Kroaten.[3] Jahr für Jahr stieg die Zahl der Einweisungen nach Neuengamme an. Und im letzten Kriegsjahr gab es einen sprunghaften Anstieg um das Vielfache. „Vom Mai 1944 bis zum Jahresende wurden ca. 40 000 Menschen zumeist aus anderen Konzentrationslagern nach Neuengamme deportiert und anschließend von dort auf die Außenlager verteilt. Der Anteil der deutschen Häftlinge sank auf unter zehn Prozent. Allein die Zahl der aus der Sowjetunion in das KZ Neuengamme Verschleppten betrug insgesamt 34.350, sie stellten damit mehr als ein Drittel der registrierten Häftlinge (34,1%), die nächst großen nationalen Gruppen bildeten die Polen mit 16.900 Häftlingen (16,7%) und die Franzosen mit 11.500 (11,4%)[4]

Der Sinn und Zweck des KZ Neuengamme hatte sich also gegen Ende des Krieges grundlegend gewandelt. Ging es anfangs noch darum, politische Gegner, missliebige oder irgendwie abweichende Personen und Gruppen zu isolieren, so wurden nunmehr Menschen aus den besetzten Gebieten

Europas deportiert, in die Konzentrationslager eingewiesen und als Sklavenarbeiter in der Kriegswirtschaft eingesetzt. Der Grund ihrer Deportation durch Gestapo und Sicherheitsdienst der SS und die anschließende Einweisung in Konzentrationslager war zumeist ihr Widerstand gegen die deutsche Besatzungsmacht gewesen. Auch diejenigen, die sich dagegen wehrten, als Zwangsarbeiter in Deutschland eingesetzt zu werden, wurden in Neuengamme eingewiesen. Während des Krieges hatte sich in Deutschland ein katastrophaler Arbeitkräftemangel ergeben, Rüstungsindustrie und Ernährungswirtschaft waren bedroht. KZ-Häftlinge wurden als auszubeutende Arbeitskräfte von der SS an kriegswichtige Betriebe zum Bau von Produktionsstätten oder zu Aufräumarbeiten nach Luftangriffen ausgeliehen.

In einer Rede vor SS-Obergruppenführern im Jahre 1943 hatte Himmler erläutert:

„Wir haben damals die Masse Mensch nicht so gewertet, wie wir sie heute als Rohstoff, als Arbeitskraft werten, was letzten Endes, wenn ich in Generationen denke, nicht schade ist, was aber heute wegen des Verlustes der Arbeitskräfte bedauerlich ist."[5] Diese Änderung der Einstellung bedeutete keineswegs eine mildere und bessere Behandlung der Häftlinge, um ihre Gesundheit und Arbeitskraft zu schonen. Der Grundsatz, dass KZ-Häftlinge früher oder später der Vernichtung zugeführt werden müssen, blieb ungebrochen. Nur sollten sie zuvor noch das Letzte hergeben für den „Endsieg Großdeutschlands". Vernichtung durch Arbeit!

Der Einsatz von KZ-Häftlingen als Arbeitssklaven machte eine dezentrale Verteilung und Unterbringung notwendig. So kam es zum Ausbau eines engen Netzes von Außenlagern, den Außenkommandos. „Die Bedeutung der Außenlager zeigt sich auch darin, dass gegen Kriegsende in ihnen dreimal so viele Häftlinge inhaftiert waren wie im Stammlager: Ende März mussten in den Außenlagern, wie der Vierteljahresbericht des SS-Standortarztes von 29.03.1945 ausweist, 39.880 Häftlinge, …, Sklavenarbeit für die Kriegswirtschaft leisten. Zur gleichen Zeit befanden sich 14.000 Häftlinge im vollkommen überbelegten Hauptlager."[6] Im Stammlager waren nur männliche Häftlinge untergebracht. Aber in 23 Außenlagern, allein 10 davon im Hamburger Stadtgebiet, trugen 12.073 Frauen Neuengammer Lagernummern.

Die Außenkommandos

Die Lebens- und Arbeitsbedingungen in den Außenlagern waren katastrophal, teilweise noch schlimmer als im Hauptlager. Dünne Häftlingskleidung, die gegen Kälte und Nässe während der Arbeit im Freien überhaupt nicht schützte, ungenügende Ernährung, völlig unzureichende medizinische Versorgung, die schlechten hygienischen Verhältnisse der unzulänglichen sanitären Anlagen – eine Latrine (Donnerbalken) für Hunderte Häftlinge -, dazu die Schikanen und Misshandlungen der Aufseher, die vielfältigen Demütigungen und auch Morde, das alles führte den Tod unzähliger Häftlinge herbei.

Die meisten Außenlager entstanden im letzten Kriegsjahr, als die Kriegswirtschaft immer mehr Arbeitssklaven brauchte. Ein dichtes Netz von Außenkommandos des KZ Neuengamme verteilte sich im norddeutschen Raum, so wie die anderen Außenlager der weiteren 21 Hauptlager ein immer engeres Netz im gesamten Deutschen Reich und den besetzten Gebieten knüpften, insgesamt 1202 Außenkommandos.

Ein Schwerpunkt der Neuengammer Außenlager war neben den Ballungsräumen um Bremen, Hannover und Braunschweig-Salzgitter natürlich der Hamburger Raum mit den Werften und Rüstungsbetrieben. Genannt seien unter den vielen: Blohm & Voss, Deutsche Werft, Dräger Werke, Hanseatische Kettenwerke, usw. Eingesetzt wurden die Häftlinge aber auch im näheren und ferneren Umland, wenn militärische Einrichtungen und Befestigungsanlagen ausgebaut werden mussten – wie z.B. beim Projekt „Friesenwall", das die Anlage von

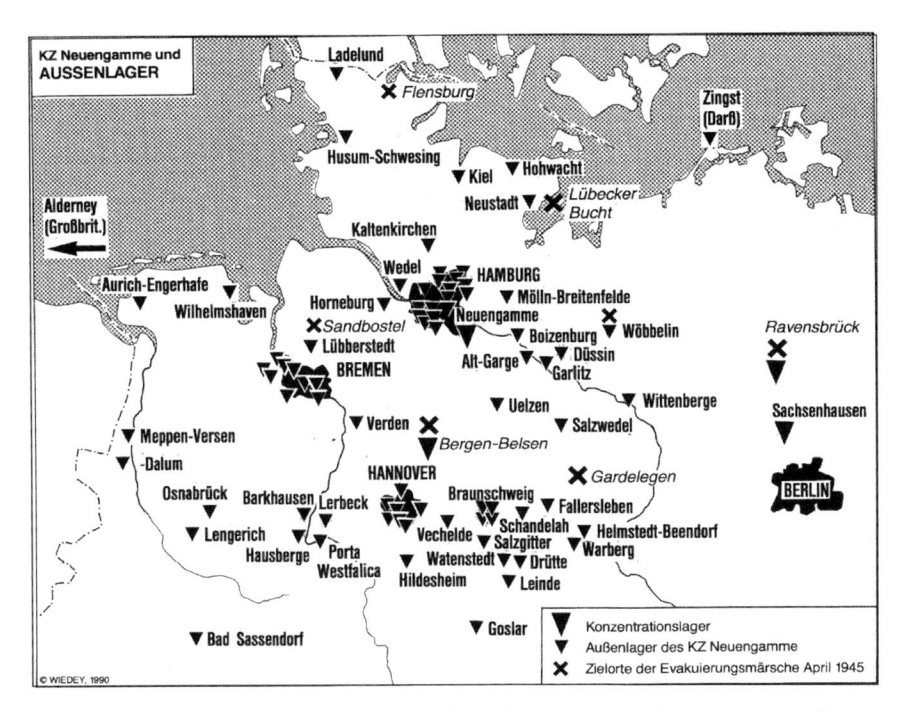

Die Konzentrationslager im Dritten Reich, siehe auch Katalog einer Ausstellung in der KZ-Gedenkstätte Kaltenkirchen, Tafel 12, WIEDEY, 1990, Karte in Gedenkstätten …Hamburg 2000, S. 54/55)

Panzergräben entlang der Nordseeküste zur Abwehr einer Invasion von alliierten Kräften vorsah, ein besonders sinnloses Unternehmen, waren doch die Alliierten im Sommer 1944 längst in Frankreich gelandet. So errichtete man auch bei Kaltenkirchen ein Außenlager, als die Luftwaffe den in der Nützener Heide ab 1938 angelegten Militärflugplatz für neue düsenbetriebene Jagdflugzeuge (z.B. ME 262) ausbauen wollte und KZ-Häftlinge als Arbeitsklaven anforderte.

Wenn man sich die Schrecken eines großen Zentrallagers vor Augen hält, die entsetzlichen Schindereien ohne Hoffnung auf ein Ende, dann erscheint es verständlich, wenn Häftlinge jede sich bietende Möglichkeit einer Veränderung ergriffen. In ein Außenlager verlegt zu werden, rief in ihrer Phantasie die Vorstellung hervor, dass es dort nur besser sein könnte. Denn eine Steigerung der Qualen erschien ihnen unvorstellbar. Ein früherer Häftling aus Neuengamme erklärte das so:

„Es gehört zu den Geheimnissen der menschlichen Natur, dass wir uns in Augenblicken größten körperlichen und seelischen Elends an die Illusion klammern, dass eine Veränderung eine Besserung bedeuten müsse, wenn wir auch keinen vernünftigen Grund zu der Annahme haben, dass die Verhältnisse wirklich besser sein könnten."[8]

Eine Zeitlang konnte die Lagerkommandantur in Neuengamme sicher davon ausgehen, dass sich genügend Häftlinge für die Außenkommandos melden würden. Das änderte sich aber bald, als immer mehr menschliche Wracks aus den Kommandos zurückkehrten und anschließend Berichte und Informationen über fürchterliche Zustände in den meisten Außenlagern die Runde machten. „Die Außenkommandos waren unser Schrecken. Für sie alle galt der allgemeine Grundsatz, das feste Gesetz: Vernichtung durch Arbeit. Die alten erfahrenen Häftlinge meldeten sich niemals in Außenkommandos. Sie fürchteten sie."[9]

Auch ein deutscher Häftling aus Neuengamme bestätigte das: „In ein Nebenlager verfrachtet zu werden, bedeutete stets eine Verschlechterung für den Häftling … Es war jedes Mal eine Tragödie, dieses Aussuchen für den Transport, denn die Häftlinge wurden dadurch in das Nichts zurückgeworfen."[10]

Erst als im letzten Kriegsjahr die Neuzugänge aus den besetzten Gebieten lawinenartig anschwollen, gab es wieder genug freiwillige Meldungen für die Außenkommandos. Bis an die Ohren der „Neuen", meistens Sowjetbürger, Polen und Franzosen, aber auch von Holländern und Belgiern, waren die Informationen über die verheerenden Zustände und über die geringen Überlebenschancen in vielen Außenlagern noch nicht gedrungen. Einer von den Neuzugängen, der Holländer Adrianus de Langen, erinnert sich in einem Brief an Gerhard Hoch vom 2.11.75: „Als ich zum ersten Mal nach Neuengamme kam, hörte ich allerhand Gerüchte, dass die Befreiung nahe sei und dass die Chance groß sei, dass Neuengamme aufgehoben werden sollte. Es waren viele Russen in dem Lager. Es war also angebracht, nicht in dem Lager zu bleiben, sondern zu versuchen, auf ein Arbeitskommando zu gehen, dann waren die Überlebenschancen besser. Ich war in den letzten Lagern immer zusammen mit einem guten Freund Pierre van Ham, einem Belgier. Er war mit mir in Kaltenkirchen. … Pierre und ich haben uns damals entschieden, einen Versuch zu unternehmen, in ein Außenkommando zu kommen. Das war nicht schwierig. … (Es) gelang …uns, mit dem erstbesten Transport mitzugehen. Und es ging nach Kaltenkirchen".

Interessant in de Langens Erklärung ist, dass die große Anzahl der Russen als bedrohlich empfunden wurde. Einerseits wirkten auch hier selbst unter den westeuropäischen Häftlingen die Vorurteile gegenüber den Russen nach und zum anderen war es eine bekannte Tatsache, dass die Russen in den deutschen Konzentrationslagern „…das härteste Schicksal hatten. Dieser Krieg hat uns gezeigt, dass, wenn man alles genau abwägt, Russe sein das Schlimmste auf der Welt ist."[11] Die Russen waren also den Schikanen ihrer Aufseher besonders ausgesetzt, und die Angehörigen anderer Nationen mussten fürchten, in den Sog des barbarischen Wütens der Deutschen gegen die Russen hineingerissen zu werden. Hinzu kam, dass gerade Russen sich in einer hoffnungslosen und aussichtslosen Lage befanden, weil ihnen auch zu Hause, sollten sie je die Heimat wieder sehen, Verfolgung und Vernichtung drohten. Das machte sie unberechenbar und ließ sie den Westeuropäern unheimlich erscheinen. Schon die Neigung der Russen, wenn der Frühling vor der Tür stand, einfach so, unvorbereitet und ungeplant, den Spaten hinzuwerfen und abzuhauen, kam den Angehörigen anderer Nationen unheimlich vor. „Manchmal wurde der Russe sofort von einer Kugel in den Rücken niedergestreckt….Manchmal wurde der Flüchtling nach einigen Stunden wäldlicher Freiheit geschnappt und auf seinem Gesicht lag noch der Abglanz kindlicher unbändiger Freude, wenn er auf dem Appellplatz gehenkt wurde."[12]

Über die Vorbereitungen des Außenkommandos Kaltenkirchen liegen Informationen vor, die auch interessante Einblicke in die Organisationsstruktur des Hauptlagers vermitteln. Um sie zu verstehen, ist es nötig, den organisatorischen Aufbau eines zentralen Konzentrationslagers kurz darzustellen.[13]

An der Spitze des Lagers befand sich der Kommandant, dem Range nach zumindest ein SS-Hauptsturmführer, zumeist aber Sturmbannführer. Ihm zur Seite stand der Adjutant. Für die wirtschaftlichen Angelegenheiten war der Verwaltungsführer verantwortlich. In der eigentlichen alltäglichen Leitung lösten sich die Mitglieder der Lagerführung ab. Sie waren die fast unbeschränkten Herrscher über die Gefangenen. Bindeglied zwischen Lagerführung und dem Lager selbst war der Rapportführer, der über ein eigenes Büro verfügte, das mit allen Häftlingsangelegenheiten befasst war. Die letzten in der SS-Hierarchie waren die Blockführer, meistens SS-Rotten- oder Unterscharführer, fast immer wegen ihrer Brutalität gefürchtet. Von gleichem Rang und Format waren auch die

Kommandoführer, denen die Aufsicht über die Arbeitskommandos übertragen war. Der gesamte Arbeitsbereich unterstand dem Arbeitsdienstführer. Später wurde ihm der Arbeiteinsatzführer übergeordnet, dem auch die Zusammenstellung der Transporte in die Außenkommandos oblag.

Auf der Häftlingsseite gab es, parallel zur SS-Verwaltung, ebenfalls eine hierarchische Befehlsstruktur, die man aber auf keinen Fall als „Lagerselbstverwaltung" ansehen darf, wie das oft früher in der Literatur fälschlicherweise und irreführend bezeichnet worden war. Die Posten innerhalb dieser Häftlingshierarchie wurden ausnahmslos von Häftlingen eingenommen. An der Spitze hier stand der Lagerälteste. Von dem Mann in dieser Position hingen oft genug die Überlebenschancen vieler Häftlinge ab, indem er entweder brutal die Anordnungen der Lagerleitung gegenüber den Häftlingen durchsetzte und nicht selten mit sadistischer Energie vorging, oder aber er versuchte, einzelnen besonders gefährdeten Häftlingen die Lage zu erleichtern, wenn dies, ohne dass es der SS-Lagerführung auffiel, möglich war.

Als Gegenstück zum Rapportführer und dessen Büro gab es die von Häftlingen besetzte „Schreibstube". Ihre Aufgabe bestand darin, die Lagerordnung und die besonderen Anordnungen der SS innerhalb des Lagers durchzusetzen (Karteiführung, Belegung der Häftlingsblocks, Appellvorbereitung, Zuteilung der Verpflegung usw.). Jeder Block (Gebäudeeinheit einer Häftlingsunterkunft) hatte seinen Blockältesten, der vom Lagerältesten vorgeschlagen wurde und von der Lagerführung zu bestätigen war. Den einzelnen Stuben jedes Blocks war je ein „Stubenältester" zugeteilt. Eine besondere, oft berüchtigte Rolle spielten die sog. „Kapos", selber Häftlinge, die über Arbeitskommandos Befehlsgewalt ausübten, also Antreiber während der Häftlingsarbeit waren. Ihnen zur Seite konnten Vorarbeiter derjenigen Betriebe und Firmen stehen, die mit der Ausführung der Arbeiten beauftragt und denen die KZ-Häftling als Arbeitssklaven zur Verfügung gestellt worden waren.

Mit diesem System bezweckte die SS zweierlei: Einmal vermied sie es, indem sie die „Schmutzarbeit" Häftlingen überließ, die eigenen Hände allzu sehr zu beschmutzen. Zum anderen konnte man damit Neid und Zwietracht zwischen verschiedene Häftlingsgruppen säen, indem man sie um die Privilegien, die solche Häftlingsämter bedeuteten, kämpfen ließ. So verhinderte die SS meistens erfolgreich, dass die Häftlinge sich gegen die Lagerleitung solidarisierten.

Natürlich wählte die SS für die zu vergebenden Häftlingsposten willfährige Personen aus oder versuchte es zumindest. Denn die Funktion der Konzentrationslager, Menschen und abweichende Ideen zu unterdrücken, jeden Widerstand zu brechen, Häftlinge zu demütigen, zu entwürdigen und zu vernichten, ließ sie auf willfährige und angepasste Personen aus dem kriminellen Milieu zurückgreifen. Viele literarische und dokumentarische Zeugnisse belegen, wie sich das verheerend auf die Lebensbedingungen der Lagerinsassen ausgewirkt hat. Die Kriminellen trugen im Lager ein grünes Dreieck auf der Häftlingskleidung. Durch ihre Bereitwilligkeit, mit besonderer Härte und mit sadistischer Energie die Anordnungen der Lagerleitung gegen die Häftlinge durchzusetzen, sicherten sie sich manche Privilegien und steigerten für sich am Ende sogar ihre Überlebenschancen. Als Vollzugsorgane der SS fanden besonders die Grausamsten unter ihnen ein Betätigungsfeld, in dem sie ihrer kriminellen Energie ungehindert - dafür auch noch belohnt – freien Lauf lassen konnten.

Ihnen gegenüber befanden sich vor allem die politischen Häftlinge. Sie trugen ein rotes Dreieck auf der Häftlingskleidung. In zähen und listenreichen Bemühungen gelang es den „Roten", die „Grünen", die Kriminellen, in vielen Lagern mit der Zeit zurückzudrängen, so dass die Politischen, meistens Kommunisten, schließlich die Häftlingsfunktionen kontrollierten. Sie schafften die geheime Umverteilung der Macht durch größtmögliche Solidarität, durch konspiratives Geschick, durch langjährige Erfahrung oft als KZ-Häftlinge der ersten Stunde und durch gut organisierte Kontakte untereinander. Todesfurcht oder die Gier nach Essbarem überwanden sie diszipliniert. So waren sie immun gegen jede Versuchung, aus der Phalanx der Solidarität heraus gebrochen zu werden. Diese Disziplin hatten sie in ihrem jahrelangen Kampf, teilweise schon vor 1933, gegen die Nationalsozialisten geübt. Zudem gelang ihnen die Eroberung der Häftlingsposten zuletzt oft schon dadurch, dass sie aus der Sicht der SS besser als die Kriminellen in der Lage waren, das Lagerleben in Ordnung zu halten.

Natürlich saßen die Funktionshäftlinge zwischen zwei Stühlen. Zum einen waren sie gegenüber der SS-Führung verantwortlich, weshalb sie oft hart gegenüber Mithäftlingen durchgriffen, um nicht das Misstrauen der Lagerführung auf sich zu ziehen. Zum anderen strebten sie danach, dort, wo es unauffällig mögliche war, besonders gefährdeten Mithäftlingen zum Überleben zu verhelfen. Ein schwieriger Drahtseilakt!

Vorbereitungen für Kaltenkirchen

Gerade während der Errichtung neuer Außenkommandos versuchten gut organisierte politische Häftlinge auf die Besetzung der Häftlingsämter Einfluss zu nehmen. So auch, als das KZ-Außenkommando Kaltenkirchen im Sommer 1944 vorbereitet wurde. Hierüber gibt ein Bericht aus dem Jahre 1961 Auskunft, der von acht ehemaligen deutschen Häftlingen unterschrieben worden ist. Er legt zugleich Zeugnis darüber ab, wie der politische Widerstand inmitten der Hölle des Hauptlagers funktionierte. In diesem Bericht geht es um den Polen Sergiusz Jaskiewicz, dem kommunistischen Häftling und späteren Schreiber im Außenkommando Kaltenkirchen:

„Da er schon in Sachsenhausen viel durchgemacht hatte, hat ihn die Leitung der politischen Häftlinge in Neuengamme … unter die Obhut eines alten deutschen politischen Gefangenen, des Kameraden Ernst Saalwächter aus Düsseldorf, gestellt. Saalwächter brachte Sascha – so hieß Jaskiewicz bei uns – in der Tischlerei unter… Als im September 1941 die großen Transporte aus Holland, Belgien ankamen, brauchten wir für den greisen Senior der holländischen Arbeiterbewegung, Louis de Visser, einen ruhigen Platz. Sofort erklärte sich Jaskiewicz bereit, dass er als junger Antifaschist einem alten Revolutionär Platz machen werde. So konnte Louis de Visser aus den Augen der SS geschafft werden …"

Es folgen in dem Bericht einige Aussagen, die deutlich machen, wie Sergiusz Jaskiewicz unter Einsatz seines Lebens als bewusster Antifaschist im Lager Widerstand geleistet und Kameraden zum Überleben verholfen hat. Der Bericht nennt ein Beispiel:

„Als eines Tages beim Dachdeckerkommando der Kommandoführer Reese das Kommando beim Schlafen erwischte …, war Sascha es, der sich mutig einsetzte, so dass keine Meldung gemacht wurde. Das rettete damals einigen sehr gefährdeten Kameraden Frankreichs, Deutschlands, der Sowjetunion und Belgiens entschieden das Leben. Sascha organisierte mit anderen Mitgliedern des Lagerkomitees die Verbindung zu polnischen und deutschen Zivilarbeitern … Bei den polnischen und sowjetischen Kameraden organisierte er Arbeitsverlangsamung, um den Ausbau der Rüstungswerke hinauszuzögern. Dies war ein lebensgefährliches Unterfangen, weil zu dieser Zeit verschiedene Kameraden deswegen exekutiert wurden… Nach seiner Entlassung aus der Strafkompanie … sandte ihn das Lagerkomitee in das Außenkommando Kaltenkirchen. Dieses Außenkommando sollte den Ausbau des Flughafens forcieren… Auf jedem Kommando mussten wir einige wichtige, politisch klare, bedächtige, aber auch entschlossene Kämpfer stellen, die persönliches Ansehen hatten und auch entschlussfreudig waren. In dieser Eigenschaft hat Sascha seine Pflicht getan…"[14]

Nicht leicht fiel dem illegalen Lagerkomitee die Auswahl des Lagerältesten für Kaltenkirchen. Nach langen Beratungen blieben nur noch zwei Kameraden im Gespräch. Das war einerseits Georg Richter, ein intelligenter, gebildeter und freundlicher Mann, allseits beliebt, der aber als Mann mit weicher Natur galt. Es wird überliefert, dass er es nie nötig gehabt habe, seine Autorität durch Härte oder mit Gewalt durchzusetzen. Als Freund der französischen Sprache und Kultur stand er den französischen Häftlingen besonders nahe. (Georg Richter überlebte und war später Theaterdirektor in der DDR) Der andere Anwärter auf das wichtige Häftlingsamt war Johannes Wehres aus Düsseldorf, ein Genosse, der aus völlig anderem Holz geschnitzt war, ein harter und von eiserner Disziplin geprägter Mann.

Das Komitee entschloss sich schließlich für Johannes Wehres. Über ihn wird in einem späteren Kapitel näher zu berichten sein. Wehres wurde von der Kommandantur als Lagerältester für Kaltenkirchen bestätigt. Georg Richter und Sergiusz Jaskiewisz kamen ebenfalls nach Kaltenkirchen, ersterer als Stubenältester und letzterer zunächst auch als Stubenältester und dann als Lagerschreiber. Das illegale Lagerkomitee konnte aber nicht verhindern, dass auch einige Kriminelle als Häftlingsfunktionäre mitgeschickt wurden.

Im Spätsommer des Jahres 1944, ein genaues Datum lässt sich nicht mehr ermitteln, wurde der erste Häftlingstransport nach Kaltenkirchen zusammengestellt. Verschiedene Indizien deuten auf einen Zeitpunkt Mitte August 1944 hin. Jaskiewisz erinnert sich in einem Brief an Gerhard Hoch vom 13.1.1976: „Bescheid gab es schon zwischen dem 15. und 20. Juli. Dann aber verursachte der 20. Juli (Attentat auf Hitler) ein Durcheinander. Alles verschob sich. Die ´Gewitteraktion´ machte ich aber schon nicht mehr in Neuengamme mit. Ich musste also schon entweder in Kaltenkirchen sein oder wenigstens auf dem Wege."[15] Auch andere Quellen deuten auf einen Zeitpunkt des ersten Transports nach Kaltenkirchen im August 1944 hin.[16] Der Internationale Suchdienst vermerkt: „established Aug. 44"[17]

Die 500 Häftlinge dieses ersten Transportes wurden irgendwo in der Nähe des Lagers Neuengamme in Eisenbahnwaggons verfrachtet, es handelte sich um Güterwaggons, die rundum geschlossen und mit einem Dach versehen waren. Die verschiebbaren Waggontüren wurden fest verriegelt und die schmalen Luftklappen unterhalb des Daches verschlossen. Die Versorgung mit Frischluft geschah also nur durch Ritzen zwischen den Bretterwänden. Wie es bei solchen Häftlingstransporten üblich war, wurden die Waggons auch nach Kaltenkirchen derart überfüllt, dass es keine Gelegenheit gab, sich zu setzen oder gar zu legen. Ein Beamter der AKN-Eisenbahn war dienstlich mit mehreren dieser Transporte befasst. Er berichtete Gerhard Hoch: „Die Waggons umgab ein unerträglicher Gestank. Aus Türen quoll Urin und Kot. Ein nicht wiederzugebendes Bild des Schreckens." Auch S. Jaskiewisz erinnerte sich an solche Zustände: „Scheiße und Pisse ohne Kübel, einfach auf den Boden." Die Fahrt dauerte fast zwei Tage. Die lange Dauer lag daran, dass immer wieder rangiert wurde und manchmal die Waggons stundenlang stehen blieben. Die Häftlinge wurden während der Zeit nicht verpflegt, keine Nahrung und kein Wasser. Nach zwei Tagen schmerzhaftem Stehen ohne Schlaf im Gestank der Ausscheidungen – das haben viele nicht überlebt.

Durch kleine Ritzen zwischen den Bretterwänden des Güterwaggons sahen einzelne Häftlinge endlich das Bahnhofsschild „Kaltenkirchen". Aber aus unerfindlichen Gründen setzte sich der Zug erneut in Bewegung. Die mit den Häftlingen besetzten Güterwagen wurden abgekoppelt, standen wieder irgendwo herum. Nach Stunden liefen sie im Bahnhof Kaltenkirchen erneut ein. Nach dem Öffnen der Tore bot sich ein grauenhaftes Bild. Benommene Häftlinge sprangen heraus. Die Kräftigeren unter ihnen wurden von SS-Leuten und Soldaten der Luftwaffe zurückgejagt, um die Leichen und Sterbenden, die in den stinkenden Wagen liegen geblieben waren, herunter zu holen. Eine Kaltenkirchener Bürgerin, damals 11-jährige Schülerin, sah –dieses Bild ließ sie ein Leben lang nicht los-, wie Leichen am Bahnkörper zunächst abgelegt wurden.[18]

„Es muss Abend gewesen sein, kurz vor Anbruch der Dämmerung. Wir sahen Leute auf der Straße, die uns lediglich anguckten" (Jaskiewisz).

Dieser erste große Häftlingszug von 500 Mann bewegte sich durch die Straßen des kleinen Ortes bis zur Barmstedter Straße, der „Betonstraße", (der genaue Weg vom Bahnhof zur Barmstedter Straße lässt sich nicht mehr feststellen, möglicherweise führte der Marsch über die Hamburger Straße oder über die Holstenstraße zum Funkenberg). Von der „Betonstraße" bewegte sich der Häftlingszug weiter bis Moorkaten und dort schließlich am Rande des Militärflugplatzes Richtung Nordwest bis Springhirsch. Die mitgeschleppten Toten und jene, die auf dem langen Marsch gestorben sind, werden in keiner überlieferten Liste erwähnt. Sie starben gewissermaßen im Niemandsland und wurden am nächsten Tag irgendwo verscharrt.

Das Außenkommando Kaltenkirchen

Das Lager

Dieser erste Transport fand ein fertiges Lager vor. Die Baracken sowie die Wachmannschaft wurden von der Luftwaffenführung der SS zur Verfügung gestellt. Stacheldrahtzaun und Wachttürme sicherten nunmehr das Lager ab. Es befand sich auf Nützener Gebiet im Ortsteil Neuspringhirsch, un-

Güterzug der Eisenbahn Altona-Kaltenkirchen-Neumünser (AKN)

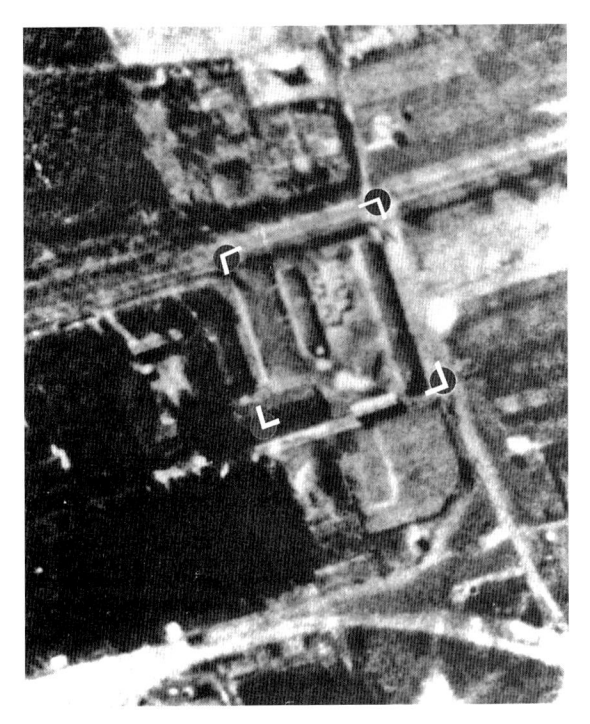

Luftfoto vom 25.12.45, der stark vergrößerte Ausschnitt zeigt das Lager

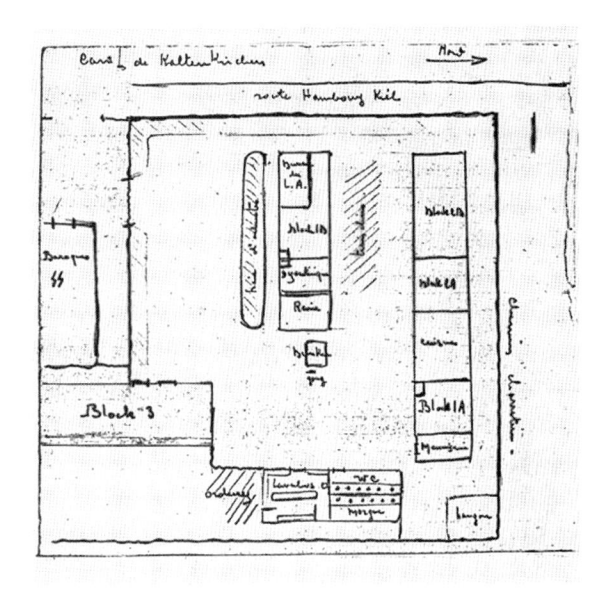

Handskizze des ehemaligen Häftlings und späteren Generals Edmond Mahieu

mittelbar an der Reichsstraße 4, der heutigen Bundesstraße 4. Es schloss sich nördlich eines umfangreichen Militärbereiches an.

Einen genauen Überblick über die Lage und Größe der Baracken des KZ-Außenkommandos zu bekommen, ist durch ein Luftbild der Royal Air Force vom 25.12.44 durchaus möglich. Das vorliegende Luftbild lässt Einzelheiten gut erkennen. Während die Erinnerungen der meisten Überlebenden allein noch kein klares Bild ergaben, konnte zudem die handgefertigte Bleistiftskizze des französischen Generals a.D. Edmond Mahieu, die er Gerhard Hoch im Jahre 1979 überließ, ein genaueres Bild über Lage, Zuordnung und Ausdehnung der zum Lager gehörenden Baracken zeichnen. Die Skizze hat General Mahieu, der KZ-Häftling in Kaltenkirchen gewesen war, im Juni 1945 im KZ-Ravensbrück aus dem Gedächtnis angefertigt. Und wegen der zeitlichen Nähe dürfte diese Zeichnung ein sehr zuverlässiges Zeugnis sein.

Nach dieser Skizze und dem Luftfoto vom 25.12.44 konnten die Einzelheiten des Lagers in einer einfachen Skizze, übersetzt ins Deutsche, so dargestellt werden:

Das Lager war von einem zwei bis drei Meter hoDas Lager war von einem zwei bis drei Meter hohen doppelten Stacheldrahtzaun umgeben, der von Betonpfosten gehalten wurde. Dazwischen patrouillierten Wachposten. Zur Reichsstraße hin war der Zaun mit Fichtenreisern durchflochten, um den Blick von der stark befahrenen Straße aus ins Lager zu verwehren. Außerdem standen an der Straße in Lagernähe Schilder mit der Aufschrift: „Nicht stehen bleiben! Weitergehen! Weiterfahren!" An jeder Ecke des Lagers befand sich ein einfacher Wachturm aus Holz, einem Jägerhochsitz ähnlich. Nur am Lagertor hatte man einen stabileren und höheren Wachturm errichtet. Nachts waren alle vier Wachtürme besetzt, der große auch tagsüber. Letzterer besaß ein fest installiertes Maschinengewehr.

Nachts strahlte man das Lager mit Scheinwerfern an, auch zum anfänglichen Entsetzen der Bewoh-

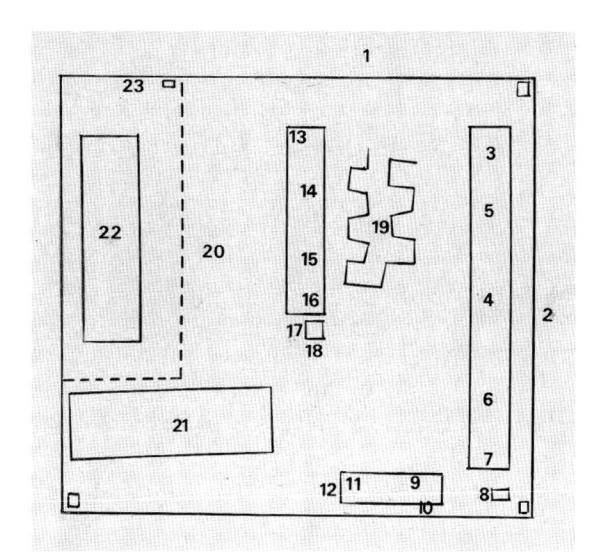

1. Reichsstraße 4; 2. Weg zum Nordteil des Flugfeldes; 3. Häftlingsblock 2B; 5. Lagerküche; 4. Häftlingsblock 2A; 6. Häftlingsblock 1A; 7. Tischlerei; 8. Schuppen (Lager für Holz und Särge) 9. Latrine (In den Blocks gab keine Toiletten); 10. Leichenablage (neben der Latrinengrube); 11. Waschraum; 12. Müllplatz; 13. Schreibstube und Büro des Lagerältesten und Lagerschreibers, Wehres und Jaskiewisz; 14. Häftlingsblock 1B; 15. Isolierstation für Ruhrkranke; 16. Krankenrevier; 17. Strafbunker; 18. Gong; 19. Splitterschutzgräben, Luftschutz; 20. Gebüschzeile zur Abgrenzung gegenüber der Wachmannschaftsbaracke; 21. Häftlingsblock 3, breiter und mit Mittelgang; 22. Unterkunft der Wachmannschaft, keine SS, sondern Soldaten der Wehrmacht (Luftwaffe); 23. Lagertor; 24. Wald- und Gartenstadt Springhirsch jenseits der Reichsstraße 4

ner der Wald- und Gartenstadt Springhirsch bei Fliegeralarm. Doch bald begriff die Zivilbevölkerung, dass sie durch das ins Scheinwerferlicht getauchte Lager selber geschützt war. Die alliierten Flieger schienen zu wissen und respektierten, dass sich hier ein Lager mit Gefangenen oder mit KZ-Häftlingen befand, das sie nicht angreifen wollten. Als Unterkünfte für die Häftlinge, die sog. Blocks, dienten „Wehrmachtsbaracken" der Luftwaffe. Deren Eingang lag an der Längsseite, so die lang gezogene sog. „Nordbaracke" (Auf der Zeichnung rechts) und die Mittelbaracke (Lagerbüro, Krankenrevier usw.). Der Häftlingsblock 3 war eine sog. „RAD-Baracke" (Reichsarbeitsdienst), die breiter war und einen Mittelgang besaß, von dem auf beiden Seiten die „Stuben" abzweigten. Zum Schutz gegen Erdfeuchtigkeit standen die Holzbaracken auf niedrigen Betonsockeln. Das machte niedrige Stiegen vor den Eingangstüren erforderlich. Eine „Stube" war mit wenigstens 60 Mann, maximal mit 100 Mann belegt. Je zwei „Stuben" stießen spiegelverkehrt gegeneinander und bildeten zusammen einen „Block".

Die Bezeichnung „Stube", die nach deutschem Sprachgebrauch den Eindruck von Gemütlichkeit vermittelt, täuscht über die Wirklichkeit der katastrophalen Zustände hinweg, die in diesen Stuben herrschte. Die unerträgliche Enge der 2-stöckigen Pritschen, die bei Überbelegung doppelt belegt waren, der entsetzliche Gestank durch die nach der Arbeit verschwitzten Häftlinge und durch viele, die vor Erschöpfung und krank ihre Ausscheidungen nicht zurückhalten konnten, machten den Aufenthalt in diesen Stuben zu einer Qual. Zudem fehlten in den Häftlingsblocks Latrinen und es gab keine Waschbecken. In einem qualmenden Ofen wurde das nasse Holz verfeuert, das Häftlinge im Wald gesammelt hatten, um ein bisschen Wärme zu erzeugen, denn das Lager existierte im Herbst, Winter und im kalten Frühjahr. Die Latrinen- und Waschbaracke befand sich am Ostrand des Lagers (siehe 9 und 11 in der Zeichnung) und diese Lage dürfte manchen Häftling abgeschreckt haben, nachts durch Regen, Schnee und Kälte zur Latrine zu gehen. Das Lager beherbergte im Schnitt 550 bis 600 Häftlinge, manchmal noch mehr, so kann man sich vorstellen, dass die wenigen Waschtröge in der Waschbaracke für so viele Häftlinge nicht ausreichten. Die mangelnde Hygiene in den „Stuben" dürfte fürchterliche Ausmaße erreicht haben.

Die Lagerinsassen

Die durchschnittliche Belegung des Lagers lag also bei 550 Häftlingen, aber wegen der vielen „Abgänge" durch Tod und Krankheit waren Neuzugänge aus Neuengamme erforderlich. Deshalb schwankten die Zahlen sehr. Einmal kletterte die Zahl auf annähernd 1000. Wenn arbeitsunfähige Häftlinge nach Neuengamme zurückgeschickt wurden, kamen mitunter erheblich mehr Neuzugänge, um sie zu ersetzen. Also fanden mehrere Transporte von Neuengamme nach Kaltenkirchen statt.

Viele Nationen waren unter den KZ-Häftlingen vertreten. Aber sowjetische, französische und polnische Häftlinge stellten das Hauptkontingent. Trotzdem gab es neben anderen Angehörigen europäischer Völker auch viele Holländer, Jugoslawen und Deutsche, wie sich aus Totenregistern schließen lässt.

Die Existenz des KZ-Außenkommandos blieb natürlich der Bevölkerung nicht verborgen. Schon die täglichen Kolonnen auf der Reichsstraße 4 von und zur 3 km entfernten Arbeitsstelle wurden von den Bewohnern wahrgenommen. Gegenüber dem Lager, auf der Westseite der Reichsstraße 4, befand sich die „Wald- und Gartenstadt Springhirsch"[19], ein Ortsteil von Nützen. Hier lebten in Wochenendhäusern über hundert Personen, meist Frauen mit Kindern, überwiegend aus Hamburg stammend, die sich hier fest angesiedelt hatten, um den verheerenden Bombennächten zu entgehen. Sie sahen die ausgemergelten Häftlinge in ihrer typischen auffallenden Häftlingskleidung aus blau und grau gestreiftem, hartem Drillichstoff und auf den hohlwangigen Köpfen die runden Häftlingsmützen aus dem gleichen Stoff. Und wenn die KZ-Häftlinge, angetrieben von bewaffneten Wachsoldaten, die Straße entlang marschierten, dann klapperten die hölzernen Häftlingsschuhe im Rhythmus laut durch die Siedlung.

Nicht wenige Anlieger hätten die Gelegenheit gehabt, heimlich mit einzelnen Häftlingen ein paar Worte zu wechseln. Von offizieller Seite wurde unter das Volk gebracht, es handle sich um Verbrecher, Homosexuelle, Sittlichkeitsverbrecher, „Abschaum der Menschheit". Und tatsächlich, wenn man diese Elendsgestalten sah, dann schien sich das Bild zu bestätigen. Die Bevölkerung war mit Bildern von grausamen, verschlagenen und primitiven „Untermenschen" aus Osteuropa, mit Bildern von afrikanischen Söldnern in der französischen Armee und mit Darstellungen von „Ghetto-Juden" aus Polen, versehen mit menschenverachtenden Kommentaren, gefüttert worden. „Man war erzogen worden, sich selber als Angehöriger einer stolzen Herrenrasse zu begreifen.", erinnert sich Gerhard Hoch an seine Kindheit und Jugend. Die halbverhungerten, verzweifelten und elenden Gestalten den Leuten glaubhaft als „Untermenschen" zu vermitteln, menschliche Wracks, die man selber in diesen Zustand gebracht hatte, das stellte den Gipfel der Menschenverachtung dar.

Erst als nach dem Kriege in Wochenschauen Bilder von verlausten, verdreckten und ausgehungerten deutschen Kriegsgefangenen auf dem Weg in sowjetische Gefangenenlager gezeigt wurden, die die Zuschauer an die KZ-Häftlinge hätten erinnern können, erkannte wohl mancher nachdenklichere Deutsche nachträglich die Gemeinheit der vorhergegangenen Nazipropaganda.

Die KZ-Häftlinge in Neuengamme wie in den Außenlagern ließen sich ab 1941 ganz grob in folgende Hauptgruppen einteilen: Kriegsgefangene, politische Häftlinge, „Asoziale", Kriminelle und andere. Im Laufe der Kriegsjahre, nicht zuletzt auch wegen der Masseneinlieferungen von Geiselhäftlingen aus den besetzten Gebieten, wurden deutsche Häftlinge immer mehr zu einer kleinen Minderheit.

Die Kriegsgefangenen waren ausnahmslos sowjetischer Herkunft. Schon im Oktober 1941 kamen etwa 1 000 Kriegsgefangene aus unbekannten Gründen nach Neuengamme, das ja kein Kriegsgefangenenlager war. Sie wurden in einem besonderen Trakt untergebracht. Entgegen der Genfer Konvention von 1929 erfuhren sie eine extrem schlechte Behandlung durch Nahrungsmangel, Morde und Schinderei, so dass von den Tausend im Juni 1942 nur noch 348 am Leben waren. Es strömten reichlich neue nach. Es wird sogar von Vergasungen im September 1942 und im November desselben Jahres berichtet, zunächst 197 und dann nochmals 251 sowjetische Häftlinge[20]. Die besonders schlechte Behandlung der sowjetischen Kriegsgefangenen dürfte Ausfluss der nationalsozialistischen Rassenideologie von der Minderwertigkeit osteuropäischer Völker gewesen sein, die dem Drang des „Herrenmenschen" nach Osten („Lebensraum im Osten") im Wege standen und beseitigt werden mussten.

Unter den „Kriminellen" muss man sich nicht immer Schwerverbrecher vorstellen. Zwar gab es vereinzelte Schwerverbrecher unter ihnen. Auch in Kaltenkirchen wird von einem „Gattenmörder" berichtet. Aber im „Dritten Reich" war es leicht, als Verbrecher eingestuft zu werden. Die große Knappheit an lebenswichtigen Gütern machte manchen zum Dieb, zum Schwarzhändler oder zum Schwarzschlachter. Wenn schon die Mitnahme einer Schreibmaschine aus Bombentrümmern zu einem Todesurteil führen konnte[21], konnte man schnell und unversehens als Schwerverbrecher abgestempelt werden. Zudem stand das Denunzieren damals unter der Bevölkerung hoch in Blüte.

Das „Leben" am Rande der nackten Existenz bedingte, dass die nationalen Gruppen versuchten, einen engeren Zusammenhalt untereinander zu entwickeln. Die gemeinsame Sprache, die gemeinsame Kultur und die vertrauten Verhaltensmuster vermittelten ein wenig Geborgenheit. Das konnte zwar dem Einzelnen einen gewissen Halt geben, aber insgesamt schwächte es nach Meinung des illegalen Lagerkomitees die Position der Häftlinge gegenüber der Lagerleitung, weil diese dadurch in der Lage sei, die verschiedenen nationalen Häftlingsgruppen gegeneinander auszuspielen. Deshalb strebte das Lagerkomitee, das von kommunistischen Häftlingen gebildet worden war, an, eine möglichst breite internationale Solidarität zu sichern, indem sie die nationalen Gruppen zu durchmischen suchte. Trotzdem entstand in Kaltenkirchen zunächst ein ziemlich geschlossener Franzosenblock, weil der Blockälteste der Franzosen, Georg Richter, der ein Freund der französischen Sprache und Kultur war, diese Strategie seiner Genossen durchkreuzte.

Viele Franzosen waren im Sommer 1944 als Mitglieder der unbewaffneten Widerstandsbewegung (Resistance) oder als Geiseln in deutsche Gewalt geraten. Sie wurden Opfer des sog. „Sperrle-Befehls". Der Befehl datierte vom 3.2.1944. Er trägt den Namen des Generalfeldmarschalls der Luftwaffe, Hugo Sperrle, der zu jener Zeit den Oberbefehlshaber West, Generalfeldmarschall von Rundstedt, vertrat. Dieser Befehl sollte die „Bandenbekämpfung" im besetzten Frankreich regeln. Er verpflichtete die Truppenführer, bei Überfällen in jedweder Form auf die deutsche Truppe mit äußerster Härte und mit scharfen Gegenmaßnahmen zu antworten[22]. Dies geschah durch Erschießung auch Unbeteiligter (ca. 20 000) und/oder durch Geiselnahme männlicher Personen (über 60 000)[23]

Ein typisches Beispiel: Im Juli 1944 fand irgendwo im Department Oise ein Angriff durch eine bewaffnete französische Widerstandsgruppe statt. Als Vergeltung wurden am 11. Juli im Nachbardorf 22 Personen erschossen, in einem weiteren Nachbardorf noch einmal 19 Personen. Ein kleines Städtchen in der Nähe wurde früh am Morgen von einer deutschen Einheit überfallartig besetzt und die Menschen aus ihren Häusern geholt. Junge Männer und Jugendliche, die als gesund und arbeitsfähig galten, wurden mitgenommen und in ein Sammellager bei Compiegne gebracht. Mit einem großen Eisenbahntransport wurden die Gefangenen in das KZ Neuengamme eingeliefert.

Einzelne Häftlinge

Auf ähnliche und auf andere Weise kamen u. a. der junge katholische Priester Louis Besancon, der Dominikaner Pater Humbert, der Möbelhändler und Tischler Richard Tackx und ein ganz junger Bursche, Roger Remond, in das KZ Neuengamme und im Spätsommer 1944 nach Kaltenkirchen. Von ihnen wird im Folgenden noch häufig die Rede sein, weil sie überlebt haben und nach dem Krieg neben anderen zu wichtigen Zeugen der Zustände in Kaltenkirchen wurden.

Abbé Louis Besancon, geb. am 05.01.1918, war seit einem Jahr Priester in Chateau-Chalons gewesen, als er am 1.08.1944 nach Neuengamme verschleppt wurde.

Der **Dominikaner Pater Humbert** erreichte das Hamburger Lager Neuengamme schon am 15.07.1944. Er schrieb in einem Brief an Gerhard Hoch vom 29.4.1976: „Verhaftet wurde ich in Lyon am 3. Juni 1944 durch die Gestapo. Ich gehörte zu einer Widerstandsgruppe. Ich hatte nichts gegen die Deutschen. Wohl aber viel gegen die Nazis. Ich hatte Hitlers Buch `Mein Kampf` und Rosenbergs `Mythus des zwanzigsten Jahrhunderts` gelesen. Und ich war der Meinung, dass man diese Lehren … bekämpfen müsse."

Als im Sommer 1944 in Neuengamme ein Häftlingstransport zur Errichtung eines neuen Außenlagers in Kaltenkirchen zusammengestellt wurde, haben sich wahrscheinlich wie so viele neu Eingewiesene die beiden Priester freiwillig gemeldet. Naiv wie sie waren, erhofften sie sich im Außenkommando bessere Überlebenschancen als im Hauptlager, dessen Schrecknisse sie soeben kennen lernten. Aber die Enttäuschung war riesengroß. Ihre Berichte, die in einem späteren Kapitel ausführlicher vorgestellt werden, beschreiben die mörderischen Einzelheiten des Lagerlebens in Kaltenkirchen. Z. B. war an Pater Humbert einmal die Prügelstrafe vollzogen worden. Er wurde auf den eigens dafür aufgestellten „Bock" geschnallt und mit Knüppelschlägen auf das blanke Gesäß misshandelt. Als sich daraufhin am rechten Oberschenkel zahlreiche eiternde Geschwüre bildeten, gewährte man ihm einen vierzehntägigen Aufenthalt im Krankenrevier der Mittelbaracke.

Beide Priester mussten wie alle ihre Kameraden an der drei Kilometer entfernten Start- und Landebahn arbeiten. Auch sie schwebten in ständiger Lebensgefahr. Aber sie leisteten auf ihre priesterliche Weise Widerstand, indem sie z.B. auf den Märschen von und zu der Arbeitsstelle die Gebete der Messe in lateinischer Sprache so laut sprachen, dass

Pater Humbert, rechts daneben Abbé Besancon. Aufnahme vom 12. 7. 1965

möglichst viele Mitmarschierenden es hören konnten. Die Stärkung der Seele, des Vertrauens und der Hoffnung war ein wesentlicher Faktor beim erfolgreichen Überlebenskampf. Den Toten spendeten sie heimlich die Absolution.
Kurz vor Weihnachten 1944, am 22. Dezember, wurden die beiden Priester zum Lagerführer gerufen, wo man ihnen eröffnete, dass sie nach Neuengamme zurückgeschickt würden. Von dort brachte man sie neben anderen 60 Priestern in das KZ Dachau bei München. Dies war eine Rettungsaktion auf Grund einer Intervention des Kardinals Suhard von Paris und des Papstes Pius XII, die erkennen lässt, dass ein energischeres Vorgehen und deutlicheres Protestieren des Vatikans gegen die Verbrechen der Nazis erheblich mehr Leben hätten retten können.
Wie schon angedeutet, überlebten beide Priester. Sie versuchten nach dem Kriege durch Besuche in Kaltenkirchen oder durch Zeugnislegung dafür zu sorgen, dass das Leiden und Sterben ihrer Kameraden in Kaltenkirchen nicht vergessen wurde. Viele Informationen, die wir über das besondere Lagerleben in Kaltenkirchen besitzen, verdanken wir ihren Aussagen.

An dieser Stelle seien weitere Häftlinge in Kaltenkirchen erwähnt. Zu ihnen gehörte der Belgier **Pierre van Ham,** geboren 1912. Er wurde wegen politischer Opposition zunächst von November 1942 bis September 1943 in Haft genommen. Im November 1943 begann sein zweiter Leidensweg über mehrere Haftanstalten bis zu den Konzentrationslagern Sachsenhausen und Neuengamme, bzw. Kaltenkirchen.
Mit ihm befreundet war der Holländer Adrianus de Langen, der von Februar bis April 1945 in Kaltenkirchen Häftling war. Er überlebte und war später Berufssoldat bei der holländischen Marine. Am 29.11.1975 schrieb er an Gerhard Hoch: „Ich gehörte vor meiner Verhaftung der illegalen Organisation OD („Ordnungsdienst"), Abteilung Gouda, an, wo ich damals wohnte. … Nach unserer Verhaftung im März 1942 wurden wir alle nach Scheveningen in das berüchtigte Oranje-Hotel transportiert…"
In einem vorhergegangenen Brief vom 2.11.75 an Gerhard Hoch hieß es: „Ich habe ziemlich viele Lager durchgemacht….Amersfoort, Vught, Sachsenhausen, Heinkel-Außenkommando, Sachsenhausen, Neuengamme, Aurich, Dahlem, Kloppenburg, Neuengamme und schließlich Kaltenkirchen…"

Der **Franzose Roger Rémond (1925 – 2007),** damals 19 Jahre alt, war einer von sieben sehr jungen Männern, die im Juli 1944 aus ihrem Juradorf als Geiselhäftlinge nach Deutschland verschleppt worden waren. Wenn auch die Geiselnahme als Reaktion auf Übergriffe auf die Besatzungsmacht völkerrechtlich erlaubt war, galt dies jedoch nicht für die Verschleppung in ein Konzentrationslager, wo jede Kontrolle, etwa durch das Internationale Rote Kreuz, ausgeschlossen war. Rémond kam mit seinen Kameraden nach Neuengamme und von dort nach Kaltenkirchen. Roger Rémond überlebte selbst die Evakuierung des Kaltenkirchener Lagers

Roger Rémond bei einem Besuch in Kaltenkirchen 1997

im April 1945 nach Wöbbelin nur äußerst knapp als „Muselmann" und brauchte fast acht Jahre, um sich von dem Lageraufenthalt, der nur ein Dreiviertel Jahr gedauert hatte, zu erholen. Seine sechs Kameraden sind alle in Kaltenkirchen gestorben. In einem Interview, das Realschüler aus Kellinghusen mit ihm 2004 geführt haben, beteuerte er zum wiederholten Male: „Warum habe ich überlebt und keiner meiner Kameraden?"[24] Er sagte das, als habe er ein schlechtes Gewissen, weil er und nicht seine Kameraden die Torturen des Kaltenkirchener Außenkommandos überlebten. Es ist bekannt, dass die meisten Überlebenden der Lager von ähnlichen Schuldgefühlen erfasst wurden wie Roger Rémond. Er erzählte im selben Interview, dass eine Familie in seinem Dorf drei ihrer Söhne in Kaltenkirchen verloren habe. „Die Mutter ist verrückt geworden. Der Vater hat es überstanden."

Arie Roders, 1913 in Amsterdam geboren, arbeitete als kleiner Beamter beim Einwohnerregister in Amsterdam. Wie sein Neffe Rene` Roders im Jahre 2005 berichtete, sei er ein Idealist und Humanist gewesen und habe sich einer gewaltlosen Widerstandsgruppe gegen die deutschen Besatzer angeschlossen. Ob er Verursacher oder Mitverursacher eines Feuers an seiner Arbeitsstelle gewesen war, bei dem Identitätskarten von jüdischen Mitbürgern der Stadt Amsterdam vernichtet wurden, lässt sich heute nicht mehr klären. René Roders geht aber davon aus, dass er auf diese Weise im Jahr 1943 jüdische Familien vor ihrer drohenden Deportation in die Vernichtungslager bewahren wollte. An einem Morgen im Frühjahr 1943 ließ ihn die Gestapo auf Nimmerwiedersehen verschwinden. Seine Frau, seine Eltern und seine beiden Brüder hatten auch Jahrzehntelang nach dem Kriege keinerlei Informationen über seinen Verbleib. Erst im Jahre 2004 fand der Neffe Rene´ Roders im Internet eine von der Gedenkstätte Neuengamme veröffentlichte Liste, in der er den Namen seines Onkels, dessen Sterbetag und Sterbeort entdeckte. Arie Roders starb am 2. Januar 1945 im KZ-Außenkommando Kaltenkirchen. Er gehört zu denjenigen vielen To-

Arie Roders wahrscheinlich 1938

ten in der Gräberstätte Moorkaten, deren sterbliche Überreste während der Exhumierung 1951 nicht identifiziert werden konnten.

Henri Canard, am 20.12.1923 im Dep. Somme/Frankreich geboren, wurde am 21.06.1944 zusammen mit anderen Kameraden des Widerstandes von den Deutschen festgenommen, kam zunächst nach Amiens, später nach Compiegne und wurde von dort nach Neuengamme verschleppt, wo er am 18.07.44 mit einem Transport eintraf. Er trug die Häftlingsnummer 36941 und wurde noch im Spätsommer oder Herbst, genauer Zeitpunkt unbekannt, nach Kaltenkirchen gebracht. Hier starb er am 9. März 1945. Roger Rémond hat in seinem Interview mit Realschülern aus Kellinghusen 2004 (siehe oben) das massenhafte Sterben der Häftlinge im Lager mit dem Verlöschen von Kerzen verglichen: „Plopp, einfach so!"
Die sterblichen Überreste von Henri Canard wurden 1951 exhumiert und dank der Kennzeichnun-

Henri Canard 1923-1945

gen, die der Häftling Richard Tackx heimlich mit ins Grab gegeben hatte, identifiziert und 1952 nach Flosselles in Frankreich überführt. Diese Angaben fußen im Wesentlichen auf der Schilderung seiner Tochter Mme. Celos Bernadette, geb. Canard, die 2006 die KZ-Gedenkstätte Kaltenkirchen besuchte.

Die Lagerführung

Niemals ließ die SS es sich nehmen, auch das kleinste Außenkommando in ihre eigene Regie zu nehmen. Doch für die vielen Lager reichte schließlich das Personal nicht. Also mussten die guten Beziehungen zur Wehrmacht Abhilfe schaffen. Man ließ sich von der Wehrmacht Offiziere oder Dienstgrade abkommandieren, steckte sie in SS-Uniform und verpflichtete sie damit auf den „schwarzen Orden" mit dem Totenkopfzeichen an der Mütze. Viele Vorgesetzte in der Wehrmacht befahlen ihren zur SS abkommandierten Untergebenen, dort in der SS-Uniform aufzutreten, um bei ihrem Tun nicht die „saubere Wehrmachtsuniform zu beschmutzen". Eine merkwürdige Form der Sauberhaltung, die freilich lange Jahre nach dem Krieg noch nachwirkte, bis die Wehrmachtsaustellung der Reemtsma-Stiftung endgültig das Bild von der sauberen Wehrmacht erschütterte.

In einem Spruchkammerbeschluss aus Waiblingen vom 11. August 1948 heißt es über den Wehrmachtshauptmann Otto Freyer, der vom Spätsommer 1944 bis Januar 1945 Kommandant des Außenkommandos Kaltenkirchen gewesen war: „Als F.(Hauptmann Freyer) den Befehl erhielt, habe er alle möglichen Schritte unternommen, um diese Abkommandierung (zur SS!) rückgängig zu machen, weil er als Wehrmachtsoffizier mit der SS nichts zu tun haben wollte. …(Er) wurde zu einer SS-Bewachungseinheit nach Neuengamme abkommandiert. Dort musste er nach einiger Zeit, zur Tarnung den Lagerinsassen gegenüber, die Uniform eines SS-Hauptsturmführers tragen."

Otto Freyer, der Lagerführer in Kaltenkirchen, ist von seiner Persönlichkeit und von seiner Rolle her in vielerlei Hinsicht typisch für viele Menschen während der Zeit des Nationalsozialismus von '33 bis '45. Von ihm haben wir ein ziemlich genaues Bild, weil sein Sohn dankenswerterweise in vielen Briefen bis in die jüngste Gegenwart an Gerhard Hoch wertvolle Informationen geliefert hat.

Der Sohn Gerhard Freyer schrieb an Gerhard Hoch am 4. 4. 1976: „Mein Vater wurde im Jahre 1894 in Stuttgart geboren. Sein Persönlicher Werdegang hatte nichts Außergewöhnliches an sich. Er erlernte den Kaufmannsberuf, erlebte den Ersten Weltkrieg 4 Jahre lang als Frontsoldat in Frankreich, kehrte als Leutnant in die Heimat zurück, übernahm in Stuttgart das elterliche Geschäft … und wurde im August 1939 zu den Landesschützen einberufen. Seine Einstellung zur NSDAP war anfangs eher positiv und später umso negativer. In die Partei ist er nicht eingetreten…"

Natürlich müssen wir bedenken, dass der Sohn aus seiner Sicht den Vater in ein eher positives Licht

taucht, obwohl er sich sichtbar um Objektivität bemüht. Er schreibt weiter:
„Aufzeichnungen und Briefe in Bezug auf Kaltenkirchen existieren nicht mehr, weil meine Mutter die Briefe meines Vaters wohlweislich nach Kenntnisnahme gleich vernichtet hat. Wären sie damals bekannt geworden, dann wäre mein Vater als Häftling im KZ gelandet. Ich kann mich heute aber noch gut daran erinnern, wie schockierend es damals für mich als `gläubiger´ Hitlerjunge war, dass mein Vater nicht mehr an den Endsieg geglaubt hat…."
Nun muss natürlich gefragt werden, wie jemand, der innerlich dem nationalsozialistischen System fern stand oder es gar hinter vorgehaltener Hand kritisierte, dazu kam, ausgerechnet Kommandant eines KZ-Außenkommandos zu werden. Hierüber hatte Gerhard Freyer in einem Brief vom 28. 3. 1976 Auskunft gegeben:
„Mein Vater, der Wehrmachtsoffizier war, wurde im Jahre 1944 von seinem Truppenteil in Oberschwaben weg nach Neuengamme abkommandiert. Da mein Vater dort eine Eingabe nach der anderen machte, um wieder zu seinem Truppenteil zurückzugelangen, musste er beim Kommandanten von Neuengamme, Max Pauly, `vorreiten´. Auf die Frage, ob es ihm in Neuengamme nicht gefalle, sagte mein Vater, er sei für das Leben in Neuengamme zu weich. Die Folge war, dass mein Vater eine Woche lang das Exekutionskommando übernehmen musste, d.h., er musste als Offizier den Hinrichtungen beiwohnen und protokollieren, dass die Gehängten tatsächlich tot waren. Und dann wurde mein Vater wieder zu Pauly befohlen, der ihn fragte, ob er nun härter geworden sei. Nein, antwortete mein Vater, er, Pauly, habe genau das Gegenteil erreicht. Unter diesen Umständen hat auch Pauly eingesehen, dass mein Vater für Neuengamme ein `hoffnungsloser Fall` war, und ihn außerhalb von Neuengamme mit dem Kommando in Kaltenkirchen betraut…"
Die `Logik`, Otto Freyer ausgerechnet mit dem Kommandoposten im KZ-Außenlager Kaltenkirchen zu betrauen, weil er für Neuengamme zu „weich" gewesen sei, ist schwer nachzuvollziehen. Aber die Fakten, die sein Sohn liefert, sind unzwei-

Aufnahme vom Herbst 1944, an der Reichsstraße 4 gegenüber dem Lager

felhaft. Zieht man die Aussagen anderer Zeugen in Betracht, erkennt man, dass die konkreten Angaben des Sohnes zutreffen, seine unterschwellig mitschwingenden Bewertungen freilich davon abgezogen werden müssen.
Gerhard Hoch ließ es keine Ruhe, als ihm aus Neuengamme Listen mit den Namen von 214 in Kaltenkirchen verstorbenen Häftlingen übergeben worden waren, und er auf Grund vieler Zeugenaussagen von einer erheblich höheren Zahl an Toten ausgehen musste, erneut an den Sohn Gerhard Freyer zu schreiben: „...Dem gegenüber verlangt die hohe Totenzahl als Resultat grausamer Zustände im Lager und bei der Arbeit eine Neubewertung der Verantwortlichkeit Ihres Vaters. Dem kann man sich einfach nicht entziehen, …Das Prinzip „Vernichtung durch Arbeit" wurde auch in diesem

Lager verfolgt. Wie passt das in das Persönlichkeitsbild Ihres Vaters?"[25]

Aufgeschreckt durch diese Frage, antwortete der Sohn in zwei Briefen vom 29.11.02 und vom 15.12.02. Neue Fakten lieferte er nicht, sondern betonte erneut, dass sein Vater nicht freiwillig die Uniform der Wehrmacht mit der Uniform der SS getauscht habe, sondern „weil er musste". Zudem unterstrich er die ´innere` humane Einstellung seines Vaters und dessen eigentliche ´innere` Ferne zum nationalsozialistischen System durch zwei Geschichten aus Kaltenkirchen, die ihm der Vater einmal erzähl habe, und an die er sich jetzt erinnere: Als der Vater, Otto Freyer, einmal angeordnet habe, dass die Häftlinge, die Tarnnetze knüpfen mussten, dies in geheizten Räumen tun sollten, sei er aus Neuengamme belehrt worden. Er habe „anscheinend immer noch nicht den Sinn und Zweck eines Konzentrationslagers kapiert". Das andere Beispiel erzählt davon, wie Otto Freyer einem ihm untergeordneten SS-Mann mit einer Dienstaufsichtsbeschwerde drohte, weil der Häftlinge auf brutale Weise misshandelt hatte. Dessen Reaktion: „Ewas Besseres könne ihm gar nicht passieren, denn dann würde er schneller befördert." Die Beispiele, die der Sohn auswählt, zeichnen das Bild eines menschlichen Offiziers, dem das „Schicksal" innerhalb eines grausamen Systems Verantwortung übertragen hat. Und auch das Foto, das Otto Freyer freundlich lächelnd im Herbst 1944 an der Reichsstraße 4 mit einer Baracke ´seines` KZ-Außenlagers im Hintergrund zeigt, vermittelt dem Betrachter den Eindruck eines netten, sympathischen Mannes, dem man Grausamkeiten nicht zutraut. Gerhard Hoch fragte in einem Aufsatz [26]: „Hatte Otto Freyer zwei Gesichter, zwei Leben? ...Was ist die Wahrheit dieses Menschen?"[27]

Die Antwort ist verblüffend einfach. Otto Freyer war ein im damaligen Deutschland weit verbreiteter Typ Mensch, Familienvater, unpolitisch, vielleicht etwas naiv und brav, ein Typ, wie er auch heute oft vorkommt, aber eine in vielerlei Hinsicht interessante Person der Zeitgeschichte. Zudem ist natürlich Freyers Sozialisation zu bedenken. Aufgewachsen im Kaiserreich und als Soldat im Ersten Weltkrieg, hat er Gehorsam eingeübt. Kritische Einstellungen den Herrschenden gegenüber, die gar in ein entsprechendes politisches Engagement gemündet hätten, waren seine Sache nicht. Er akzeptierte die politischen Gegebenheiten, an denen ihm zwar vieles missfiel, aber etwas daran ändern zu können, hielt er nicht für möglich oder sich dafür für unfähig.

Das unmenschliche System des Nationalsozialismus hätte ohne Zutun und ohne Mittragen durch solche unpolitischen „Biedermänner" überhaupt nicht funktioniert. Und es hat funktioniert, weil die vielen ohne Mut, ohne Risikobereitschaft und ohne politische Wachsamkeit unauffällig und gehorsam ihre anerzogene ´Pflicht` getan haben. Andere haben, um Karrieren und Ansehen nicht zu gefährden, mehr oder weniger jubelnd mitgemacht. Das Bild vom grausamen, brutalen und sadistischen KZ-Aufseher – es mag ja solche gegeben haben – muss korrigiert werden. Und diese Korrektur dürfte schmerzhaft sein, weil sie die meisten von uns selbst mit einbezieht in die Reihe derer, die sich möglicherweise an unmenschlichen Handlungen beteiligt hätten.

Otto Freyer hat seinen ungeliebten Dienst getan, dabei durchaus gespürt und gesehen, dass in seinem Verantwortungsbereich Menschen gequält, gefoltert, gedemütigt und gemordet wurden. Aber er hat aus verschiedenen Gründen wie die vielen anderen in seiner Lage nicht die Kraft gehabt, gegen das, wie er meinte, allgemein akzeptierte und von höchster Stelle verordnete menschenverachtende Prinzip in den Konzentrationslagern vorzugehen. Das Einzige, was ihm einfiel zu tun, war es gewesen, sich wiederholt auf dem Dienstweg um eine Zurückführung zu seiner alten Wehrmachtseinheit zu bemühen. „Kurz darauf schrieb Herr Freyer wieder an mich und bat inständig, ich möchte mich doch voll und ganz für seine baldige Ablösung einsetzen, da er sich in seinem neuen Wirkungskreis tod-unglücklich fühle."[28]

Statt das Schicksal seiner „Schutzbefohlenen" zu beklagen, denen es ja nun wirklich auch unter seiner Verantwortung so schlecht ging, dass täglich Tote anfielen, beschreibt er sein eigenes Befinden als „tod-unglücklich". Aber wenn er weniger dagegen tat als nur den einen Gedanken zu fassen, möglichst schnell wegzukommen nach dem Motto „aus den Augen, aus dem Sinn", dann zeugt das nicht von einer charakterstarken soldatischen Haltung, wie man sie offiziell in der deutschen Wehrmacht hoch hielt..

Schließlich schaffte er Ende Januar 1945 die Ablösung. Sein militärischer Vorgesetzter Oberst Josef Deindl erklärte 1948 vor der Spruchkammer: „Nach seiner Rückkehr zum Batl. war er der glücklichste Mensch und mit Abscheu sprach er über das Verhalten so mancher SS-Führer, über die große leibliche und seelische Not, die er in dieser furchtbaren Verbannung, wie er sie nannte, erlitten hatte. Wenn ich heute zurückdenke an die ablehnende Haltung, die Freyer der NSDAP gegenüber einnahm, habe ich das Empfinden, dass er nicht PG war, sondern sogar ein Gegner der NSDAP."[29] „Die große leibliche und seelische Not" von Otto Freyer wird vor der Spruchkammer beklagt, nicht die der KZ-Häftlinge!

„Mein Vater war kein Politiker ... und bot seine Verdienste (oder was er dafür hielt) nicht auf dem Präsentierteller dar. Er wirkte unauffällig." So schrieb Gerhard Freyer in einem Brief vom 26.10.04 an Gerhard Hoch.

Otto Freyer hat also seinen Weg nicht frei gewählt. Er hat sich auf diesen Weg drängen lassen. Die Frage ist heute, wie unpolitisch oder wie unverantwortlich darf man sein angesichts von offenkundigem Unrecht. Gerhard Freyer, der Sohn, formuliert das so: „Man sieht hieraus, dass die Frage der Verantwortung rein theoretisch begründet war, aber (damals) in der Praxis keine Rolle spielte."[30] Hätte sie damals nicht doch eine Rolle spielen sollen? Gerhard Freyer: „Deshalb ärgere ich mich, wenn heute Leute, die nie eine Diktatur und ihre Auswirkungen am eigenen Leibe erlebt haben, nunmehr am besten wissen, was man damals hätte tun und lassen sollen".[31] Da haben wir sie schon wieder, nämlich die Abwälzung der Verantwortung auf die herrschenden Verhältnisse – „Diktatur und ihre Auswirkungen" –.

Es ist eine Tatsache, und das wird in allen Berichten von überlebenden Häftlingen hervorgehoben, dass der Lagerführer Otto Freyer nie selbst die Hand für Schläge gehoben hat oder auf irgendeine Weise rücksichtslos gegenüber Häftlingen aufgetreten ist. Aus weiteren Berichten entsteht auch der Eindruck, als habe sich der Lagerführer gerne und oft fern vom Lager aufgehalten. Er verkehrte häufig mit Zivilpersonen aus der unmittelbar gegenüber dem Lager gelegenen Siedlung der „Wald- und Gartenstadt Springhirsch". Hier fand er die eine oder andere Gesprächspartnerin, die ihn verstand und der er sich anvertraute. Während er aber z.B. Hertha Petersen gegenüber sein Herz über die furchtbaren Zustände im Lager ausschüttete, überließ er den beiden SS-Unterführern ungebremst die scheußliche Arbeit. Er ließ ihnen freie Hand. Was nützte es den Häftlingen, wenn er innerlich angewidert, in mangelhafter Wahrnehmung seiner Kompetenzen die Zügel schleifen ließ? Willkür und Brutalität konnten ungehindert im Lager wüten. Das kostete vielen Häftlingen das Leben.

Wenn wir bei den uns bekannten Fakten bleiben, ist festzuhalten, dass der Lagerführer dem gewalttätigen und unmenschlichen Treiben seiner ihm direkt Untergebenen zu wenig Widerstand entgegengesetzt hat. Er besaß zwar die Autorität des Lagerführers, aber Mut und Durchsetzungskraft, mit denen er durchaus einiges an Verbesserungen für die Häftlinge hätte bewirken können, besaß er nicht.

Also stellen wir fest, beim Versuch, das Verhalten des Lagerführers Freyer zu beurteilen, müssen wir diese seine beiden Seiten würdigen, einmal seine moralische Sensibilität, das mörderische Geschehen innerhalb seines Verantwortungsbereiches zu erkennen und zum anderen seine Kraftlosigkeit, wirksam dagegen vorzugehen. Dass sich sein Gewissen gelegentlich meldete, lässt sich an einigen Beispielen belegen, über die auch einige Bewohnerinnen der „Wald- und Gartenstadt" später Gerhard Hoch berichteten. Else Stapel vertraute er beispielsweise an, welche schrecklichen Ereignisse er bei seinem Einsatz im Hinrichtungskommando hatte beobachten müssen. Außerdem erinnerte sich Else Stapel, dass ihm gelegentlich „die Tränen kamen, wenn er über das Lager sprach."[32]

Manchmal beauftragte er einzelne Häftlinge, von deren entsprechender Qualifikation er wusste, bestimmte Arbeiten für die Frauen auszuführen. Dieser Gunst erfreute sich vor allem der französische Häftling Richard Tackx (über ihn mehr in einem gesonderten Kapitel). Ihn beauftragte Freyer, für Else Stapel eine Schiebetür in eine Flügeltür umzuändern. Bei Brunhilde Gimpel durfte Tackx sämtliche Räume mit einer heute noch vorhandenen Kassettendecke ausstatten. Damit erhielten Richard Tackx und auch einige andere Häftlinge eine gewisse Erleichterung ihrer Situation. Sie knüpften Bekanntschaft mit einigen Personen in der „Wald- und Gartenstadt Springhirsch", und bekamen das eine oder andere Nahrungsmittel zugesteckt neben der Erlaubnis, mit am Tisch zu essen. Diese Beziehungen und Bekanntschaften sollten sich später für ihre Überlebenschancen positiv auswirken.

Auch zu der Kommunistin Hertha Petersen nahm Otto Freyer Kontakt auf. Damit ging er tatsächlich ein gewisses Risiko ein, zumal die regimefeindliche Einstellung Hertha Petersens und der Verdacht, dass sie Kommunistin sei, in der ganzen Siedlung bekannt waren. Auch dem französischen Häftling Richard Tackx gelang es, über die Vermittlung Otto Freyers mit der mutigen Frau Petersen bekannt zu werden, was ihm später, wie wir noch hören werden, die Flucht ermöglichte. Frau Petersen half vielen Häftlingen und riskierte dabei Kopf und Kragen.

Wie aus der oben zitierten Erklärung von Willy Nuss vom 28. Febr. 1948 weiter hervorgeht, hatten Otto Freyers Ablösungsversuche „etwa 10.01.45" Erfolg.[33]. Sein Nachfolger als Lagerführer wurde Bernhard Waldmann. Der Lagerälteste Johannes Wehres, ein gestandener Kommunist und Widerstandskämpfer, schilderte 1968 gegenüber der Ludwigsburger Ermittlungsbehörde diesen Bernhard Waldmann als einen Mann, unter dessen Kommando sich alle Verhältnisse im Lager verschlimmert, Unrecht und Gewalt sich noch gesteigert hätten. Der Sohn Otto Freyers, Gerhard Freyer, kommentiert diese Aussage in einem Brief vom 26.10.04 so: „Wenn sich nach seinem Abgang … unter Kommandant Waldmann nach Aussagen aller Zeugen die Situation für die Häftlinge erheblich verschlimmerte, so ist es nach meinem Dafürhalten der Beweis dafür, dass mein Vater im stillen mehr erreicht hat, als wenn er den Helden gespielt hätte."

Den „Helden" hätte er gar nicht spielen brauchen. Denn mehr für die Häftlinge aus der Machtbefugnis seines Amtes als Lagerführer heraus hätte Otto Freyer schon tun können, ohne selber in Gefahr zu geraten. Z.B. hätte er energischer und konsequenter dafür sorgen können, dass wenigstens die vorgesehenen Rationen an Nahrungsmitteln die Häftlinge erreichten, die, wie bekannt, von einzelnen Wachsoldaten durch Unterschlagungen reduziert wurden. Das Argument, die Arbeitskraft der Häftlinge „für den Endsieg" möglichst zu erhalten, hätte er immer auf seiner Seite gehabt. Oder damit, indem er jene Wachsoldaten zurückwies, die durch Brutalität auffielen, und jene stärkte, die menschlich handelten, hätte er durchaus für ein besseres Klima sorgen können, das den Häftlingen genützt hätte. Seine Versuche in dieser Richtung scheinen zu vorsichtig gewesen zu sein. Mehr als zu seiner Wehrmachtseinheit als „untauglich für die SS" zurückversetzt zu werden, hätte ihm nicht passieren können, genau das, was er ohnehin anstrebte. Seine Haltung „nur weg hier" hat ihn überhaupt übersehen lassen, was er für die Häftlinge hätte tun können.

Es war nach dem Kriege eine von den Tätern und Mitläufern gerne und erfolgreich inszenierte Strategie, das Mittun im Räderwerk der Unmenschlichkeit auf den „Befehlsnotstand" zu schieben. Der oben schon zitierte Josef Deindl in seiner Erklärung vom 10.06.48: „Wenn er (Freyer) sich geweigert hätte, das Kommando anzutreten, wäre er zweifellos vor das Kriegsgericht gestellt und im Schnellverfahren zum Tode durch Erschießen oder sogar durch den Strang verurteilt worden. Das sind die nackten Tatsachen, die ich unter einem heiligen Eid ohne jede Einschränkung feststelle." Die hier im Konjunktiv gemachte Aussage als „nackte Tatsachen" zu hinzustellen, ist schon recht kühn. Denn heute ist es gesicherte Erkenntnis, dass ein solches Schicksal, wie es die Opfer erduldeten, den sich verweigernden Tätern niemals drohte.

Der Vorwurf des Sohnes an die Betrachter von heute, die sich nach seiner Ansicht anmaßten, zu „wissen, was man damals hätte tun und lassen sollen"(siehe oben), ist verständlich. Das entbindet aber die heutigen Betrachter nicht von der Pflicht darauf hinzuweisen, was Menschen damals hätten tun können, um die menschliche Tragödie zu mildern oder gar aufzuhalten.

Ganz normale Bürger haben also menschlich versagt. Das festzustellen, erschreckt uns Heutige, weil auch wir möglicherweise an ihrer Stelle versagt hätten. Umso wichtiger ist es, den nachfolgenden Generationen an Beispielen vorzuführen, welche menschlichen Haltungen für das Wohl eines Gemeinwesens förderlich sind. Die Ideale von Humanität und Demokratie, wie sie seit der französischen Revolution europäisches Kulturgut geworden waren, hatten in Deutschland nicht vor der menschlichen Tragödie der Barbarei und Willkür schützen können. Es hat der Mut bei zu vielen Menschen gefehlt, sich für die humanen Werte einzusetzen und für sie zu kämpfen.

Von Otto Freyer sind keine Aussagen bekannt, wie er nach dem Kriege mit seiner „Schuld" gelebt hat und ob ihm überhaupt eine solche bewusst war. Nach allem, was wir wissen, setzte sich seine unpolitische Grundhaltung, die jede Verantwortung auf „die da oben" abschob, fort. Zum Bewusstsein einer „Schuld" wäre eine gründliche Erinnerungs- und Trauerarbeit Voraussetzung gewesen. Aber die wurde bekanntermaßen im Nachkriegsdeutschland verweigert. Aus vielerlei Gründen war Vergessen angesagt, nicht aus schlechtem Gewissen heraus, wie viele meinen, die heutige Maßstäbe anlegen. Denn ein „schlechtes Gewissen" setzt das Bewusstsein eigenen Versagens voraus. Über die Gründe des Vergessenwollens im Nachkriegsdeutschland wollen wir uns in einem späteren Kapitel näher befassen. Bleibt in der Würdigung der Person Otto Freyers nur festzuhalten, dass er ein interessantes und geradezu idealtypisches Beispiel dafür abgibt, wie sich trotz der vielen Millionen völlig normalen Bürger in verantwortlichen Positionen, die privat keiner Fliege ein Leid antun konnten und oft liebevolle Familienväter waren, Unrecht und Gewalt in Deutschland ungehindert entfalten konnten.

Bernhard Waldmann, Freyers Nachfolger als Lagerführer, wurde 1896 in Wanne-Eickel geboren und lebte nach dem Krieg bis 8. Januar 1966 in Lünen, seinem letzten Wohnort. Er war, bevor er in Kaltenkirchen Lagerführer wurde, Führer des Nebenlagers von Natzweiler-Struthof in Mannheim-Sandhofen gewesen. Auch er war ein Hauptmann der Wehrmacht, der sich in den Diensten der SS befand. Ob er in Mannheim-Sandhofen eine SS-Uniform trug oder die Uniform der Wehrmacht, lässt sich aus den widersprüchlichen Zeugenaussagen nicht feststellen. Auch in Kaltenkirchen gehen die Aussagen von überlebenden Häftlingen auseinander. Richard Tackx will ihn in der gleichen Uniform wie Otto Freyer, also mit dem SS-Totenkopf an der Mütze, gesehen haben, während beispielsweise der Lagerschreiber Jaskiewicz ihn nie als SS-Mann betrachtet habe und aussagte, er sei Hauptmann der Luftwaffe gewesen. Das lässt freilich nicht darauf schließen, welche Uniform er getragen hat. Vermutlich dürfte aber Richard Tackx Beobachtung zutreffend sein, zumal, wie im Fall Freyer so gut dokumentiert, die Wehrmacht nicht nach außen hin sichtbar in der Rolle der SS, der die Leitung der Konzentrationslager oblag, auftreten wollte. Zu bedenken ist natürlich die unter den damaligen Häftlingen verbreitete Gewohnheit, die Wachmannschaft als SS-Bewacher und deren Unterkunft als SS-Baracke zu beschreiben, obwohl hier in Kaltenkirchen die 85 Wachsoldaten der Luftwaffe angehörten und keine SS-Uniform trugen und ihre Unterkunft am südlichen Rande des Lagers keine SS-Baracke war. Verständlich ist diese unzutreffende Einschätzung der Häftlinge, wenn man bedenkt, dass die Wachmannschaft unterschiedslos als Instrument der SS erlebt wurde.

Bernhard Waldmann dürfte Ende Januar 1945 Otto Freyer in Kaltenkirchen abgelöst haben. Ein genauerer Termin ist nicht bekannt, wie überhaupt über die Persönlichkeit Bernhard Waldmanns nur spärliche Informationen vorliegen. Seine beiden Söhne reagierten bis zum heutigen Tage nicht auf die mehrfach vorgetragenen Bitten um Informationen über den Vater. Wenige Quellen geben ein undeutliches Bild seiner Persönlichkeit. Ein ehemaliger Wachsoldat im Außenlager Mannheim-Sandhofen, Michael Bayard, sagte 1969 vor der Polizei aus. Aber seine Aussage, davon geprägt, sich selber und den Lagerführer positiv erscheinen zu lassen, sollte entsprechend mit Vorsicht gewertet werden. „An den Lagerführer des Nebenlagers Mannheim-Sandhofen entsinne ich mich noch recht gut. Es handelt sich um den SS-Offizier und Hauptmann der Wehrmacht (!!) Waldmann. Das war eine Seele von Mensch. Es war ein wahrhaft christlicher Mann und guter Katholik, der niemals etwas Unrechtes duldete. Ich kann mir auch nicht vorstellen, dass er selbst jemals den Häftlingen ein Leid angetan hat…." Im Erlebnisumfeld der Täter mag Waldmann als „Seele von Mensch" und als „wahrhaft christlicher Mann" wirklich so erlebt worden sein. Doch aus der Sicht der Häftlinge bot sich ein ganz anderes Bild. Der Lagerälteste Johannes Wehres[34] schildert Bernhard Waldmann als einen Mann, unter dessen Kommando sich alle Verhältnisse im Lager verschlimmerten und unter dem sich Unrecht und Gewalt noch steigerten. Auch die Aussagen anderer Häftlinge bestätigen das.

Hier werden wieder beide Welten sichtbar. In der Welt der Deutschen, unter Freunden und Kollegen, erschien Waldheim als „Seele von Mensch", musisch begabt, der gerne in der Kirche Orgel spielte[35] und der ein „wahrhaft christlicher Mann" war. Im normalen Umfeld zeigt sich die Welt der Herrschenden, in der das einzelne Mitglied seine angesehene Rolle spielte. Aber davon abgegrenzt und von den Herrschenden als nicht zur menschlichen Gemeinschaft zählend, existierte die Welt der Opfer und der Ausgegrenzten. Im Bewusstsein selbst der christlich orientierten Täter, die „keiner Fliege hätten Leid zufügen können", kamen ihre Opfer als Menschen gar nicht vor. Gegenüber den Häftlingen waren die untereinander funktionierenden Regeln der Menschlichkeit einfach außer Kraft gesetzt. Während Otto Freyer noch ein gewisses Gefühl dafür bewahrt hatte, dass den Häftlingen Leid zugefügt wurde, was ihn „todunglücklich" machte, scheint in Waldmanns Bewusstsein diese Welt der Opfer völlig aus der menschlichen Gemeinschaft ausgeschlossen gewesen zu sein. Aus Mannheim-Sandhofen hören wir Marian Marchewka berichten: „Der Hauptmann (spielte) gerne Orgel in einer Kirche, die unweit des Lagers stand. Er nahm sonntags einen Häftling mit, der dann den Blasebalg der Orgel bedienen musste. Den Gerüchten nach wurde er … abgelöst, nachdem einigen Häftlingen mehr oder weniger die Flucht glückte." Entgegen diesem eher positiven Bild aus dem Blickwinkel eines ehemaligen Funktionshäftlings in Mannheim-Sandhofen hören wir aus Kaltenkirchen ganz andere Töne. Zeugen aus der „Wald- und Gartenstadt Springhirsch", die Otto Freyer erlebt haben, beschreiben Waldmann als einen aufdringlichen und rüden Mann. Natürlich sind das Zeugen, Hertha Petersen, Else Stapel, die nicht auf der Seite der Täter zu suchen sind.

Wie sehr das Bild, das wir uns heute von der Persönlichkeit Bernhard Waldmanns machen, abhängig ist von der subjektiven Wahrnehmung derjenigen Zeugen, die geredet haben, zeigt das äußerst kritische Bild, das Gerhard Hoch in seiner ersten Ausgabe dieses Buches von der Persönlichkeit Waldmann gezeichnet hat. Und dieses Bild erklärt sich aus der Sicht derjenigen, die unter Waldmanns Herrschaft leiden mussten und Otto Freyer als Hintergrundbild zum Vergleich noch vor Augen hatten. Die andere Seite, die Waldmann als musisch Begabten, als Christen und als fürsorglichen Familienvater erlebt hat, schwieg sich nach dem Krieg meist aus. So rächte sich die Weigerung der Söhne, Informationen über den Vater herzugeben.

Jedenfalls sind die Stimmen aus Kaltenkirchen eindeutig, die die „Wachablösung" von Freyer zu Waldmann beschreiben. „Von dem Tag ab ging im

Lager eine Wandlung vor sich", so hören wir den Lagerältesten Johannes Wehres. „Unter seiner Regie entwickelte sich das Außenkommando zu einem wahren Schreckenslager" hat Gerhard Hoch in der ersten Ausgabe formuliert und belegt.

Der Unterschied der Informationen aus Kaltenkirchen zu denen aus Mannheim/Sandhofen kann sich nicht allein aus den unterschiedlichen Betroffenheiten der Informanten erklären. Da muss tatsächlich auch eine Wandlung im Verhalten der Person Waldmann vorgekommen sein. Gerhard Hoch fragt: „Haben Neuengamme und Kaltenkirchen Waldmann so verändert und verhärtet?"[36]

Die Gründe seiner Versetzung nach Kaltenkirchen liegen im Dunkeln. Der Zeuge Marian Marchewka aus Mannheim, der über den Orgel spielenden Waldmann berichtet hatte, hatte 1985 formuliert „streng, aber unter den gegebenen Verhältnissen, ist (an) seinem Verhalten nichts auszusetzen." Womit er schon Härte und Strenge andeutete, die „unter den gegebenen Verhältnissen" entschuldbar gewesen seien. Dann formuliert er weiter: „Den Gerüchten nach wurde er … abgelöst, nachdem einigen Häftlingen mehr oder weniger die Flucht glückte." Das hört sich an, als sei er versetzt worden, weil man mit ihm unzufrieden gewesen war. Somit wäre es denkbar, dass Waldmann sich vorgenommen hatte, den Kritikern seines Arbeitsstils in Mannheim durch besonders rüdes Auftreten in Kaltenkirchen den Wind aus den Segeln zu nehmen. Es wirft schon ein bemerkenswertes Licht auf die Moral in der SS-Hierarchie, wenn Ansehen, Erfolg und Anerkennung bei der Arbeit mit Rücksichtslosigkeit, Härte und Unerbittlichkeit gekoppelt waren. Wollte Waldmann sein ramponiertes Renommee bei der SS durch besondere Härte in Kaltenkirchen wieder aufpolieren?

Waldmann war von Beruf Lehrer, von kleiner, untersetzter Statur. Sein Name und seine krummen Beine trugen ihm den Spitznamen „Dackel" ein, so erinnerten sich einige Frauen in der Wald- und Gartenstadt Springhirsch. Gehörte er zu jenen haltlosen und labilen Menschen, die der Faschismus massenhaft in Führungspositionen gebracht hat?

Nach allem, was wir von den überlebenden Häftlingen hören, muss sich Bernhard Waldmann für Kaltenkirchen einen gewaltigen Ruck gegeben haben, als strammer Vollzieher in Erscheinung zu treten. Seinem Gesicht gab er ein drahtiges Aussehen, seine Bewegungen waren betont zackig und militärisch und seiner Stimme verlieh er jenen schrillen durchdringenden Kommandoton, der die Häftlinge zusammenzucken ließ. Das SS-System ermöglichte so auch den Kleinen und Unbedeutenden, sich mächtig zu fühlen. Von seinem Vorgänger hat er wohl erfahren, dass gegenüber auf der anderen Seite der Reichsstraße 4 in der Siedlung nette Leute wohnen. Wie von Hertha Petersen, Else Stapel und anderen berichtet wird, machte er seine „Aufwartung".

Dort betonte er oft stolz, Hauptmann der Luftwaffe und ein Flieger zu sein. Er renommierte sogar damit, ein besserer Mensch zu sein, weil er nicht der SS angehöre. Solche Töne zeigten, dass in Wehrmachtskreisen durchaus eine gewisse Vorstellung von der „Schmutzarbeit" der SS herrschte. Davon hob man sich gerne hinter vorgehaltener Hand dünkelhaft ab. Das hinderte aber Wehrmachtsoffiziere nicht daran, wie Waldmann es demonstrierte, sich übereifrig in den Dienst der SS zu stellen. Seine Amtsführung jedenfalls sprach jener Äußerung, ein besserer Mensch zu sein, Hohn. Unter Waldmanns Kommando stiegen die Todesfälle im Lager sprunghaft an. Hier zeigt sich auch am Kommandanten Waldmann, dass jener jahrzehntelang nach dem Kriege vor sich her getragene Ehrenschild der Wehrmacht nur eine Legende war.

Der Mann ließ manchmal, besonders am Ende, durchaus so etwas erkennen, was man als Unrechtsbewusstsein deuten könnte. Der Lagerschreiber Jaskiewicz hörte ihn unmittelbar vor der Evakuierung des Lagers Mitte April 1945 sagen: „Die können mich nach dem Krieg ruhig aufhängen. Ich würde es sonst selber tun." Nur, solche Äußerung einem Häftling gegenüber im Angesicht der kurz bevorstehenden Niederlage und der Erwartung, dass die Angehörigen der Gequälten und Getöteten sich rächen könnten, relativiert das mit diesen Worten gezeigte Unrechtsbewusstsein. Hier schwingt vor allem die Furcht vor der zu erwartenden Rache der bald befreiten Häftlinge und der Kriegsgefangenen mit hinein.

Natürlich hat er sich nicht selber gerichtet, sondern hat sich so schnell wie möglich abgesetzt. Nicht einmal die Evakuierung des Lagers machte er mit. Er begleitete die Häftlinge und Wachmannschaft nicht nach Mecklenburg. Er hatte es vorgezogen, abzutauchen und sich aus der Verantwortung zu stehlen. Nach dem Erscheinen der Engländer Anfang Mai ging das Gerücht um, Bernhard Waldmann hielte sich noch irgendwo in der Gegend versteckt. Das veranlasste Richard Tackx, sich ein Fahrrad zu beschaffen und die Gegend abzusuchen, freilich vergebens.

Die Wachmannschaft

Die Wachmannschaft in Kaltenkirchen bestand aus älteren, nicht fronttauglichen Luftwaffe-Soldaten. SS-Angehörige waren lediglich zwei dem Kommandanten direkt untergeordnete Männer. Einen gewissen Aufschluss über die Zusammensetzung der Wachmannschaften in den Außenlagern gibt eine eidesstattliche Aussage, die der Neuengammer Kommandant Max Pauly abgegeben hat[37]: „Später, im Sommer 1944, kamen einzelne Mannschaften oder auch kleinere Einheiten des Heeres oder der Luftwaffe, die von der Waffen-SS übernommen wurden… In Fällen, wo Häftlinge für die Kriegsmarine arbeiteten, wurde die Wachmannschaft von der Kriegsmarine gestellt; wo Häftlinge Aufräumarbeiten in der Stadt Hamburg leisteten, wurden die Wachmannschaften von der Polizei gestellt. Gleichfalls stellte die Luftwaffe Mannschaften in den Außenkommandos Porta, Helmstedt und Hannover…"

Kaltenkirchen erwähnte zwar Pauly nicht, aber hier stellte die Luftwaffe, für die die Häftlinge eine Start- und Landebahn ausbauen sollten, etwa 85 Wachsoldaten. Aus dem Zusammenhang des Textes von Pauly geht nicht hervor, ob die Wehrmachtssoldaten in die SS übernommen wurden, oder ob sie Angehörige ihrer jeweiligen Wehrmachtseinheit blieben, also wie in Kaltenkirchen Luftwaffensoldaten, die ihre Wehrmachtsuniform behielten. In Kaltenkirchen jedenfalls bewachten ältere Luftwaffensoldaten, „Landesschützen", die Häftlinge. Obwohl sie die Uniform der Wehrmacht ohne SS-Symbole trugen, von den Häftlingen wurden sie als SS-Bewacher wahrgenommen, wie G. Hoch in einem Aufsatz 2004 feststellt.[38] Im Gegensatz zu den Offizieren, von denen verlangt wurde, ihre Wehrmachtsuniform im Dienste der SS „nicht zu beschmutzen", war das für die einfachen Soldaten der Wachmannschaft unerheblich. Deshalb behielten sie die Uniform der Wehrmacht, obwohl sie für die SS Dienst taten.

Überhaupt, die enorme Ausweitung des KZ-Systems im gesamten Reich hatte zu einem stark ansteigenden Bedarf an Wachmannschaften geführt, was für die SS schwer zu bewältigen war.[39] Die Luftwaffe spielte den Vorreiter bei der Abkommandierung von Soldaten zur KZ-Bewachung. Das Oberkommando der Luftwaffe, das unter dem Druck stand, sonst keine Häftlinge als Arbeitssklaven für Baumaßnahmen der Luftwaffe zu bekommen, begann, ältere Soldaten zur KZ-Bewachung abzustellen. Also folgte man in Kaltenkirchen der seit Anfang 1944 im ganzen Reich üblich gewordenen Praxis, Soldaten der Wehrmacht als KZ-Bewacher einzusetzen, obwohl vorher selbst die SS davor zurückgeschreckt war, Soldaten anzufordern. Offenbar wollte man anfangs einem möglichen Konflikt mit der Wehrmacht aus dem Wege gehen. Ob nun SS-Angehörige oder abkommandierte Wehrmachtssoldaten die Häftlinge bewachten, machte für die Betroffenen keinen großen Unterschied, zumal unter den Soldaten viele die menschenverachtende NS-Ideologie verinnerlicht hatten und damit sozusagen die Einstellungen in der Gesamtbevölkerung widerspiegelten.

Lagerältester Wehres spricht von Wachmannschaften, die von einem Flak-Kommando gestellt worden seien. Jaskiewicz erinnert sich an nur wenige

SS-Angehörige. Die eigentliche SS beschränkte sich in Kaltenkirchen offenbar nur auf die Lagerleitung unterhalb des Lagerführers.

Von den SS-Leuten ist nur einer namentlich bekannt. Es handelt sich um den SS-Rottenführer Ernst Lange. Er soll nach dem Krieg in der Gegend von Bergedorf gewohnt haben. Wahrscheinlich ist er 1961 in einem Hamburger Altersheim gestorben. Seine Identität konnte auch von den Staatsanwaltschaften nicht eindeutig geklärt werden. Lange war nach dem Bericht von Wehres Arbeitseinsatz- und Rapportführer und damit auch Vertreter des Lagerführers. Alles, was wir über ihn wissen, stammt aus dem Bericht von Johannes Wehres. Folgt man ihm, ergibt sich dieses Bild: Lange stand in einem gespannten Verhältnis zum Lagerführer Waldmann. So berichtet Wehres: „Aus Opposition gegenüber Waldmann stand er mit diesem in dauerndem Streit und wurde so auf (die) Seite der Häftlinge gedrängt. Durch die Hilfe von Lange war es mir möglich, Bekleidung und Schuhe für das Lager aus dem Stammlager Neuengamme zu erhalten, damit wir wenigstens das Notwendigste für den Winter hatten." Kleidung und Schuhe scheinen aber lediglich Kapos und Funktionshäftlinge erreicht zu haben. Die Masse der Häftlinge musste bei Kälte und Schnee in ihrer dünnen Häftlingskleidung - „Schlafanzüge", so Mahieu, als er in Neuengamme ankam - aushalten und mit Stoff überzogenen Holzpantinen zur Arbeit marschieren. Eine gewisse Vertraulichkeit zwischen Lange und dem Lagerältesten, - „Hans der Rothaarige" (Mahieu) - spricht aus folgenden Worten: „Kurz vor unserer Evakuierung… äußerte sich Waldmann dem Rottenführer Lange gegenüber, dass es am besten sei, wenn er die russischen Häftlinge umlegen ließe, damit sie sich nicht mit der russischen Armee verbinden könnten. Lange selbst teilte mir dieses mit." Zusammenfassend stellt Wehres fest, dass Langes Verhalten gegenüber den Häftlingen im Allgemeinen nicht schlecht war. Aber diese Aussage relativiert sich, wenn man überlebende Häftlinge hört. Sie machen Lange mitverantwortlich für alle Qualen, Demütigungen und unmenschliche Behandlung, die sie im Lager erdulden mussten. Obwohl wir dem Wehres-Bericht vom 13.2.1946 große Beachtung schenken, sollten auch wir bedenken, dass Johannes Wehres nach so lang erlittener Haft und nach seiner schwierigen Aufgabe in Kaltenkirchen, zu müde und entnervt war, um ein differenziertes Bild von der tatsächlichen Situation im Lager geben zu können.

Der Lagerschreiber Jaskiewicz weist interessanterweise darauf hin, dass sich während der ganzen Zeit zwei SS-Männer in schwarzer SS-Uniform in der Nähe des Lagers aufgehalten hätten. Das scheint eine Bestätigung für die Aussagen mehrerer Zivilisten zu sein, die nachdrücklich versichern, dass der gesamte militärische Komplex um den Flugplatz herum vom SD (Sicherheitsdienst) überwacht worden sei. Die beiden Schwarz-Uniformierten können sehr wohl zum SD gehört haben.

Als weiterer Funktionär ist ein Luftwaffen-Unteroffizier mit dem Namen Müller hervorgetreten. Ein Alvesloher Bauer, der gelegentlich im Lager zu tun hatte, äußerte den Eindruck, dass dieser Mann der eigentliche Lagerführer gewesen sei, weil er dort am Tage ständig in Herrscherpose anzutreffen war. Nach Jaskiewicz war er „Unteroffizier vom Lager" und damit zuständig für die Lagerordnung während des Tages, wenn ein Teil der Häftlinge zur Arbeit ausgerückt war. Er sei der Einzige gewesen, der gemeint habe, er müsse in Abwesenheit der Häftlinge deren Stuben inspizieren und deren Ordnung oder anderes aus reiner Schikane beanstanden. Auch Richard Tackx erinnerte sich an diesen „Schläger aus Lüneburg": „Er machte täglich von sich reden durch die Brutalität, mit der er unsere Kameraden schlug, etwa wegen kleiner Essensdiebstähle in der Küche, während er selber Margarine und Zucker zentnerweise stahl und weiterverkaufte." Ungeklärt blieb die Identität dieser Person, die Müller hieß, nach dem Kriege. Eine französische Dokumentation kennzeichnete eine Person als Zeuge für das Außenkommando Kaltenkirchen folgendermaßen: „Muhler, SS-Propagandaredner, ebenfalls grausam, wohnt gegenwärtig in Grünhirsch."[40] Ist unter „Grünhirsch" Springhirsch gemeint? Und hat dieser Muhler (Müller) nach dem Kriege dort noch gewohnt?

Unter den Wachsoldaten, die von Johannes Wehres im Zusammenhang mit besonderen Grausamkeiten erinnert werden, nennt er die Namen von drei Luftwaffen-Gefreiten: Kölle, Ullrich und Hylski, alle angeblich aus Braunschweig. Auch deren Spuren verlieren sich nach dem Krieg, wie die Spuren so vieler Helfer des Systems, die später in der Bundesrepublik unbehelligt als unbescholtene Bürger gelebt haben.

Zu dem anstrengenderen Wachdienst während der Arbeit draußen bei Wind und Wetter wurden die jüngeren Wachsoldaten eingeteilt. Die Älteren versahen den Wachdienst eher im Lager oder in dessen Nähe. Unter den letzteren gab es auch einige Volksdeutsche aus Polen und dem Baltikum. Doch viele der Wachsoldaten dürften aus dem norddeutschen Raum gestammt haben. Denn Überlebende berichten, dass einige ein „merkwürdiges Deutsch" sprachen, vermutlich niederdeutsch.

Was im Lager mit den Häftlingen geschah, bestimmte eindeutig die SS-Lagerleitung. Von ihr gingen alle entscheidenden Weisungen aus. Sie sorgte dafür, dass die Richtlinien des Reichssicherheitshauptamtes der SS buchstabengetreu durchgeführt wurden. Die Masse der zumeist älteren Luftwaffensoldaten ließ sich unbedenklich zum willfährigen Werkzeug der SS-Vernichtungspolitik machen, getreu der Devise: „Gehorchen, nicht denken und seinen Dienst tun!" Dabei hoben sich einige durch besondere Grausamkeiten und Härte hervor, aber auch einige Wenige durch bescheidene Zeichen von Menschlichkeit und Mut. Mut und Charakterstärke waren schon erforderlich, wenn ein Wachsoldat einem Häftling half, indem er ihm z.B. etwas von seiner eigenen Lebensmittelration abgab. Er riskierte dafür nicht sein Leben oder wurde dafür mit KZ-Haft bestraft, aber Zurechtweisung, Ansehensverlust und im schlimmsten Falle unehrenhafte Degradierung drohten ihm durchaus.

Richard Tackx, der durch seine geglückte Flucht (wir berichten später ausführlich) im Frühjahr 1945 nach der Befreiung noch in der Region war, wies besonders gerne auf solche Beispiele gezeigter Menschlichkeit in finsterer Zeit hin. Glücklich, selber mit Hilfe einiger Deutscher gerettet zu sein, war es ihm geradezu ein Bedürfnis, diese positiven Ausnahmen zu zeigen: „In erster Linie ein Soldat, dessen Namen wir nicht kennen, ein älterer Damenfriseur aus Braunschweig. Er hat unseren Kameraden häufig geholfen, indem er ihnen von seiner eigenen Lebensmittelration abgab. Er hat sich oft eingesetzt, um Misshandlungen durch Kapos und Vorarbeiter zu verhindern. Hier ist auch zu nennen Feldwebel Weisskopf aus Düsseldorf, Unteroffizier Keuking, die Soldaten Bossberg, Wichers, Wenck und Merkel. Sie haben immer versucht, so weit sie es konnten, übermäßige Härten gegenüber den Häftlingen zu verhindern."[41] Der offizielle Bericht an die französische Regierung, dem dieser Passus entnommen ist, war u. a. auch dazu bestimmt, den Strafverfolgungsbehörden Material an die Hand zu geben. Wenn Tackx und die anderen einen derart differenzierten Bericht abgeben, dann spricht das für die Qualität der Quelle.

Häftlingsfunktionäre in Kaltenkirchen

Johannes Wehres

In einem früheren Kapitel wurde schon darauf hingewiesen, dass das illegale politische Lagerkomitee in Neuengamme einigermaßen erfolgreich Einfluss genommen hatte bei der Besetzung der Häftlingsfunktionen. Es war darum gegangen, die Kriminellen aus solchen Positionen hinaus zu drängen. Mit Johannes Wehres gelang es dem Komitee, einen politischen KZ-Veteran in die Schlüsselstellung als Lagerältesten zu bekommen. Er war ein mit allen Wassern gewaschener kommunistischer Funktionär gewesen. Wehres, geboren 13.4.1912, verbrachte seine Jugend in Düsseldorf und arbeitete dort als Maschinenschlosser. Bis zum Sommer 1934 blieb er von der Verfolgung durch die Nazis verschont, obwohl er ständig an der Herstellung und Verbreitung von Kampfschriften gegen den Nationalsozialismus beteiligt war. Im August 1934 wurde er verhaftet. Nach schweren Misshandlungen wurde er zusammen mit 13 anderen Angeklagten wegen Vorbereitung zum Hochverrat zu 2 ½ Jahren Zuchthaus verurteilt. Die Haft verbüßte er in Lüttringhausen und Hameln. Nach der Entlassung im Februar 1937 arbeitete er wieder als Schlosser in Düsseldorf. Aber schon am 2. November desselben Jahres wurde er erneut von der Gestapo verhaftet. Diesmal wurde er vor dem Volksgerichtshof in Berlin angeklagt, wieder wegen Vorbereitung zu Hochverrat. Da aber die Beweise nicht ausreichten, wurde er im Juli 1938 freigesprochen und im August aus der Haft entlassen. Doch am 1. September 1939, dem Tag des Kriegsbeginns, nahm man ihn in „Schutzhaft" und sperrte ihn in das KZ Sachsenhausen.[42]

Anfang 1942 kam er nach Neuengamme, im Jahr darauf in das Außenkommando Salzgitter. Pater Humbert, der ihn schon in Salzgitter kennen gelernt hatte, bescheinigte ihm eine korrekte und humane, aber auch harte Amtsführung in Kaltenkirchen. Er habe besonders auf Sauberkeit der Häftlinge geachtet und diese mit Strenge durchzusetzen versucht.[43]

Müde und verdreckte Häftlinge nach der Arbeit dazu zu zwingen, sich in dem engen Waschraum des Lagers mit dem kalten Wasser in frostiger Luft zu säubern, war nicht so leicht. Der kleine Waschraum sollte für 550 oder mehr Häftlinge reichen. Dort dürfte oft ein furchtbares Gedränge geherrscht haben. Aber Johannes Wehres wusste wohl, wie wichtig Sauberkeit war, um das Auftreten und Verbreiten von Kleiderläusen einzudämmen. Für ein ständig überbelegtes Lager stellten Läuse eine große Gefahr des Fleckfiebers dar, einer Krankheit, die unter den geschwächten Häftlingen viele Todesopfer forderte. Es war schwierig genug oder gar unmöglich, in dem viel zu kleinen Waschraum für Sauberkeit zu sorgen. So dürfte Wehres Kampf um Sauberkeit wie der hoffnungslose Kampf gegen Windmühlen gewesen sein. Sein diesbezügliches Bemühen erschien wohl vielen Häftlingen als typische Marotte des Lagerältesten, zumal die verdreckte und verschwitzte Häftlingskleidung so gut wie nie gewechselt wurde. Doch der „alte Hase" wusste um die tödlichen Gefahren von Unsauberkeit im Lager.

Johannes Wehres

Wehres als Lagerältester war kein Mann, dessen Nähe man suchte. Im Gegenteil – man ging ihm gerne aus dem Wege. Das lag vor allem an der Schroffheit und Unnahbarkeit, die seine Persönlichkeit kennzeichneten. Diese Eigenschaften hatten sich im langen politischen Kampf gegen die Nazis und während der langen, erbarmungslosen Lagerjahre herausgebildet. Er war schweigsam und überhaupt nicht kontaktfreudig. Edmond Mahieu erinnert sich 1991: „Er war ein harter Mann, aber er war rechtschaffen." Und an anderer Stelle: „Er hatte zuviel durchgemacht und zu lange….Er hatte den Verstand verloren. …Er hieß Hans… Hans der Rote …wegen der Haare" Ein anderer, der ehemalige Häftling Henri Stroweis bescheinigt ihm eine „außergewöhnliche Persönlichkeit". Als Lagerältester trug er hohe Lederstiefel und eine holländische Offiziershose und eine holländische Offiziersjacke. Auf dem Jackett trug er den roten Winkel der Politischen. Die Mütze war, wie die aller Häftlinge, aus gestreiftem Tuch.

Der Lagerschreiber Jaskiewicz, Kommunist, also Parteigenosse von Wehres, auf dessen Schilderung sich die Einschätzung der Persönlichkeit Wehres im wesentlichen stützt, weiß aus dem täglichen Umgang mit ihm, dass sein Sinnen und Trachten darauf ausgerichtet war, den Häftlingen bei ihrem täglichen Überlebenskampf zu helfen. Ob dies in erster Linie aus innerer, nach außen hin nicht gezeigter Menschenliebe geschah oder um den verhassten Nazis bei deren mörderischem Tun Sand ins Getriebe zu streuen, steht hier nicht zur Debatte. Tatsache ist, dass Wehres dort, wo er es konnte, unauffällig dafür sorgte, dass gefährdete Menschenleben gerettet wurden.

Hier zwei Beispiele, an die sich überlebende Häftlinge später erinnert haben. Mahieu erzählt, Wehres habe ihn eines Tages zum „Tischältesten" ernannt, wahrscheinlich zu einem Zeitpunkt, als Mahieu gesundheitlich ziemlich angeschlagen war. „Tischältester" bedeutete, er teilte die Suppe aus und konnte sich „das Recht vorbehalten, einen zusätzlichen Löffel Suppe zu erhalten".

Henri Stroweis schildert 1991 eine Situation, wie ihm von Hans Wehres offensichtlich das Leben gerettet wurde. Er erzählt zunächst von der sehr harten Arbeit an der Start- und Landebahn des Flugplatzes. Es sei sehr kalt gewesen, viel Schnee habe gelegen und täglich seien Kameraden vor Erschöpfung gestorben. Stroweis litt unter Frostbeulen, die eiterten. Er hatte vorher an vielen Kameraden gesehen, dass sie nach einigen Tagen tot waren, wenn sie so aussahen wie er jetzt. Hans Wehres verwickelte ihn in ein Gespräch und lenkte es zu dem Ergebnis, dass Stroweis im zivilen Leben Zahnarzt gewesen sei. Also setzte er ihn im Krankenrevier als Zahnarzt ein. „Er hat mir das Leben gerettet….Und da war ich also, ich meldete mich beim russischen Arzt und dem lettischen Krankenpfleger. Und da teilten sie mir all die größten Drecksarbeiten zu. Aber das war viel leichter, als mit der Kolonne zur Arbeit zu gehen, zunächst einmal, weil ich es warm hatte…" Weil er nicht mehr in der Kälte arbeiten musste, heilten seine Hände wieder.

Solche Beispiele zeigen, dass es Hans Wehres immer mal wieder gelang, wehrlose Opfer zu retten. Aber der Umfang des Erfolges seines humanen Handelns lässt sich nicht quantifizieren. Sicher scheint jedenfalls, dass die Todesrate im Lager ohne sein Tun noch größer gewesen wäre.

Es ist nicht verwunderlich, wenn mancher Häftling sich bei ihm nicht mehr auskannte, nicht mehr wusste, auf welcher Seite ihr Lagerältester stand. Auch Richard Tackx bestätigt das Urteil anderer Häftlinge: „Unser Lagerältester Hans war brutal (un brute), aber äußerst gerecht". Mahieu sagte „hart" und „rechtschaffen", Stroweis formulierte: „Sehr harter Mann, hart zu sich selbst und hart zu den anderen…. Aber er war gerecht." Jaskiewicz, der mit ihm täglich zusammenarbeitete, sah das so: „Wehres trat mitunter sehr autoritär auf. Brutal geschlagen hat er nicht, wohl aber gelegentlich Ohrfeigen gegeben, vor allem dann, wenn damit verhindert werden konnte, dass die SS-Schläger stattdessen den Häftling bearbeiteten."

Vielleicht hatte Wehres eine zu große Last zu tragen gehabt, die jahrelange Hafterfahrung, der politische Kampf gegen die Nazis, das Amt, die Verantwortung und die Rolle, die zu spielen, er von seinen Genossen übertragen bekommen hatte und nicht zuletzt der tägliche Druck, der von der SS-Lagerführung auf ihm lastete, haben ihn so unnahbar und hart gemacht. Stroweis formulierte aus verständnisvoller Häftlingssicht es einfach so: „Sonst wäre er auch nicht Lagerältester geblieben, nicht wahr, das ist sicher."

Es ist möglich, dass er nach der glücklichen Befreiung durch die Alliierten schon bald die Spannkraft verlor. Und hervor trat dann sein wahrer innerer Zustand nach so langer Erfahrung und Beteiligung in einem unmenschlichen und mörderischen System: Er war einfach ausgebrannt! Denn seine Vernehmung als Zeuge am 30.5.1968 ist gekennzeichnet von Apathie und Widerwillen, über seine Zeit als Lagerältester auszusagen. Wichtige Dinge aus seinem Bericht vom Jahre 1946 lässt er aus. Sind sie ihm nicht mehr gegenwärtig? Auf ausdrückliche Befragung gibt er zu Protokoll: „Ich habe nach meiner Befreiung im Mai 1945 keinen Kontakt mehr mit ehemaligen Häftlingen gehabt. Ich kann auch keine ehemaligen Häftlinge namentlich benennen. Anschriften von Häftlingen sind mir schon gar nicht bekannt."[44] Ganz abgesehen davon, dass diese Aussage nicht ganz richtig war, lässt sie möglicherweise auf seine innere Abwehr schließen, die furchtbare Zeit wieder aufzuwühlen. Bemerkenswert ist auch die Aussage bei der gleichen Vernehmung: „Ich bin bis jetzt noch nicht polizeilich und auch nicht richterlich zu irgendwelchen Lagervorkommnissen vernommen worden." Das heißt doch zugleich, dass er von sich aus bis 1968 keine Initiative ergriffen hat, bei der Aufklärung der NS-Verbrechen von Sachsenhausen bis Kaltenkirchen behilflich zu sein. Selbst in diesem besonderen Sinne erscheint er ebenfalls noch als Opfer der langen KZ-Haft.

Es ist zu bedenken: Johannes Wehres war von seinen gut organisierten kommunistischen Mithäftlingen ausgewählt worden, die schwierige Aufgabe des Lagerältesten in Kaltenkirchen zu übernehmen, damit nicht einer der brutalen kriminellen Kapos dieses Amt ausfüllte. Damit nahm er eine relativ einflussreiche und verantwortliche Position in einem System ein, dessen Ziel es war, Menschen psychisch und physisch zu zerstören. Und er hat es nicht verhindern können, dass täglich Häftlinge, für die er sich verantwortlich fühlte, starben.

Sicher, solche Häftlingsfunktionen schützten einigermaßen vor dem eigenen Untergang. Es mag auch das Hauptmotiv der „Politischen", meistens Kommunisten, gewesen sein, das Überleben der Genossen auf diese Weise zu sichern. Aber zu welch furchtbarem Preis! Wie lässt es sich verhindern, dass jeder Todesfall als das eigene Versagen erlebt wird? Wie kann vermieden werden, sich für jedes schreckliche Vorkommnis im Lager schuldig zu fühlen? Die Aussage von Mahieu[45], dass Johannes Wehres nachher „den Verstand verloren" habe, versteht sich vor diesem Hintergrund besser.

Vielleicht kommt noch hinzu, dass Johannes Wehres die für ihn wohl sehr enttäuschende Entwicklung in der Bundesrepublik miterleben musste, in der oft alte Naziseilschaften unter der schützenden Decke des Kalten Krieges das politische und gesellschaftliche Klima bestimmten, ein Klima, in dem für Kommunisten kein Platz war. Alles, wofür er gelitten, gekämpft und sich vielleicht sogar die Hände schmutzig gemacht hatte, war der gesellschaftlichen Ächtung ausgeliefert. Warum sollte er reden, er, der das Gefühl hatte, niemand interessiere sich für das, was er zu erzählen hatte?

Johannes Wehres war ein seelisch und körperlich gebrochener Mann. Als er im Mai 1945 von Wöbbelin aus in seine rheinische Heimat zustrebte, war er von einer neunjährigen Haft gezeichnet. Im Mai 1951 heiratete er. Seine Frau berichtete später in einem Brief an Gerhard Hoch über ihren Mann: „Neben Wirbelsäulen- und Nierenschäden auch noch eine Lungen- Tbc, zeitweise offen. Durch laufende medikamentöse Behandlung stellten sich bald Leber- und Herzleiden ein. Durch diese Krankheit, welche er sehr tapfer trug, war an eine politische Tätigkeit nicht mehr zu denken. Er verfolgte natürlich alles politische Geschehen mit großem Interesse, konnte sich aber nicht mehr aktiv einsetzen. Seine Kräfte waren verbraucht."

Die relativ wenigen Informationen zeichnen das Bild eines tragisch verlaufenen Lebens. Eine „strahlende Heldengestalt" ist nicht erkennbar. Doch wer erwartet das? Johannes Wehres kann darauf verzichten. Trotzdem ist ihm Hochachtung und Wertschätzung entgegenzubringen, einem Mann, der für seine Überzeugungen gekämpft und dafür seine seelische und körperliche Gesundheit geopfert hat. Gerhard Hoch würdigt ihn so: „In seiner Person tritt ein Traditionsstrang deutscher Geschichte in die Erscheinung, der nie besonders stark entwickelt war." Einem Mann aus der Arbeiterbewegung, der engagiert und sich aufopfernd dem Faschismus entgegenstemmte, gilt Achtung und Anerkennung, auch wenn dem Portrait der „Glorienschein" fehlt.

Da es im Kommando Kaltenkirchen drei Blocks (Unterkunftsbaracken) gab, muss es auch drei Blockälteste gegeben haben. Wer diese gewesen sind, bleibt unbekannt. Sicher ist nur, dass Georg Richter, der für das illegale Komitee in Neuengamme anfangs als Lagerältester im Gespräch war, ehe Johannes Wehres ausgewählt wurde, zunächst Blockältester bei den Franzosen war, bis die Zuordnung zu nationalen Blocks aufgegeben und die Angehörigen verschiedener Nationen miteinander vermischt wurden. Danach wurde er Stubenältester.

Richard Tackx schreibt, sein Blockältester sei ein Krimineller gewesen, der wegen der Ermordung seiner Frau im KZ einsaß, ein Mann namens Harry oder Henry. Die beiden anderen seien ebenfalls Kriminelle gewesen, wie Tackx berichtet.

Als Stubenältester ist neben Georg Richter Sergiusz Jaskiewicz bekannt, genannt Sascha. Sascha Jaskiewicz war wie sein polnischer Genosse Hayza zum Lagerschreiber ernannt worden und wurde später, wie noch zu berichten ist, neben Richard Tackx zur wichtigsten und ergiebigsten Quelle für die historische Forschung.

Sergiusz Jaskiewicz

Über Jaskiewicz liegt ein von den Genossen Wehres, Linder und Fehren unterzeichnetes Gutachten vom 20.05. 1950 vor. Darin heißt es: „In Kaltenkirchen lernte ich dann Jaskiewicz als zuverlässigen politischen Menschen kennen, der mit dafür sorgte, dass von Seiten krimineller Elemente anderen Kameraden kein Schaden zugefügt wurde. Jedem Häftling gegenüber war er äußerst hilfsbereit und hat durch sein mutiges Verhalten manche Schikane der SS von seinen Gefangenen ferngehalten." Wenn auch dieses mit etwas gestanzten Worten verfasste Gutachten wie bestellt klingt, gibt es viele Informationen auch aus anderen Quellen, dass Sergiusz

Jaskiewicz in den 60er Jahren zu Besuch in Kaltenkirchen - vor dem Warnschild am Bundeswehrübungsplatz

Jaskiewicz ein mutiger Mann war, der im Lager einiges riskierte. Lagerschreiber Hayza berichtet über ihn, dass er sich besonders um Jugendliche im Kommando bemüht habe[46]

Es gab also zwei Lagerschreiber im Kommando Kaltenkirchen, Hayza und Jaskiewicz, wobei letzterer deutliche Spuren seiner Tätigkeit hinterlassen hat. Sascha war Stubenältester im Block 2. Als solcher und als Lagerschreiber wurde er keinem Arbeitskommando zugeteilt und blieb tagsüber im Lager. Zunächst musste er den SS-Rottenführer Ernst Lange begleiten, wenn dieser die Baracken besichtigte und in den Stuben schnüffelte. Sein gutes Verhältnis zum Lagerältesten Wehres und seine Position als Lagerschreiber in der Lagerschreibstube ermöglichten ihm manche illegale Aktion.

Um Weihnachten und Neujahr 1944/45 herum beauftragte der Kommandant Otto Freyer den Lagerältesten, die in der Kommandantur recht nachlässig geführte Lagerkartei ins Reine zu schreiben. Wehres wusste sofort den Nutzen dieses Auftrages richtig einzuschätzen und gab den Auftrag weiter an seinen polnischen Vertrauensmann Jaskiewicz. Dieser nutzte die Gelegenheit und fertigte heimlich eine Kopie von der Häftlingskartei an. Er schrieb die Häftlingslisten auf Zetteln eines kleinen Notizbuches ab. Diesen Grundstock nun suchte er bis zur Evakuierung des Lagers auf dem Laufenden zu halten. Jaskiewicz bezeugte später selber mündlich und schriftlich, dass er neben den offiziellen Listen heimlich dieses „konspirative Büchlein", wie er es nannte, führte, das die Zahl der Toten genauer und besonders auch die tatsächlichen Todesursachen vermerkte. Es umfasste schließlich 70 Seiten. Das Verzeichnis wurde von Hertha Petersen in der Wald- und Gartenstadt Springhirsch verwahrt und blieb so erhalten. Freunde um Hans Schwarz in Hamburg fertigten später eine Abschrift des Büchleins an und übergaben es – mit dem gesamten „Archiv Hans Schwarz" nach dessen Tod – der Forschungsstelle für die Geschichte des Nationalsozialismus in Hamburg. Leider ist das Original des „konspirativen Büchleins" inzwischen verschollen. Neben Jaskiewicz gab es den schon genannten zweiten Lagerschreiber Edmund Hayza, ein Pole. Auch er war ein politischer Häftling, kenntlich durch die Armbinde mit der entsprechenden Aufschrift. Ihr beider Arbeitsplatz war die Lagerschreibstube am westlichen Ende der Mittelbaracke. Die beiden Polen und Johannes Wehres waren politisch miteinander verbunden und gehörten zu den „zuverlässigen" Politischen, die das Komitee in die einflussreichen Positionen eingeschleust hatte. Diese Verbindung wurde natürlich zu mancher gemeinsamen Konspiration ausgenutzt. Im Raum des Kommandanten innerhalb des Lagers befand sich ein Radiogerät, ein sog. „Volksempfänger". Wehres erhielt vom Kommandanten gelegentlich den Schlüssel zu diesem Raum ausgehändigt. Dann holte er, wenn die Luft rein war, Hayza und Jaskiewicz, um gemeinsam ausländische Sender abzuhören. Die Nachrichten von der Kriegslage und dem in absehbarer Zeit bevorstehenden Ende gaben

sie Vertrauenspersonen weiter, motivierten somit Häftlinge und gaben ihnen Kraft durchzuhalten. Zu den Vertrauenspersonen gehörte auch der Pole Waclaw Pikarski.

Aus den Eintragungen des Lagerschreibers – linke Spalte: Neuengammer Häftlingsnummer; rechte Spalte: Todesdatum

Eine nicht unerhebliche Rolle spielte der Häftlingsarzt, ein Russe, ebenfalls Häftling. In dem schon erwähnten „Rapport" an die französische Regierung macht Richard Tackx ihm schwere Vorwürfe. Danach soll er sich geweigert haben, Häftlinge als krank anzuerkennen und sie ins Krankenrevier des Lagers aufzunehmen. Man muss natürlich bedenken, unter welchen primitiven Bedingungen ohne wirksame Hilfsmittel und Medikamente der Arzt im überfüllten Revier auskommen musste. Ihm dürften die „Patienten" reihenweise unter den Händen gestorben sein. Die Folge der Aufnahmeverweigerung sei gewesen, so Tackx, dass die betroffenen Häftlinge dann zur Arbeit getrieben wurden und abends als Leichen zurückkehrten. Tat er das, weil der Andrang an Kranken für ihn kaum zu bewältigen war oder tat er das, um sich beim Kommandanten ein gutes Ansehen zu verschaffen? Tackx behauptet letzteres. Jaskiewicz hingegen zeichnet ein positiveres Bild, indem er z.B. darauf hinweist, dass der russische Arzt zum Transport der Kranken einen Lastwagen beantragt habe, als das Außenlager Mitte April evakuiert werden sollte. Der Häftlingstransport in Güterwagen der Bahn wäre für die Kranken der sichere Tod gewesen.

Richard Tackx

Eine wichtige und herausragende Rolle spielte der französische Häftling Richard Tackx, ein

Grabbeigabe von Richard Tackx, gefunden während der Exhumierung 1951 in Moorkaten

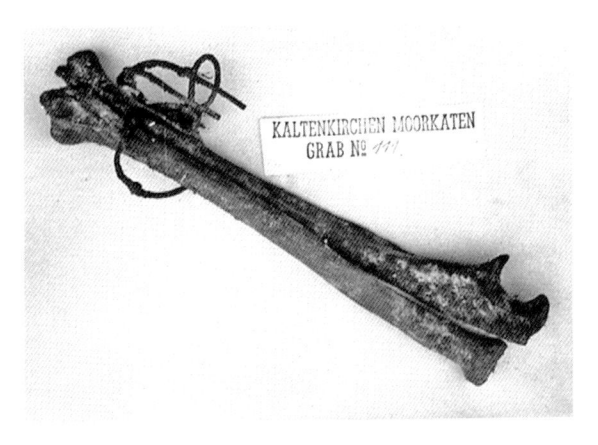

Grabbeigabe von R. Tackx. Solche und andere Erkennungsmarkierungen halfen dabei, dass 1951 viele Franzosen identifiziert werden konnten

Möbelhändler und Tischler aus Creil (Oise). Von ihm berichten wir später mehr. Ihn hatte der Lagerführer Otto Freyer ausgesucht, mit Helfern die offiziellen Beerdigungen durchzuführen. Ihm als Anführer des Beerdigungskommandos stand eine kleine Tischlerwerkstatt am östlichen Ende der langen Nordbaracke zu Verfügung. Hier konnte er Särge herstellen. Ähnlich wie Jaskiewicz gelang es ihm, heimlich ein Verzeichnis der Toten anzufertigen, die er mit seiner Gruppe beerdigt hatte und deren Namen und Identität er kannte. Das waren überwiegend Franzosen und einige Belgier. Dieses Verzeichnis konnte mit Hilfe von Hertha Petersen in der Wald- und Gartenstadt Springhirsch gerettet werden. Auf den kleinen Zetteln hatte Richard Tackx genaue Angaben über die Grablage seiner französischen Kameraden in Moorkaten gemacht. (Näheres siehe weiter unten!)

Die Hauptbegräbnisstelle für die Toten aus dem KZ-Lager entwickelte sich nämlich in einer Fichtenschonung in Moorkaten genau an der Stelle, wo in der Zeit 1941 bis 1943 viele Hunderte Todesopfer, sowjetische Kriegsgefangene, des „Erweiterten Krankenreviers Heidkaten" in Massengräbern verscharrt worden waren. Sie liegt knapp drei Kilometer südöstlich des Lagers. Nach Aussagen von R. Tackx und anderen überlebenden Häftlingen muss es aber weitere Begräbnisstätten in der näheren und weiteren Umgebung des Lagers gegeben haben. Sie sind heute unbekannt.

Richard Tackx, nach der Befreiung im Mai 1945 vor der Tischlerwerkstatt des Lagers

Sich voll der Tatsache bewusst, dass darauf die Todesstrafe stand, sorgte Richard Tackx trotzdem als Führer des Beerdigungskommandos dafür, dass neben dem geretteten Verzeichnis vielen seiner verstorbenen Kameraden verschiedene kleine Erkennungszeichen mit ins Grab gegeben wurden. Bei seinem illegalen Tun wurde er schließlich entdeckt. Aber wie durch ein Wunder entging er knapp der Exekution.

Der Lageralltag

„Der Tagesablauf im Lager war sehr hart: den ganzen Tag zusammen sein mit Leichen und Sterbenden", sagte Richard Tackx, der selber als Funktionshäftling im Vergleich zu denen, die zur Arbeit an der Start- und Landebahn täglich ausrücken mussten, bessere Überlebenschancen hatte. Es galt, so schnell wie möglich die Start- und Landebahn für den „Wunderjäger" Me 262 und andere Jagdflugzeuge auszubauen. Im Einsatz dieser düsenbetriebenen Jagdflugzeuge sah die Wehrmachtsführung eine letzte Möglichkeit, die alliierten Bomber zu bekämpfen und der Zerstörung der deutschen Städte und der Vernichtung der Kriegswirtschaft Einhalt zu gebieten. Anstatt für diese so dringlich erscheinende Aufgabe die dafür nötigen Arbeitskräfte so rationell wie möglich einzusetzen, trieb man rücksichtslosen Raubbau an deren Gesundheit. Die arbeitenden KZ-Häftlinge richtete man in kurzer Zeit durch schlechte Ernährung, durch unmenschliche Arbeitsbedingungen und durch rücksichtslose Ausbeutung zugrunde.

Oswald Pohl, der Chef des Wirtschafts- und Verwaltungshauptamtes der SS, erkannte schon 1942 das Problem und stellte am 30. April 1942 in einem Brief an Himmler die durch den Krieg veränderte Struktur und Zielsetzung der Konzentrationslager so dar: „Die Verwahrung von Häftlingen nur aus Sicherheits-, erzieherischen und vorbeugenden Gründen hat sich nach der wirtschaftlichen Seite hin verlagert. Die Mobilisierung aller Häftlingsarbeitskräfte zunächst für Kriegsaufgaben (Rüstungssteigerung) und später für Friedensbauaufgaben schiebt sich immer mehr in den Vordergrund. Aus dieser Erkenntnis ergeben sich notwendige Maßnahmen, welche eine allmähliche Überführung der KL aus ihrer früheren einseitigen politischen Form in eine den wirtschaftlichen Aufgaben entsprechende Organisation erfordert."[47]

In diesem Schreiben spielte Oswald Pohl auf die Tatsache an, dass die bei den Lagern eingesetzten SS-Führer und -Mannschaften es nach wie vor als ihre Aufgabe ansahen, die Häftlinge zu schinden, zu foltern und zu vernichten, anstatt ihre Arbeitskraft rationell zu nutzen. Die Vorstellung eines rationellen Arbeitseinsatzes war den SS-Aufsehern total fremd. Deshalb leisteten die Häftlinge auch nur einen Bruchteil dessen, was sie bei pfleglicher Behandlung hätten leisten können. Es war absurd, von der SS vor Ort plötzlich ein Umdenken zu verlangen. Darauf eingestellt, eine Einrichtung zu verwalten, die der Vernichtung „unwerten" Lebens dienen und die Menschheit vom „Abschaum" befreien sollte, kam der Gedanke, Häftlinge als wertvolle Arbeitskräfte pfleglich zu behandeln und die Sterblichkeitsrate zu senken, überhaupt nicht in die Reichweite ihrer Vorstellung. Beseitigung von „Menschenmüll"(Hermann Göring), das hatte die Aufgabe der Konzentrationslager zu sein. So war es auch zuvor schon von der NS-Propaganda in die Köpfe der Leute gehämmert worden, so sehr, dass selbst die allermeisten Bewohner in der Umgebung eines KZ das von ihnen dort beobachtete Treiben so verstanden und akzeptierten.

Pohls Konzept blieb also ohne Wirkung. Die schizophrene Folge war, typisch eigentlich für viele Bereiche des NS-Regimes, dass die Häftlinge nur umso rücksichtsloser ausgebeutet wurden. Die Vernichtungsmaschinerie wurde mit dem Fortschreiten des Krieges auf immer höhere Touren gebracht. Damit konterkarierte man selber seine eigenen möglichen Erfolge. Merkwürdigerweise sorgte Pohl noch am gleichen Tag selber dafür. In einem Befehl an alle Lagerkommandanten und Werkleiter der SS – eigenen Betriebe forderte er: „Der Lagerkommandant allein ist verantwortlich für den Einsatz der Arbeitskräfte. Dieser Einsatz muss im wahrsten Sinne des Wortes erschöpfend sein, um ein Höchstmaß an Leistung zu erreichen…. Die Arbeitszeit ist an keine Grenzen gebunden… Alle Umstände, welche die Arbeitszeit verkürzen können (Mahlzeiten, Appelle usw.), sind auf ein nicht mehr zu verdichtendes Mindestmaß zu beschränken."⁴⁸ So also hatte er den Paradigmenwechsel „zur wirtschaftlichen Seite" hin verstanden. „Erschöpfender" Einsatz der Häftlinge in der irrigen Annahme, damit „ein Höchstmaß an Leistungen" zu erreichen. Das war die zynische Logik von Leuten, die Menschliches nicht denken konnten.

Auch die SS-Ärzte in den Lagern erhielten Weisung, kranke und entkräftete Häftlinge, die für den Arbeitseinsatz nicht mehr infrage kamen, unauffällig zu beseitigen, sie aber nicht etwa gesund zu pflegen.⁴⁹

Solche Befehle und Weisungen erreichten auch das Außenkommando Kaltenkirchen, das sich in nichts von den anderen SS-Lagern im Reich unterschied. Lange vor Morgengrauen begann der qualvolle Häftlingstag. Bei der Kürze des Tages im Winter war das nötig, wollte man auf die vorgeschriebenen 11 Arbeitsstunden kommen. Durch Scheinwerfer war das Lager taghell beleuchtet. Der französische Häftling Ritz⁵⁰ und Pater Humbert berichten, dass es morgens um 5 Uhr etwas zu trinken gab, einen Napf mit Kaffee-Ersatz oder auch nur Wasser, dazu ein wenig Brot. Dann kam der Morgenappell, der ursprünglich den Zweck hatte, die Vollzähligkeit der Lagerinsassen und die vorgesehene Zusammensetzung der einzelnen Arbeitskommandos festzustellen. Morgens mochte in Kaltenkirchen dieser Appell noch zeitlich begrenzt gewesen sein, um pünktlich um 6 Uhr zur Arbeit ausrücken zu können. Doch der Abendappell wurde auch in Kaltenkirchen nicht selten zu einer Folter für die verschwitzten, „erschöpften" und gedemütigten Häftlinge, weil er ohne vernünftigen Grund unendlich ausgedehnt wurde. Das Stillstehen auf einem Fleck, bei Regen, Wind, Kälte oder Schnee in der ungenügenden Häftlingskleidung, die während der Kältewelle Ende Januar 1945 am Körper zur brettartigen Härte gefror, wurde zur großen Qual der körperlich und psychisch geschwächten Menschen.

Nach Jaskiewicz arbeiteten etwa 60 % der Häftlinge an der Startbahn – übrigens auch am Sonntag bis zum Mittag. Sie legten den weitesten Weg zur Arbeitsstelle zurück. Sie brauchten etwa 60 bis 90 Minuten dafür. Sie nahmen nicht den kürzesten Weg, sondern man führte die Häftlinge an der Reichsstraße 4 entlang nach Süden und bog erst zuletzt nach links ab. Vielleicht geschah das, weil die Reichsstraße übersichtlicher und breiter war und somit mögliche Fluchtversuche aussichtslos erschienen. Die Kolonne marschierte also täglich an der Wald- und Gartenstadt Springhirsch entlang. Deshalb liegen zahlreiche Berichte der dort wohnenden Zivilbevölkerung über diesen täglichen Vorbeimarsch der Häftlinge vor. Schon auf dem Weg zur Arbeit, so berichtet eine Einwohnerin am 7.6.77, hätten einige geschwächte Häftlinge von ihren kräftigeren Kameraden gestützt werden müssen. Ihre Chance, lebend am Abend in das Lager zurückzukehren, war ziemlich gering.

Eine andere Einwohnerin der Wald- und Gartenstadt erzählt am 8.6.77: „Frühmorgens, wenn es noch nicht hell war, marschierten die Häftlinge auf der Reichsstraße 4 nach Süden zur Arbeit. Ich höre heute noch, besonders nachts, das Klappern ihrer Holzschuhe auf dem Straßenpflaster. Wir hörten die lauten Kommandos der Wachen. Beim Ausrücken fielen immer Schüsse. Wir glaubten, dass dann Häftlinge zu fliehen versuchten. Abends wurde nie geschossen." Die Kolonne bog in die Betonstraße Richtung Moorkaten und Kaltenkirchen ein und war dort bald links an ihrer Arbeitsstelle, dem Südwestende der Startbahn. Ein Teil des Kommandos marschierte wahrscheinlich weiter bis Moorkaten an das Nordostende der Flugpiste, wo die Startbahn in Richtung Nordosten weitergetrieben wurde. An diesen beiden Arbeitsstellen im Südwesten und Nordosten wurden zur Verlängerung der Start- und Landebahn hauptsächlich Ausschachtungs- und Planierarbeiten mit Hacke und Schaufel vorgenommen. Feldbahnen und Dieselloks transportierten Sand und Material, wenn nicht die Loren von Hand geschoben wurden. Wenn Schnee und Frost die eigentlichen Bauarbeiten unmöglich machten, mussten die Häftlinge die Startbahn, die Versorgungsstraßen des Militärflugplatzes und andere Einrichtungen schnee- und eisfrei halten.

Der Arbeitseinsatz erfolgte nach Anweisungen der Baufirmen. Diese stellten zu dem Zweck Schachtmeister und Vorarbeiter ab. Unvergesslich ist den überlebenden Häftlingen der Schachtmeister Jakobi von der Lübecker Firma Bassow. Übereinstimmend wird ihm ein ganz besonders schlechter Ruf bescheinigt. Vor ihm fand niemand Gnade, der den Erwartungen der Baufirma nicht entsprach. Er machte sofort Meldung. Ein polnischer Häftling bezeichnete ihn als „Spitzel" und als „Schwein". Auch der Lagerälteste Wehres schreibt: „Ebenso… beteiligte sich der Zivilmeister Jakobi an den Misshandlungen. Jakobi war der größte Schinder unter den Zivilmeistern"[51]. Eine Meldung durch Jakobi konnte leicht in einer Katastrophe enden. Kommandant Waldmann, mindestens seit Januar 1945 Lagerführer, hatte den Wachsoldaten von der Luftwaffe beigebracht, wie sie sich zu verhalten hatten, nämlich dass sie jeden Häftling, der nicht genügend arbeite, zur Meldung zu bringen haben oder auch mit den Gewehrkolben nachhelfen sollten. Mit seinen dauernden Hetzreden trieb Jakobi die Wachsoldaten an, machte sie geradezu konfus, so dass Misshandlungen und Erschießungen von Häftlingen nichts Seltenes waren[52].

Der Alvesloher Bauer Heinrich Kröger, Hof Brunskamp, berichtete Gerhard Hoch über seine damaligen Erfahrungen im Umgang mit Wachsoldaten und Kapos, zu denen er wegen der Arbeiten in der Nähe seines Hofes vielfältige Kontakte unterhielt. Vertraulich habe er zuweilen erfahren, dass der Kommandant gelegentlich morgens vor dem Abmarsch einzelne Häftlinge benannte, die er abends „nicht mehr zu sehen wünschte". Was das bedeutete, konnte Kröger beobachten. Die betroffenen Häftlinge wurden aus irgendeinem Vorwand in den nahen Wald geschickt und von hinten „auf der Flucht" erschossen. Derselbe Zeuge erwähnte in einem Gespräch mit Gerhard Hoch am 21.7.1978 einen Mord an einem russischen Gefangenen, der versucht hatte, sich eine Rübe aus einer Miete anzueignen. Der Mord geschah südwestlich vom Flurstück „Römer".

An Misshandlungen und Erschießungen von Häftlingen beteiligten sich „Luftwaffenunter-offizier Kölle, Ullrich und Hylski", so Wehres in seinem Bericht von 1946.

Während seines Besuches 1977 in Kaltenkirchen berichtete S. Jaskiewicz von einer besonders heimtückischen Methode, Häftlinge zu schlagen. Der Kapo trat ganz nahe an den Häftling heran, stellte sich auf dessen Füße und starrte ihm fest in die Augen. Plötzlich und blitzschnell und für den Gefangenen überraschend riss der Folterer seinen rechten Ellenbogen ruckartig nach oben und traf den Häftling mit der Unterarmvorderkante wuchtig im Gesicht. Dabei brachen oft einige Zähne heraus. Als wäre das nicht schon genug, erfolgte danach mit der linken Faust ein Schlag mitten in das Gesicht.

Zu Mittag gab es zwei Scheiben Kommissbrot und einen sehr kleinen Würfel Margarine (Ritz und ähnlich Pater Humbert). Im Herbst gelang es manchmal, wenn man mal einem menschlicheren Posten ausgeliefert war, eine Rübe oder ein paar Kartoffeln zu ergattern. P. Humbert schreibt: „Ich weiß noch, dass ich eines Tages in der Nähe auf der Straße einen Apfel fand. Mein Gott, war das schön."

Unter dem Kommandanten Freyer hatte die tägliche Arbeitszeit 8 Stunden gedauert. Das war eine offensichtliche Missachtung des Befehls von Pohl, der 11 Stunden angeordnet hatte. Sein Nachfolger Waldmann erhöhte alsbald die Arbeitszeit auf 10-11 Stunden, wobei er sich ganz in Übereinstimmung mit dem für den gesamten Flugplatz zuständigen Regierungsbaurat Meier befand[53].

Zum Winter hin verschlimmerte sich die Situation für diejenigen Häftlinge dramatisch, die zur Arbeit ausrücken und im Freien an der Startbahn arbeiten mussten. In Norddeutschland begann der Winter 44/45 etwa Mitte Dezember mit einer Frostperiode. Das winterliche Wetter war nur kurz vom „Weihnachtstauwetter" unwesentlich unterbrochen und dauerte bis zum 3. Januar. Dann setzte ab dem 20. Januar zunächst mit viel Schnee eine sehr kalte Witterungsphase – Ostwindlage - ein, die bis Ende Januar andauerte. Ab dem 1. Februar stellte sich dann die Wetterlage auf mildes und regenreiches Westwindwetter um[54]. So erinnern sich die meisten Überlebenden mit Schrecken besonders an jene Zeiten des Winters, als nachts über Schnee die Temperaturen unter -10° sanken. Roger Remond und Edmond Mahieu sprachen von -25°, so ihre „gefühlte" Temperatur.

General Mahieu[55]: „…dass die Sterblichkeitsrate aus unterschiedlichen Gründen sehr hoch war, aber der wichtigste Grund war ganz offensichtlich die Kälte, die war noch schlimmer als der Hunger. Wir haben noch stärker unter der Kälte gelitten als unter dem Hunger, in dieser großartigen Tiefebene, dort zwischen Ostsee und Nordsee. Die Kälte! Und wenn jemand hinfiel: Erfroren, und es war mit ihm vorbei." Die 12-tägige Frostperiode Ende Januar war mit einem scharfen Ostwind verbunden, der die Kälte noch unerträglicher machte. Überlebende beklagten besonders diesen norddeutschen Wind, der durch die Häftlingskleidung bis auf die Haut fuhr.

Der ehemalige Häftling Stroweis schildert[55] ebenfalls die winterliche Situation. Er hatte Frostbeulen an den Fingern, erfrorene Stellen, die zu eitern begannen und fürchterlich schmerzten und zu stinken anfingen. Trotzdem musste er am nächsten Morgen wieder mit der Arbeitskolonne ausrücken. Den weiten Rückweg zum Lager schildert er folgendermaßen: „Der Flugplatz war vom Lager weit entfernt….Wir mussten schnell gehen….Wir hatten so Schuhe….eine Sohle aus Holz…es hatte viel geschneit, und beim Gehen flog mir der Schuh weg, puff. Und da wollte ich ihn mir holen …der Soldat, der dort war, versetzte mir einen Schlag mit seinem Gewehr, mit dem Gewehrkolben: „Nein, los, los, schnell!" Und da musste ich barfuß weitergehen." Stroweis erkannte damals, dass er wohl nicht mehr lange zu leben hätte, weil er sich erinnerte, wie Kameraden, die so aussahen wie er jetzt, wenige Tage später tot waren. Er wurde, wie berichtet, von Wehres gerettet.

In diesem Zusammenhang sind auch die Ausführungen von General Mahieu sehr interessant. Er sagt im Interview 1991, dass für die Häftlinge drei Dinge notwendig waren, um überleben zu können. Zunächst zum Zeitpunkt der Verhaftung natürlich die robuste Gesundheit eines jungen Menschen. Dann eine von Zuversicht unterstützte Willenskraft. Schließlich drittens Glück. Die gute Gesundheit am Anfang, das war ja klar. Aber auch der Überlebenswille durfte nicht erlahmen. Wer z.B. pessimistisch in die Zukunft schaute und die Einstellung entwickelte, dass der Krieg nie ende und alle sterben werden, „ … der konnte sogar ohne äußere Einflüsse sicher sein, dass er innerhalb von 8 Tagen sterben würde." Zum Punkt Glück erzählt Mahieu eine Geschichte. „Das Glück bestand zunächst einmal darin, über jene Gesundheit und jene Willenskraft zu verfügen….Glück, Glück zu allen Zeiten…Wenn wir von der Arbeit zurückkamen, waren wir völlig erschöpft, 100 oder 200 Meter vom Lager entfernt, und es schneite. … Ich fiel hin. Bewusstlos. Ich war mit zwei Kameraden zusammen, die mich mitgeschleppt haben,…, die mich in die Baracke zurückgebracht haben. Sonst wäre ich dort geblieben und erfroren. Warum war das Glück? Weil das an einem Sonntag war. Und sonntags kamen wir früher zurück ins Lager, weil wir am Sonntagnachmittag im Prinzip nicht arbeiteten…So etwas ist Glück". Dass also Mahieu nicht an einem Werktag und draußen am Arbeitsplatz ohnmächtig in den Schnee gesunken war wie viele Kameraden, die nicht mehr erzählen können, und dass er zwei Kameraden hatte, die noch kräftig genug waren, ihn ins Lager mitzuschleppen, und dass es nur hundert Meter und nicht tausend Meter vom Lager entfernt passierte, das war Glück. Leben und Sterben hingen also auch von Zufällen ab. Mahieu erzählt, dass es an der Arbeitsstelle, wo die Häftlinge u. a. den Schnee von der Start- und Landebahn räumen mussten, jeden Tag Tote gegeben habe. „Wer umfiel, wurde zur Seite gelegt, er gefror vor Ort. Bis die Arbeitszeit vorbei war."

Nach der „erschöpfenden" Arbeit erfolgte also der drei Kilometer weite Rückmarsch ins Lager, wieder entlang der Reichsstraße. Zwei Frauen aus der Siedlung Springhirsch schildern diesen allabendlichen Anblick des heimkehrenden Häftlingszuges: „Entkräftet sind sie alle. Manche können gar nicht mehr gehen und geben nicht einmal mehr ein Lebenszeichen von sich. Die werden von den Kameraden mitgeschleppt. Ein Häftling schleift einen anderen so, dass er dessen Beine unter seinen Arm festklammert, während der Körper nach hinten runterhängt. Da der Träger selber auch mehr torkelt als dass er aufrecht geht, poltert der Kopf des anderen über die Pflastersteine der Straße." Eine andere Frau berichtet: „Die Häftlinge schleppten sich gegenseitig. Manche schleifte man einfach hinter sich her. Dazu brüllten die Wachposten."

Zum Verständnis muss man wissen, dass alle Häftlinge, die morgens zur Arbeit ausgerückt waren, zum abendlichen Appell ins Lager zurückgebracht werden mussten, ob lebendig oder tot. Erst nach der Zählung wurden die Toten von den Lebenden getrennt und in die Leichenablage neben der Latrine gebracht. Es muss aber angenommen werden, dass die gewaltsam Getöteten nicht in jedem Fall zurückgebracht werden mussten. Sie wurden wohl an Ort und Stelle irgendwo verscharrt. So erklärt es sich vielleicht, dass gut informierte Häftlinge versichern, dass Morde unterwegs und im Umfeld des Arbeitsplatzes häufig vorgekommen seien, während andere erklären, davon keine Kenntnis zu haben.

Ein besonders detaillierter Bericht, wie oben schon erwähnt, liegt von der Arbeitsstelle Brunskamp (Alveslohe) vor. Er basiert auf monatelangen persönlichen Beobachtungen eines damals beteiligten Bewohners. Das Arbeitsprojekt bestand darin, die verschiedenen dort aufgestellten Flugzeughallen verkehrsmäßig an das nördlich davon befindliche Flugfeld anzubinden. Es handelt sich um die beiden Hallen rechts und links des Wirtschaftsweges zwischen den Ortsteilen „Schäferei" und „Im Busch" unmittelbar an der Krückaubrücke und um die Halle am Nordrand des Brunskamper Waldes, der sich rechts (nördlich) an der Straße von Kaltenkirchen nach Alveslohe vor deren scharfen Linkskurve erstreckt.

In diesem Bereich arbeiteten täglich Kommandos von ca. 100 Mann. Sie wurden morgens zunächst auf den Hof des Bauern Kröger, Brunskamp, geführt, weil dort über Nacht ihr Arbeitsgerät in der Diele des Hofes abgestellt worden war. Die Wach-

Hof Kröger, Brunskamp (Alveslohe). In der Diele des Hofes wurde nachts das Arbeitsgerät der KZ-Häftlinge gelagert

Hof Kröger, Brunskamp (Alveslohe) im Jahr 2007, Foto: Gill

mannschaft bestand anfangs aus älteren Luftwaffensoldaten, beheimatet zumeist südlich der Elbe. Später kamen aber auch jüngere z. T. sehr rabiate Soldaten hinzu. Diesem Kommando waren mehrere Kapos zugeteilt.

Über einen von ihnen, der sich den Mithäftlingen gegenüber anständig verhielt, sind weitere Einzelheiten bekannt. Er war Jugoslawien-Deutscher: Werner Eckstein. Die Geschichte seiner Verschleppung ist überliefert. Anlässlich eines Aufstandes gegen die deutschen Besatzer in Jugoslawien waren viele Männer als Geiseln deportiert worden. Daraufhin bildete sich eine Gruppe von Bürgern, um die Frauen und Kinder der Verschleppten zu versorgen. Zu dieser Gruppe gehörte Eckstein, Inhaber einer kleinen Maschinenfabrik in Lubljana. Auch Ecksteins Gruppe wurde ausgehoben und im Dezember 1944 ebenfalls nach Deutschland deportiert. Eckstein kam also alsbald nach Kaltenkirchen. Über ihn als Kapo gibt es nichts Negatives zu berichten. Ganz anders dagegen ein deutscher Kapo mit grünem Dreieck auf der Jacke, ein Krimineller also. Dieser trieb die Häftlinge täglich mit Prügel an. Er schlug sie mit einem Stock, wenn 8 oder 10 Männer ein Feldbahngleis schleppten, und es ihm nicht schnell genug ging. Sein Name bleibt unbekannt.

Unter den Wachen bei Brunskamp gab es einige wenige, die mit dem Landwirt Heinrich Kröger nach einiger Zeit vertraulicher umgingen, so dass ihre Reden freier wurden als ihnen eigentlich einem Bewohner gegenüber erlaubt war. So erfuhr der spätere Zeuge Heinrich Kröger manches, was er 1977 Gerhard Hoch berichten konnte und seinen Niederschlag in dieser Arbeit fand (z.B. die oben geschilderten „Erschießungen auf der Flucht").

Es gab außerhalb der Arbeiten am Militärflugplatz auch zuweilen anderes für einige Häftlinge zu tun. Besondere Aufgaben in kleinen Gruppen erhielten sog. „Bastler", die durch bestimmte Fertigkeiten aufgefallen waren. Deren Können nutzten einige Soldaten der Wachmannschaft aus. Sie fertigten alle möglichen Dinge an, wie z. B. Zigaretten-Etuis, Körbe usw., Gegenstände, die man auf dem Schwarzmarkt eintauschen konnte. Hier war die große Geschicklichkeit mancher sowjetischer Häftlinge besonders gefragt.

Andere kleinere Gruppen arbeiteten bisweilen an den Bahngleisen in Kaltenkirchen zwischen Funkenberg und Krauser Baum gewissermaßen vor den Augen der Bevölkerung. Immer waren die völlig ausgehungerten Häftlinge zwischendurch darauf bedacht, etwas Essbares zu finden, sei es eine Kartoffel, einen Apfel oder eine Runkelrübe auf dem Wegrand. Es konnte schon sein, dass mal ein mitleidiger Bewohner zuvor unauffällig etwas Essbares hingelegt hatte. Kaltenkirchener Bürger haben gesehen, wie ihnen derartige Nahrungsmittel von den Wachen entrissen und im Dreck zertreten wurden. Auch hier vor Augen der Öffentlichkeit wurde auf Häftlinge eingeprügelt, wobei sich der Schachtmeister Biehl aus Ulzburg besonders hervorgetan haben soll.

Gelegentlich mussten Häftlinge auch in der Wald- und Gartenstadt Springhirsch arbeiten, unmittelbar im Gelände zwischen den bewohnten Häusern. Sie mussten Bäume fällen. Das Abfallholz durften sie mit ins Lager schleppen. Einmal wurde beobachtet, wie ein Häftling, anscheinend vor Hunger oder Verzweiflung durchgedreht, auf eine Fichte kletterte, um sich dort oben zu verstecken. Ein deutscher Kapo hatte jedoch den Vorgang beobachtet und sofort beim Wachposten Meldung gemacht. Dieser zwang den Häftling vom Baum herunter und schlug mit dem Gewehrkolben auf ihn ein, bis er kein Lebenszeichen von sich gab. Der Mann wurde als Leiche ins Lager zurückgebracht. Dies alles spielte sich vor den Augen der dort wohnenden Frauen ab. Als eine der Frauen dem Wachposten Vorhaltungen machte, bekam sie zu hören: „Wenn ich ihn laufen lasse, werde ich erschossen." Der Name des Mannes ist nicht bekannt. Da er aber oft in der Siedlung auftauchte, hat sich sein Eindruck fest eingeprägt: Ein Rheinländer, klein und dick, mit Glatze, noch nicht besonders alt. „Ein Satan in Person. Er sah aus wie der damals berühmte Filmschauspieler Ludwig Schmitz. Er ist der einzige, den wir sofort wieder erkennen würden."

Ein anderes Beispiel aus der Siedlung: Eines Sonntagmorgens, während die Leute beim Frühstück waren, ertönte draußen entsetzliches Schreien. Als die Zeugen heraustraten, sahen sie, wie genau vor dem nächsten Haus ein Häftling von den Wachen mit den Gewehrkolben totgeschlagen wurde.

Eine andere Zeugin erzählt: Manche Häftlinge sahen aus wie herumwandelnde Totenköpfe. „Mir wurde ausgesprochen schlecht bei diesem Anblick. Ich war auf so etwas im Leben nicht gefasst. Ich hatte so etwas in meiner unmittelbaren Nachbarschaft überhaupt nicht für möglich gehalten." Diese Häftlinge sprangen einmal bei Frau G. in die Abfallgrube und wühlten darin herum in der Hoffnung, etwas Essbares in dem Unrat zu finden. Als der Wachmann das sah, schlug er von oben mit dem Gewehrkolben auf sie ein und brüllte: „Sofort raus hier, ihr kommt noch früh genug ins Loch."

An dieser Stelle sei angemerkt, dass die Aussagen in diesem Kapitel von älteren Mitbürgern in Kaltenkirchen und Umgebung stammen, die Gerhard Hoch persönlich kennt und die er für besonders vertrauenswürdig hält. Nicht wenige von ihnen halten aber die Darstellung ihrer Beobachtungen in einem Buch, das die nationalsozialistische Vergangenheit in der Region behandelt, für grundsätzlich unangebracht. Denn sie sind der Auffassung, dass das Buch dem Ansehen des deutschen Volkes schaden könne. Trotzdem haben sie geredet, vielleicht nicht einmal das Schlimmste erwähnt und eher abgewiegelt. Daher dürften ihre Darstellungen eher unter- als übertrieben sein.

Eine Besonderheit im Außenkommando Kaltenkirchen unter dem Lagerführer Otto Freyer bestand darin, dass kleinere Häftlingsgruppen, die in der Siedlung oder im Wald gearbeitet haben, unterwegs Holz sammeln und mit ins Lager bringen konnten. Auch die anderen, die zur Start- und Landebahn ausgerückt waren, ließen heimlich gefundenes Brennbares, ein Stückchen Kohle, ein Eierbrikett oder ein Holzstückchen in ihren Taschen verschwinden. Denn zum Glück wurden sie nach ihrer Rückkehr nicht gefilzt. Brennmaterial war überlebenswichtig, weil ihnen Feuerung für den eisernen Ofen in den Stuben nie zugeteilt wurde.

Die Lebensmittelversorgung im Lager lag im Argen. Offenbar war die DAF (Deutsche Arbeitsfront, der nationalsozialistische Einheitsverband von Arbeitgebern und Arbeitnehmern, der die Interessengegensätze leugnete) mit der Lebensmittelversorgung des Lagers betraut. Abends gab es noch eine „Mahlzeit", sie bestand aus einem Liter Wassersuppe aus Steckrüben oder Kohl. Bezüglich dieser Lebensmittelversorgung werden von allen

Zeugen schwere Vorwürfe gegen die deutsche Verwaltung erhoben. Wie schon berichtet, hatte der neue Kommandant Waldmann die tägliche Brotration von 500 gr. auf 350 gr., für Kranke sogar auf nur 200 gr. reduziert. Er soll dabei mit dem Leiter der DAF-Küche, Schierholz, unter einer Decke gesteckt haben. Wehres[56] wirft den Beschuldigten vor, die unterschlagenen Lebensmittel an die Küche des deutschen Personals, an die Bauleitung und an Waldmann selbst abgezweigt zu haben. Wehres besaß nach eigenen Angaben den Mut, die Sache in einem Beschwerdebrief an die zuständige Abteilung in Neuengamme zu melden. Daraufhin besuchte ein höherer SS-Offizier aus Neuengamme das Außenlager Kaltenkirchen. Der soll, so berichtet Wehres, dem Kommandant Waldmann und dem Leiter der DAF-Küche Schierholz, aber auch dem für das ganze Flugplatz-Projekt zuständigen Oberbaurat Meier mit einem gerichtlichen Verfahren gedroht haben, wenn sie ihre „Sauereien" weiter treiben sollten. Wörtlich soll der SS-Mann gesagt haben: „Bei dieser Ernährung kann kein Mensch existieren, auch nicht, wenn er nicht so schwer arbeiten muss, aber schon gar nicht bei solcher Arbeit."

Es mag sein, dass solche human klingenden Worte vom SS-Mann gefallen sind. Sie dürften augenzwinkernd gesprochen worden sein. War schon die offizielle Lebensmittelversorgung in allen Konzentrationslagern so knapp bemessen gewesen, dass sie dem Prinzip „Vernichtung durch Arbeit" nicht im Wege stand, so war diese Unterschlagung von Lebensmitteln offiziell zwar ein illegaler Akt, aber inoffiziell kein ehrenrühriger. Weil der Verstoß sozusagen in stillschweigender Übereinstimmung mit dem Geist und dem eigentlichen Ziel der KZ-Lager stand, wurde nach außen hin augenzwinkernd gepoltert. Dieses Theater, das im Grunde die Aushöhlung des letzten Restes von Recht und Gesetz im „Dritten Reich" sichtbar macht, ist an Zynismus nicht mehr zu überbieten. Nach der Abreise des SS-Mannes hatte sich natürlich gar nichts geändert. Es blieb, wie es gewesen war.

Wenn diese von Wehres erhobenen Vorwürfe nur annähernd stimmen - weshalb sollte daran gezweifelt werden? -, dann muss dieses Verhalten der Drei und der übrigen Nutznießer als moralisches Versagen und als eine schwer wiegende persönliche Schuld gewertet werden, die durch keine Ausrede (Befehlsnotstand: „Wir mussten ja, sonst…") gemildert werden kann. Die furchtbaren Folgen ihres Tuns täglich neu vor Augen habend und in freier Entscheidung gehandelt, um sich persönliche Vorteile zu verschaffen, ist mehr als nur ein Funktionieren innerhalb eines verbrecherischen Systems.

Als eine Zeugin einst die Kommandantur außerhalb des Lagers betrat, sah sie dort einen Aushang mit den Verpflegungssätzen für das Lager. Sie sagte zu einer Bekannten: „Mehr haben wir ja nicht mal zu essen." Sie erhielt zur Antwort: „Ja, wenn die das auch wirklich bekommen würden!" Auch außerhalb des Lagers war allgemein bekannt, dass Teile der Häftlingsverpflegung verschoben wurden.

Oft genug wurde in der Nachkriegszeit die verhängnisvolle Rolle untersucht, die deutsche Wirtschaftsunternehmen bei der Ausbeutung von Häftlingen gespielt haben. Es ist daran zu erinnern, dass die gesamte Bauleitung im Bereich der militärischen Einrichtungen um Kaltenkirchen in den Händen deutscher Firmen lag, hier unter der Aufsicht des Bauleiters Oberbaurat Meier. Werkmeister Jakobi und andere gehörten z. B. zur Firma Bassow, Lübeck. Auch diese Firmen profitierten vom schnellen Fortgang der Arbeiten. Entsprechend ließen sie die Häftlinge von ihren Angestellten antreiben. Richard Tackx bestätigte das. Er äußerte sich hierzu: „Für die schlimmen Zustände insgesamt waren in erster Linie die Firmen verantwortlich, die mit den Arbeiten am Flugplatz beauftragt waren. Ihre Aufgabe war es ja, für unsere Verpflegung zu sorgen. Sie haben uns niemals die Lebensmittel zukommen lassen, die uns zustanden. Durch ihre Angestellten drängten und trieben sie unsere Kameraden, über ihre Kräfte zu arbeiten. Mitunter mit Schlägen. Die Folge war dann oft der Tod." Wenn auch Richard Tackx darin irrte, dass die Firmen für die Verpflegung zuständig gewesen waren, bleibt doch festzuhalten, dass seine Erinnerung an die Rolle der Firmen denkbar negativ gefärbt war. Ein anderer überlebender Häftling berichtete von einem Mord an einen Kameraden, den ein deutscher Angestellter begangen habe. Manche von den schwer belasteten Leuten um das Lager Kaltenkirchen wurden Gerhard Hoch 1977 bei seinen Recherchen als nette Leute geschildert. Das ist gar nicht verwunderlich. Denn innerhalb des zivilen Umgangs unter den Deutschen, wie wir schon oben festgestellt haben, bewegten sich diese Leute, die von den Häftlingen als Schinder wahrgenommen wurden, völlig normal als freundliche Nachbarn und gute Bekannte. Indem die von G. Hoch befragten Zeugen also immer noch von eigentlich „netten" Leuten sprechen, dokumentieren sie damit selber jene „merkwürdige" Erscheinung des fehlenden Unrechtsbewusstseins, das sich auch noch im Nachkriegsdeutschland fortsetzte.

Das Lager und die Zivilbevölkerung

Manche Lagerinsassen hatten Kontakte verschiedener Art zu deutschen Zivilpersonen, sei es, dass diese ins Lager kamen, sei es, dass sie ihnen draußen begegneten. Der Kisdorfer Autor Peter Schiller berichtet in einer 2006 erschienen Schrift sogar von einem Beispiel ziemlich merkwürdiger Art von Beziehungen zwischen Zivilpersonen und Wachsoldaten, ein Beispiel, das das Lager in einem freundlicheren Licht erscheinen lässt: „Es ist bezeugt, dass Kinder von Bauersfrauen, die, alleine oder mit Kriegsgefangenen, auf dem Torfmoor waren, in der Baracke der Wachmannschaften zum Spielen abgegeben und gegen Abend wieder abgeholt wurden."[57] Wir wollen an dieser Stelle die Möglichkeit, dass es so etwas gegeben haben könnte, nicht in Frage stellen, obwohl man solchen Zeugenaussagen immer kritisch gegenüber stehen sollte. Aber dass Peter Schiller ausgerechnet dieser Aussage vertraut und sie sogar in seinem Beitrag hervorhebt, belegt, dass auch heute noch regionale Autoren versuchen, die Schrecken der Nazizeit zu relativieren. Andere Beispiele in der genannten Schrift erhärten diesen Befund.

Lieferverträge führten den Kaltenkirchener Schlachtermeister Meyer regelmäßig ins Lager, um dort seine Ware abzuliefern. Dies gilt auch für einen Kaltenkirchener Bäcker. Dem Staffelführer Grünberg vom Jagdgeschwader 7 war es vergönnt, zusammen mit einem Wehrmachtsarzt das Lager zu betreten. Er konnte einige Worte mit deutschen Häftlingen wechseln. Sie berichteten ihm, dass sie wegen kritischer Bemerkungen, die als Wehrkraftzersetzung galten, eingesperrt worden seien.

Vielfältig, wie schon angedeutet, waren die Begegnungen mit der in der Waldsiedlung wohnenden Bevölkerung. Die vorliegenden Berichte von Zeugen und Beteiligten vermitteln einen überaus farbigen Eindruck von dem damaligen Geschehen und legen auch Zeugnis ab von den Charakteren der Beteiligten. Während die Mehrheit der Bevölkerung das Geschehen im Lager hinnahm oder gar für richtig hielt, gab es doch einige wenige, von denen Gerhard Hoch wie folgt schreibt: „Es ist besonders wohltuend, von Frauen berichten zu können, die sich menschlich hervorragend bewährt haben, während ringsum der Hass und die Unmenschlichkeit herrschten. Der beispielhafte und mitunter lebensgefährliche Einsatz dieser Frauen sollte im Rahmen der Kaltenkirchener Geschichte nicht vergessen werden. Ihr Verhalten verdient unendlich viel mehr Respekt als das Draufgängertum von Ritterkreuzträgern."

In der Wald- und Gartenstadt Springhirsch lebten überwiegend Frauen und Kinder. Die meisten Männer waren als Soldaten an der Front oder irgendwo dienstverpflichtet. Die soziologische Zusammensetzung der Bewohner bot eine bunte Mischung von Frauen wohlhabender Kaufleute, von Angestellten und Arbeitern. Das erklärt, dass das Zusammenleben in der Siedlung nicht immer reibungslos verlaufen ist. Die meist schon jahrelang während Trennung der Eheleute, der relative Mangel an allem Notwendigen, Kriegstote und Bombenopfer in Familie und Verwandtschaft und die für Deutschland immer bedrohlicher werdende Kriegslage bewirkten Spannungen unter den Bewohnern. Wenn nach dreißig und mehr Jahren

Aussagen über damalige Nachbarn gemacht werden, sind diese natürlich nicht frei von Emotionen, die das Bild fälschen. Deshalb müssen die verschiedenen Aussagen behutsam gewichtet werden, um den Menschen der Siedlung gerecht zu werden.
Offensichtlich gab es zwei Gruppen: Die Mehrheit, also die größere Gruppe, sah in den Häftlingen Kriminelle, Sittlichkeitsverbrecher (die Homosexualität z.B. erschien den Menschen damals als ein höchst unsittliches Phänomen), Kriegsgegner Deutschlands und andere „Minderwertige", die verdienten, was ihnen zugefügt wurde. Von Bewohnern, die so dachten, waren naturgemäß keine menschlichen Regungen gegenüber den Häftlingen zu erwarten, keine Gabe, keine Zuwendung. Im Gegenteil: Es wird berichtet, dass aus diesen Kreisen versucht wurde, kleine Hilfeleistungen von Seiten anderer zu hintertreiben. Richard Tackx nennt in seinem Rapport an die Regierung in Paris verschiedene Namen. Ein Beispiel führt er besonders aus: Tackx musste einmal bei einer Frau K. arbeiten. Sie machte ihm von vornherein klar, dass sie ihm den Tag über lediglich eine Tasse Kaffee und eine Suppe anbieten könne, weil sie selber unter Mangel litte. Irgendwann kurz danach wollte es der Zufall, dass hungrige Häftlinge, die in der Nähe arbeiteten, bei Frau K. beachtliche Lebensmittelvorräte entdeckten, unter denen sie dann, ausgehungert wie sie waren, aufräumten. Frau K. informierte die Herren K., W. und S. aus der Siedlung, die zur Kommandantur des Lagers gute Beziehungen hatten, um sich zu beschweren und um entschädigt zu werden. Die genannten Herren wurden vorstellig und erreichten, dass die ohnehin spärlichen Essensrationen für die Häftlinge noch weiter gekürzt wurden und die Speisekammer der Frau K. nachher wieder wohlgefüllt war. Brot, Zucker und gar Fleisch, Mittel, die die Häftlinge zuvor selten gesehen haben, bekamen sie nun überhaupt nicht mehr zu Gesicht. Dieser Bericht von Tackx wurde von deutschen Zeugen bis ins Detail bestätigt.

Die andere, kleinere Gruppe unter den Zivilisten verhielt sich anders. Sie halfen, wenn sie konnten, indem sie einen Teller Suppe, einen Topf Pellkartoffeln oder ein Stück Brot anboten. Man war zum Teil recht findig, um Gelegenheiten zum Helfen zu schaffen. Solche Möglichkeiten hingen indessen oft genug von der Duldung des betreffenden Wachpostens ab. Man musste erst testen, mit wem man es zu tun hatte. Nicht jede Helferin war so kühn wie Frau Stapel. Als der französische Häftling Richard Tackx zum ersten Mal bei ihr arbeitete, war es für

Frau Gimpel 2006 in der Mitte, rechts Colette Rey, geb. Tackx, links Dr. Gerhard Hoch. Sie stehen vor dem Häuschen, in dem damals der Häftling Richard Tackx, Vater von Colette Rey, die Decke täfelte. Die von ihm gefertigte Kassettendecke ist heute noch erhalten. (Foto: Gill)

sie selbstverständlich, dass er und seine mitarbeitenden Kameraden bei ihr am Mittagstisch mitessen sollten. Der Wachposten versuchte das pflichtgemäß zu unterbinden. Da trat Frau Stapel resolut auf und schnauzte den verblüfften Wachposten an: „In meinem Haus werden diese Leute essen! Und sie, geben sie mal ihre Knarre her und setzen sie sich friedlich zu uns an den Tisch!" Der Posten fügte sich.

Frau Stapel wurde nicht müde, für die Häftlinge Essbares zu besorgen, zu kaufen oder zu organisieren, was immer nur möglich war. Und mit der gleichen mutigen Findigkeit gelang es ihr, die Nahrungsmittel den hungernden Häftlingen zukommen zu lassen.

Auch Frau Gimpel und Frau Petersen waren bald unter den Häftlingen als freundliche Helferinnen bekannt. Wie bei Frau Stapel so auch bei Frau Gimpel konnten drei Häftlinge, ein Russe, ein Pole und ein Franzose, die bei ihr arbeiteten, mit am Mittagstisch sitzen und essen.

Richard Tackx beeilte sich nach seiner geglückten Flucht und Befreiung 1945 in seinem Rapport an die französische Regierung, die Namen von Helfern in der Siedlung zu nennen. Hier ein Ausschnitt im Wortlaut: „…Deutsche Zivilisten in Springhirsch, die sich uns gegenüber menschlich erwiesen haben, sind: Frau Gimpel und Frau Stapel, bei denen wir gearbeitet haben. Sie nahmen uns gut auf… Die Familien Eckolt, Relveck, Hans Krüger, Werfal – sie alle waren sehr gut zu den politischen Häftlingen. Wir sind bereit, gegenüber den Besatzungsbehörden anzugeben, wen wir beschuldigen, aber auch, wen wir ihnen empfehlen können…"

Der evangelische Gemeindepastor Johannes Thies

Bei seinem Besuch in Kaltenkirchen im Sommer 1977 erwähnte Jaskiewicz den zu Zeiten der Existenz des Lagers evangelischen Gemeindepastor Johannes Thies. Der habe zum Lager eine gewisse Beziehung gehabt. Jaskiewiczs Informationen stammten vom Lagerältesten Wehres. Zu ihm habe Pastor Thies zumindest während der ersten Lagerperiode Kontakte unterhalten. Thies soll sich zu Beginn dafür eingesetzt haben, dass die Sterbefälle standesamtlich erfasst würden. Ihm soll auch sehr daran gelegen gewesen sein, die jeweilige Todesursache zu erfahren, was dem Kommandanten gar nicht recht war. Aus diesem Grund habe Thies persönlich die Toten sehen wollen, um etwaige Zeichen eines gewaltsamen Todes festzustellen. Habe er solche entdeckt, notierte er: „Auf der Flucht erschossen." Jaskiewicz erzählte weiter, dass auch Wehres den Pastor geschätzt habe.

Gerhard Hoch ließ es angesichts dieser Darstellung der Rolle des für das Lager als Standortgeistlicher zuständigen Gemeindepastors keine Ruhe, sofort noch 1977 Kontakt zu Pastor Johannes Thies (zu der Zeit Propst i. R.) aufzunehmen. Eigentlich hatte er ja keine für den Pastor beunruhigende Nachricht im Gepäck, im Gegenteil, wie er meinte, als er sich bei ihm um Aufklärung bemühte. Hoch erschien die Darstellung von Jaskiewicz als zu vage, um sie so veröffentlichen zu können. Hoch schrieb: „Lieber Herr Propst Thies, Sascha ist ein ehemaliger polnischer Häftling, der uns, auf Einladung der Stadt Kaltenkirchen, eine Woche lang besucht hat. Er ist jetzt für einige Zeit weitergereist, kommt aber auf dem Rückwege noch einmal hierher. Ich wüsste natürlich gern, ob ich die von ihm gemachten Angaben (s. oben) in meiner Arbeit so veröffentlichen kann oder ob Sie sie zu korrigieren wünschen. Mit freundlichem Gruß…"

Überraschend aber bestritt Propst Thies gegenüber Gerhard Hoch, jemals Kontakte irgendwelcher Art zum Lager, seiner Führung oder Insassen überhaupt gehabt zu haben, weder direkt noch indirekt. Er bezeichnete die Aussagen von Jaskiewicz als völlig falsch und aus der Luft gegriffen. Und er meinte, „man solle diese Dinge endlich ruhen lassen."

Wer weiß, wie sich die Erinnerung von Jaskiewicz nach 32 Jahren verschoben hat. Dass Pastor Thies darauf gedrungen habe, dass im Lager kleine Holzkreuze angefertigt wurden, wie Jaskiewicz zu erinnern meinte, ist nirgendwo sonst belegt. Richard Tackx, Lagertischler und Führer des Beerdigungskommandos hätte davon wissen und berichten müssen. Tatsache war, dass auf dem Kaltenkirchener Gemeindefriedhof nur sehr wenige deutsche und französische KZ-Häftlinge, und das auch nur ganz in der Anfangsphase des Lagers, beerdigt wurden, während die Masse der Verstorbenen in verschiedenen Massengräbern meist anonym verschwanden. (Nur R. Tackx rettete über 60 Franzosen aus der Anonymität)[57a]

Tatsache ist, dass Pastor Thies als Standort-Pfarrer und Militärpfarrer für den gesamten Militärkomplex an der Reichsstraße 4, also für das Heidkatener Sterbelager sowjetischer Kriegsgefangener von 1941 – 1943 (Marine) und für das KZ-Außenkommando 1944/45 (Luftwaffe) zuständig gewesen ist und sich aus christlichem Verständnis heraus nicht nur um die deutschen Soldaten, sondern auch um die Gefangenen hätte kümmern müssen. Thies schien vielfältig überfordert gewesen zu sein. Einmal war sein Aufgabenbereich sehr umfangreich, so dass er überlastet war. Zum andern brachte er offenbar nicht den Mut und die Kraft auf, seinem mitfühlenden christlichen Gewissen Geltung zu verschaffen. Die Hürde, wegen der unmenschlichen Behandlung der Häftlinge den Lagerführer um ein Gespräch zu bitten, erschien ihm als zu hoch. Dass er möglicherweise beim Lagerführer Otto Freyer auf offene Ohren gestoßen wäre, wusste er nicht. Auch die Kirche war voll eingebunden in das System des nationalsozialistischen Unrechtsstaates. Pastor Thies zeichnete als verantwortlicher Herausgeber der Kirchenzeitung „Pflugschar und Meißel, Gemeindeblatt für das Kirchspiel Kaltenkirchen", die völlig gleichgeschaltet war und die Ziele des nationalsozialistischen Regimes in vielen Schlagzeilen lautstark verkündete. Thies selbst schreibt dazu in einem Brief an G. Hoch 1976: „Keineswegs war ich, weder vor noch nach 1933, für den allgemeinen Inhalt verantwortlich, noch hatte ich darauf irgendwelchen Einfluss und habe auch vieles davon schmerzlich zur Kenntnis genommen und missbilligt." Er abonnierte 400 Exemplare für Kaltenkirchen, legte sie in der Kirche aus und sorgte für die Verteilung im Ort durch Abonnentenwerbung.

(Archiv Gerhard Hoch)

Es scheint überhaupt seine Tragik gewesen zu sein: Vieles „schmerzlich zur Kenntnis genommen und missbilligt", aber nichts dagegen unternommen zu haben. Soviel steht fest, er hat nicht gehandelt, was sein christliches Empfinden ihm geboten hätte. Wir kennen das aus vielen anderen Beispielen.[58]

Folgender Satz von Propst Thies in einem Brief an Gerhard Hoch sei hier abschließend zitiert und dem Leser zur eigenen Beurteilung überlassen: „Und dann müsste man, wenn man nicht nur eine Darstellung geben, sondern letzte Hintergründe aufdecken will, doch als auch ganz schwerwiegendes Moment bedenken, dass der Nationalsozialismus in geschickter Tarnung Werte wie Vaterlandsliebe, Glauben, Kameradschaft, Heimat und Treue schändlich missbraucht hat und mancher Idealist das fast bis zuletzt nicht durchschaut hat."[59]

Die Menschen im Umfeld

Verborgen blieb das Lager in der Region keinem Bewohner. Aus gegebenem Anlass hat Gerhard Hoch sich im Nov. 2006 in einer Schrift, die an der KZ-Gedenkstätte Kaltenkirchen in Springhirsch ausliegt, noch einmal die Mühe gemacht aufzulisten, weshalb das Außenkommando Kaltenkirchen und sein Innenleben der Bevölkerung hier bekannt gewesen sein muss. Er sah sich zur Abfassung dieser Schrift veranlasst, weil ein alter Kirchenmann aus Kaltenkirchen zu jüngeren Menschen sagte: „Man konnte doch nichts wissen". Dieser Mann suggerierte damit, dass das Dritte Reich mit seinem Droh- und Überwachungspotential es geschafft habe, Kenntnisse über das Lager bei den Bewohnern in der Nachbarschaft zu verhindern. Aber das hat die Zeitgeschichtsforschung inzwischen eindeutig als Märchen entlarvt.

Diejenigen Einwohner hier in der Region, die das Unmenschliche des Lagers nicht als solches wahrgenommen, sondern alles, was dort geschah, als richtig und notwendig eingeschätzt haben, kannten natürlich auch Jahrzehnte nach dem Krieg keine Scham, kein Bedauern und keine Reue, jedenfalls die meisten von ihnen nicht. Als Gerhard Hoch sie seit 1975 mit der Geschichte konfrontierte, reagierten sie mit heftiger Abwehr, wie man reagiert, wenn einem plötzlich der sichere Boden der positiven Selbsteinschätzung unter den Füßen weggezogen wird. Und die Aussage: „Man konnte doch nichts wissen" müsste eigentlich präzisiert werden und lauten: „Wir haben das Unrecht daran nicht wahrgenommen".

Dass Deutschland sich nicht von innen her selber befreite, sondern der Kriegsgegner es war, der Deutschland vom Ungeist des Nationalsozialismus befreite, das erklärt u. a. auch die Unfähigkeit der meisten Deutschen damals, ein Entsetzen über die im Namen Deutschlands begangenen Untaten wirklich zu empfinden. Der Brunnen ihrer Betroffenheit wurde schon damit ausgeschöpft, sich über die Untaten der Anderen, der Sieger, hinreichend aufzuregen. Hinzu kamen natürlich – ebenfalls hilfreich für die Ablenkung – damals nach dem Krieg der tägliche Kampf ums Überleben, für Nahrung, Kleidung, Brennmaterial und Wohnen, die Sorgen um Angehörige, um den vermissten Vater und den vermissten Sohn, man war ausgebombt, vertrieben usw. Die daraus resultierende Atemlosigkeit ließ keinen Raum zur Reflektion und Einsicht in die eigene Lage und deren eigentliche Ursache.

Bis in unsere Tage hinein wird noch in verklärenden Heimatgeschichten, welche die Identität mit der Region stärken sollen, jenes Selbstmitleid spürbar. Solche oft romantisierenden Erzählungen und Berichte aus der engeren Heimat kommen dank der Recherchen von Gerhard Hoch hier allerdings nicht an den Schrecknissen der Nazizeit vorbei. In anderen Regionen blenden sie die braunen Jahre einfach aus. Hier gelingt das nicht. Dafür strengen sie sich umso mehr an, die Vorgänge in ein „erträglicheres" Licht zu tauchen.

Im Bemühen, die Vorgänge des nationalsozialistischen Unrechts in der Region zu relativieren und um Verständnis zu werben, tut sich besonders der uns schon in diesem Zusammenhang bekannte „Hobby-Historiker" Peter Schiller hervor. Er gehört zu den konservativen Mitbürgern in der Region, denen die braunen Flecken im schönen Heimatbild so unangenehm sind, dass sie nach Möglichkeiten suchen, sie ein wenig zu retuschieren. So geben wir hier zum Schluss dieses Abschnittes ohne weitere Kommentierung eine Kostprobe davon: „Bei allem Schrecklichen, das dort passiert ist (im KZ-Außenkommando Kaltenkirchen, d. Verf.) und das heute immer wieder den lebenden Kaltenkirchener vorgehalten wird, muss bedacht werden, dass dieser Ort zu jener Zeit ein Dorf mit relativ wenigen Einwohnern war, 1944 vorwiegend alte Menschen, Frauen und Kinder, die unter ständiger Tieffliegergefahr versuchten zu überleben. Es ist daher in Abrede zu stellen, dass sie, wie der Eindruck erweckt werden soll, in Scharen an der Straße gestanden haben, wenn die Elendszüge der Häftlinge das Dorf in Richtung Betonstraße passiert haben. Natürlich hat es auch Einzelpersonen gegeben, denen diese Lager bekannt waren."[60]

Krankheiten und Häftlingsaustausch

Den vielfältigen Belastungen des Außenkommandos waren nur sehr robuste Naturen gewachsen. Bei den Häftlingen handelte es sich meistens um junge bis sehr junge Männer. Das Durchschnittsalter der in Kaltenkirchen ums Leben gekommenen Häftlinge betrug 28,15 Jahre (von 120 Verstorbenen ist das Alter auf Listen vermerkt). Ältere gab es nur wenige. Die Umstände des Lagers waren geeignet, die Häftlinge zu schwächen und ihre körperliche Widerstandskraft zu mindern. Bis zu 11 Stunden Arbeit am Tag, harte Erdarbeiten bei Wind und Wetter, der weite Fußweg zur Arbeitsstelle, das lange Stehen auf dem Appellplatz, die schlechte Ernährung, die ungeeignete Kleidung, die entsetzlichen hygienischen Verhältnisse einer Zentrallatrine, die engen Verhältnisse und der Gestank nachts in den Stuben, all das bewirkte die Auszehrung der Kräfte und schwächte die Gesundheit. Hinzu kamen die psychischen Belastungen: der tägliche Anblick geschlagener und getöteter Kameraden, die totale Recht- und Schutzlosigkeit, die menschenverachtende Behandlung als Namenlose, der Mangel an Verbindung zu den Angehörigen, der aufkommende Zweifel am eigenen Durchhaltevermögen angesichts der im Lager herumirrenden „Muselmänner".

Unter diesen Umständen war die Anfälligkeit für Krankheiten sehr groß. Besonders gefürchtet war die Ruhr, eine qualvolle bakterielle Durchfallerkrankung, die viele der Geschwächten dahinraffte. Im Lagerjargon hieß die Krankheit „Scheißerei", ein Wort, das Eingang fand im internationalen Wortschatz. Auch das Fleckfieber war gefürchtet, das von Läusen übertragen wird. Eine wirksame ärztliche Behandlung gab es nicht. Es fehlte an Medikamenten. Dem russischen Arzt stand außer Aspirin-Tabletten und Rizinusöl keine Arznei zur Verfügung. Die Kranken wurden lediglich im Krankenrevier der Mittelbaracke isoliert.

Wehres beschuldigt in seinem Bericht 1946 den Lagerführer Waldmann, nichts gegen die Ruhr unternommen zu haben, „so dass wir in kurzer Zeit 174 Tote zu verzeichnen hatten. Bei allen war die Todesursache Ruhr oder Körperschwäche". Weiter heißt es bei Wehres: „der Erfolg der schlechten Ernährung und der langen Arbeitszeit… war, dass wir in kurzer Zeit 200 arbeitsunfähige Häftlinge hatten. Diese tauschte Waldmann mit dem Stammlager Neuengamme aus. Den Ersatz wirtschaftete er bei seiner Methode in ein bis eineinhalb Monaten wieder genauso herunter." Was Wehres hier mit „heruntergewirtschafteten Menschen" meint, waren in den Lagern des dritten Reiches die „Muselmänner". Der ehemalige Häftling Albert van Poel berichtete von den „Muselmännern":[61]

„´Muselmänner´ nannte man diese menschlichen Wracks im Lager, und man musste einmal einen Blick auf dieses Sammelsurium von verschrumpelten und missgestalteten Exemplaren der Gattung Mensch geworfen haben, um einen Schimmer von dem Unbehagen zu verspüren, das der Anblick von so viel Menschenunwürdigkeit auslöste … Sie waren entweder ausgemergelt bis auf die Knochen oder infolge der Zersetzung des Muskelgewebes durch die Wassersucht bis zur Unförmigkeit aufgedunsen. ... An Kopf, Hals und Händen sah man Ekel erregende Geschwüre wie offene Löcher im faulenden Fleisch. Sie schleppten sich vorwärts oder stolperten mit Mühe weiter und boten dabei jenen erschreckenden Anblick von Gebrechlichkeit und Schwäche, der jeden normalen Menschen in seinem Gefühl von Gesundheit beleidigt und mit Ekel erfüllt... Und vor allem klebte auf den Elendsgestalten jener halb entgeisterte, halb tierische Ausdruck, den das Menschenantlitz nur dann annimmt, wenn der Körper bereits auf dem besten Wege ist, sich von seiner lebendigen Seele zu trennen.

Die ´Muselmänner´ entsprossen der Lagerbelegschaft wie die Geschwüre einem unterernährten Körper oder die Läuse der vernachlässigten Leibwäsche. Ein unvermeidliches Ergebnis der Tatsche, dass es den Häftlingen einfach unmöglich war, sich angesichts der zahllosen Entbehrungen körperlich und moralisch widerstandsfähig zu erhalten und gleichzeitig ein Beweis für die Unzulänglichkeit aller Vorkehrungen im Lager, die die Opfer dieses unmenschlichen Daseinsrhythmus rechtzeitig wieder auf die Beine bringen sollten.

Gewiss stellten die Schwächeren aus der Masse der Osteuropäer das Hauptkontingent in dem ständig anwachsenden Haufen der ´Muselmänner´. Aber die Erscheinung an sich existierte bereits vor dem Zustrom von Ukrainern und Russen, vor der Ankunft der Polen, die zum Untergang verurteilt waren; und der Strom menschlicher Elendsgestalten sog auch Holländer so gut wie Deutsche in sich auf und ließ sie in die tiefsten Tiefen der Verkommenheit und physischen Auslöschung versinken."

Diese „Muselmänner" waren es, die Waldmann von Zeit zu Zeit nach Neuengamme zurück schickte. Die meisten von ihnen dürften dort bald gestorben sein und erscheinen nicht in den Kaltenkirchener Todeslisten. Frisches „Menschenmaterial" wurde gegen sie ausgetauscht. Wann solche Transporte von Kaltenkirchen nach Neuengamme zurückgegangen sind und wo sie verladen wurden, ist nicht bekannt. Da es sich um Schwerstkranke und stark Geschwächte gehandelt hat, ist schwer vorstellbar, dass sie 9 km zum Bahnhof Kaltenkirchen marschiert sind. Vielleicht hatten sie das „Privileg", mit Lastwagen transportiert zu werden.

Über Transporte nach Kaltenkirchen liegen folgende Angaben vor:

20. Oktober 1944: Über diesen Transport liegen keine Zahlen vor, wie viele Häftlinge er nach Kaltenkirchen brachte (Forschungsstelle für Geschichte des Nationalsozialismus in Hamburg)

6. Februar 1945: Ankunft von 72 Häftlingen aus Neuengamme (Jaskiewicz Lagerschreiberbuch)

17. März 1945: Ankunft von 200 Häftlingen aus Neuengamme (Jaskiewicz Lagerschreiberbuch). Zu diesem Transport macht Jaskiewicz eine Bilanz auf:

Bestand:	463 Häftlinge
Abtransport nach Neuengamme:	197 Häftlinge
Restbestand vorübergehend:	266 Häftlinge
Transport aus Neuengamme:	200 Häftlinge
Neuer Bestand:	466 Häftlinge

23. März 1945: Ankunft von 561 Häftlingen aus Neuengamme (Amicale de Neuengamme ... Guide. Paris 1967, S.21). Hierbei kann es sich auf keinen Fall um einen Austauschtransport gehandelt haben. Es hätte dann das gesamte Lager evakuiert worden sein müssen. Dieser Transport dürfte zu jener vorübergehenden Überfüllung des Lagers geführt haben, von der Jaskiewicz spricht, wenn er sagt, dass das Lager gelegentlich bis zu 1000 Mann beherbergte.

9. April 1945: Transport nach Kaltenkirchen ohne weitere Angaben (Forschungsstelle)

20. April 1945: Transport nach Kaltenkirchen von 400 Häftlingen (So ging es zu Ende, S12). Es heißt dort: „In der gleichen Nacht geht ein Transport von 400 Häftlingen aus Neuengamme nach dem Außenkommando Kaltenkirchen." Aber dort war das Lager drei Tage vorher am 17. April 1945 evakuiert worden, weil der dortige Militärflugplatz unbrauchbar gebombt worden war und das Weiterarbeiten sinnlos erschien. Ob dieser Transport Kaltenkirchen je erreicht hat, ist zweifelhaft. Vielleicht bezieht sich darauf der frühere Feldwebel der 1. Marine-Kraftfahr-Ausbildungs-Abteilung in Heidkaten, Kurt Lange, wenn er 1980 in einem Brief an Gerhard Hoch schreibt: „… und ich sah die ausgemergelten Menschen, wie sie in Richtung Elmshorn fortgetrieben wurden." (Schreiben vom 3.9.1980)

Ein kleiner Transport zuvor im Dezember (vor Weihnachten) zurück nach Neuengamme war ganz anderer Natur und eher begleitet von Hoffnung und vorsichtiger Freude. Der Erzbischof von Paris, Kardinal Suhard, (wir erwähnten den Vorgang oben) hatte innerhalb der katholischen Hierarchie alle Hebel in Bewegung gesetzt, dass man endlich vorstellig wurde, um wenigsten für die zahlreichen Geistlichen in den deutschen Konzentrationslagern Hafterleichterung zu erreichen. Im Zusammenwirken mit Papst Pius XII. gelang es, Ende 1944 eine maßgebliche Vereinbarung mit deutschen Stellen herbeizuführen, die eine Zusammenlegung der französischen Priester im KZ Dachau brachte. Jedenfalls wurden Mitte Dezember Pater Humbert und Abbé Besancon zum Kommandanten Otto Freyer gerufen. Dieser eröffnete ihnen: „Morgen Mittag geht´s ab nach Neuengamme." Auf die Frage, was das zu bedeuten habe, antwortete Freyer: „Aufgehängt werdet ihr nicht."[62]

Luftangriffe

Im September und Oktober 1944 gab es noch keine Luftangriffe alliierter Bomber in der Nähe des Lagers auf den Militärflugplatz Kaltenkirchen. Das änderte sich erst, als Teile des Jagdgeschwaders 7 den Flugplatz belegten. Im Spätherbst gab es den ersten Luftangriff, der auch unter den Häftlingen einige Tote und Verwundete forderte. Etwa ab Weihnachten wurde das Lager nachts und auch bei Fliegeralarm mit Scheinwerfern angestrahlt, weil man davon ausging, dass die alliierten Flieger mit Rücksicht auf die Lagerinsassen dort nicht angreifen würden.

Der Einsatz der düsenbetriebenen Jagdflugzeuge im Frühjahr ´45 zog die ganz besondere Aufmerksamkeit der alliierten Jäger und Bomber auf sich. Immer musste mit ihrem plötzlichen Auftauchen gerechnet werden. Die Arbeitskolonnen des Lagers waren nun vornehmlich damit beschäftigt, die Bombentrichter auf der Startbahn und auf den Straßen wieder aufzufüllen.

Bald konnte auch das Lager selber nicht mehr als Schutzzone gelten. Denn zuvor hatte die Flugplatzkommandantur geglaubt, den Sicherheitsbereich des Lagers für sich nutzen zu können. Sie ließen kleine Jagdmaschinen unmittelbar an den Lagerzaun schleppen und dort abstellen. Damit gefährdeten sie natürlich das Lager, weil nun die Luftangriffe an das Lager herangeführt wurden. In einem einzigen alliierten Luftangriff gingen die meisten Maschinen in Flammen auf. Das Lager blieb vorerst allerdings fast unbeschädigt. Kurz darauf wurden aber die unmittelbar südlich des Lagers im Wald liegenden Wehrmachtsgebäude getroffen. Auch das Lager selber bekam einige Brand- und Splitterbomben ab. Es gab 20 Tote in der Revierbaracke (Mittelbaracke mit Schreibstube und Krankenrevier).

Bis dahin hatten die Splitterschutzgräben am westlichen Rande des Appellplatzes einem Teil der Häftlinge und an Ende auch den Wachmannschaften einigermaßen Schutz geboten. Nun aber öffnete man bei Fliegeralarm kurzerhand das Lagertor und ließ die Häftlinge in die Gegend ausschwärmen, damit sie irgendwo Deckung suchen konnten. Dabei wurden freilich Maschinengewehre in Stellung gebracht, um die Häftlinge von Fluchtversuchen abzuschrecken. Zudem war man sich von der Lagerführung sicher, dass Fluchtversuche wenig erfolgreich sein konnten, einmal wegen der mangelnden Ortskenntnisse der Häftlinge und zum anderen wegen einer Bevölkerung im Umfeld, die entlaufene Häftlinge, deren man ansichtig wurde, zu melden pflegte. Am 7. April 1945 erfolgte ein Bombenangriff, bei dem 143 amerikanische Bomber beteiligt waren, und der u. a. die Start- und Landebahn sehr stark beschädigte.

Fluchtversuche

Bedenkt man, unter welch quälenden Bedingungen die Häftlinge täglich litten, drängt sich die Frage auf, ob nicht immer wieder Häftlinge trotz geringer Aussichten auf Erfolg ihr Heil in der Flucht gesucht haben. Gewisse Möglichkeiten an der Arbeitsstelle oder auf dem Weg dorthin hätte es für Ortskundige und entsprechend Ausgerüstete gegeben. Die relativ waldreiche Moor- und Heidelandschaft in der Umgebung hätte Verstecke geboten. Häftlinge diskutierten untereinander durchaus die Chancen und Möglichkeiten. Schließlich setzte sich die Einsicht durch, dass der Versuch nicht lohne. Die Chancen durchzukommen wurden als zu gering und die Risiken, das Unternehmen nicht zu überleben, als viel zu hoch eingeschätzt. Die meisten Versuche hatten bisher mit der „Erschießung auf der Flucht" oder bei späterer Ergreifung mit der Hinrichtung geendet. Hierzu war Anfang 1944 vom Oberkommando der Wehrmacht der „Kugelerlass" verfügt worden, der anordnete, dass jeder wieder ergriffene Kriegsgefangene dem SD zu übergeben sei, was in der Praxis regelmäßig zur Hinrichtung führte. Der „Kugelerlass" verstieß ohnehin schon gegen jedes internationale Recht bei Kriegsgefangenen. Was blühte erst eingefangenen KZ-Häftlingen?

Trotzdem hat es auch aus dem KZ-Außenkommando Kaltenkirchen Fluchtversuche gegeben, über die es nur sehr spärliche und bruchstückhafte Informationen gibt.

Zunächst ist zu bedenken, dass Ausländer wegen der Sprachschwierigkeiten und wegen der Unkenntnis der norddeutschen Landschaft zwischen Nord- und Ostsee es sehr schwer gehabt hätten, sich durchzuschlagen. In vielen Köpfen spukte die Vorstellung, dass im Norden ein Kanal, im Osten ein Meer, im Süden die Elbe und im Westen wieder ein Meer sie hindern würde, bis zu den alliierten Linien vorzudringen. Mit der Hilfsbereitschaft der Bevölkerung konnten sie nicht rechnen. Ausländer wurden sehr schnell den Behörden gemeldet. In der auffälligen blau-grau gestreiften Häftlingskleidung fielen sie außerdem sofort auf. Man hätte sehr schnell in den Besitz von ziviler Kleidung kommen müssen.

Die deutschen KZ-Häftlinge, die schon sehr lange die Konzentrationslager zumeist als politische Häftlinge von innen gesehen hatten, vertraten den Standpunkt, dass so kurz vor dem offensichtlichen Ende eine Flucht nur Risiken böte und keinen Sinn mehr machte.

Aber wie überall in den vielen Lagern in Deutschland so auch in Kaltenkirchen erfasste gegen jede Vernunft manche Russen im zeitigen Frühjahr die Sehnsucht nach Freiheit so sehr, dass sie sinnlose Fluchtversuche unternahmen, die tragisch endeten. Mehrfach wurde über gemeinsame Fluchtversuche von Häftlingen berichtet. Das „Hans-Schwarz-Archiv" in der Hamburger „Forschungsstelle" gibt Auskunft darüber. Am 2. Februar flohen die Häftlinge Kozlowski (Nr. 68 298) und Michel (Nr. 68 262). Nur das Schicksal des Russen Kozlowski ist bekannt. Er wurde gefasst und erschossen. Michels Verbleib ist unbekannt. Am 15. Februar 1945 versuchten zwei Russen von ihrem Arbeitskommando aus zu fliehen: Schewtschenko und Balabanow. Sie wurden wahrscheinlich auf der Flucht erschossen und auf der Gräberstätte Moorkaten begraben. Den gleichen vergeblichen Versuch mit demselben Ende unternahmen am 26. Februar die Russen Ragoscho und Nikiforow. Bei anderen Fluchtversuchen, einer am 15. März und einer am 17. März wurden die Russen Radschuk und Kuraksin (70 205) gefasst, während Radschuk nach Neuengamme überstellt und dort erschossen worden sein soll, wurde Kuraksin zwei Tage nach seiner Flucht in Kaltenkirchen hingerichtet. Sein Grab fand er in Moorkaten. Zuvor schon am 9. März endete die Flucht des Häftlings Mond (136) mit dem schrecklichen Ende. Er war gefasst und nach Neuengamme überstellt worden. Die Häftlingsnummer weist darauf hin, dass er schon ein Häftlingsveteran gewesen sein muss.

Von zwei geglückten Fluchtversuchen kann hier berichtet werden. Zum einen gelang die Flucht dem Ukrainer Witalij Semjonow. Er berichtete Jahrzehnte später darüber: Im Dezember 1944 bei Arbeiten auf dem Gelände des Militärflugplatzes habe ein älterer aus Kassel stammender Wachposten der Luftwaffe ihm befohlen, ein Feuer zu machen, um sich bei dem kalten Wetter daran wärmen zu können. Dazu sei ihm befohlen worden, im angrenzenden Wald Holz zu sammeln. Dabei wurde dem Häftling Semjonow klar, dass der Wachsoldat ihm zur Flucht verhelfen wollte. Und die gelang ihm. Die gestreifte Häftlingskleidung konnte er an irgendwelchen Wäscheleinen gegen zivile Kleidung eintauschen. Nahrungsmittel stahl er sich des Nachts aus Bauernhäusern. Einmal war er fast geschnappt worden, konnte sich aber bis nach Westfalen durchschlagen. Dort wurde er gefasst, konnte sich aber durch Angabe eines falschen Namens als entwichener Zwangsarbeiter ausgeben. So kam er nach einigen Zwischenstationen endlich wieder in Neuengamme an. Er schreibt: „Wenn ich zugegeben hätte, dass ich Witalij Semjonow bin, hätte man mich auf den Transport nach Kaltenkirchen geschickt. Dort hätte man mich hingerichtet." Man hätte ihn wohl schon in Neuengamme erschossen. Semjonow gehörte dann zu den wenigen Häftlingen, die die Katastrophe auf dem Schiff „Cap Arkona" in der Neustädter Bucht überlebten. Das war in den ersten Maitagen irrtümlich von englischen Flugzeugen angegriffen worden. Wir berichten unten darüber ausführlicher.

Ein Sonderfall stellte die geglückte Flucht von Richard Tackx und Kameraden zehn Tage vor der Evakuierung des Lagers und in den letzten Wochen vor dem Einmarsch der Engländer, der am 4. Mai 1945 erfolgte, dar. Der Fluchtversuch hatte von vornherein bessere Aussichten auf Erfolg, weil er nicht blind und planlos war. Obwohl anfangs nach Mitteilung von Richard Tackx etwa zwölf Häftlinge die Gelegenheit zur Flucht mit nutzten, sei sie nur ihm und zwei Kameraden gelungen. Ein Belgier, Georges Reijntjen, der sich ihnen zunächst angeschlossen habe, trennte sich dann aber von ihnen. Was aus ihm und den anderen geworden ist, sei unbekannt.

Die Gelegenheit zu dieser Flucht ergab sich während eines Fliegeralarms am 10. April. Dem Möbelhändler Richard Tackx, dem Bürgermeister Victor Chevreuil und dem Lehrer Lucien Robinet gelang die Flucht, weil sie die vorher geknüpften Kontakte zu Personen der Garten- und Waldstadt Springhirsch nutzen konnten. Sie wussten nämlich, dass diese Bewohner den Nazis innerlich ablehnend gegenüber standen. Richard Tackx hatte, wie schon oben dargestellt, vielfach mit Kameraden Tischlerarbeiten im Auftrag des Lagerführers Freyer in der Siedlung ausgeführt. Dabei hatte er vor allem Hertha Petersen, ihren Ehemann, Else Stapel, den Marinesoldat Kurt Lange aus Frankfurt und den Feldwebel Weißhaupt aus Düsseldorf kennen gelernt.

Feldwebel Weißhaupt und Hertha Petersen standen in dem lebensgefährlichen Ruf, als Kommunisten dem Naziregime feindlich gegenüber eingestellt zu sein. Weißhaupt hatte Tackx zur Vorbereitung der Flucht eine auf graues Leinen gezogene Generalstabskarte der Wehrmacht gegeben. (Tackx hat das kostbare Stück später aufgehoben und es mitgebracht anlässlich seines Besuches in Kaltenkirchen im Sommer 1977). Bei Hertha Petersen hatte er schon vorher gedrucktes Material aus dem kommunistischen Widerstand gesehen, so dass er sicher sein konnte, im Notfall von ihr Hilfe zu erlangen.

Die drei Franzosen versteckten sich in dem ausgedehnten Moorgebiet der Nützener Heide und zogen sich weiter in einen angrenzenden Wald zurück. Beim Abendappell wurde ihr Fehlen entdeckt und Alarm ausgelöst. Die Wachen wurden alarmiert und durchstreiften das Gelände. Unterstützt wurden die Suchtrupps von Einheiten der Hitlerjugend aus den umliegenden Dörfern. Sie durchkämmten das Gelände weiträumig, ohne den Dreien auf die Spur zu kommen. Die hatten sich in einem dichten

Das Moorgebiet der Nützener Heide westlich der B4 heute. Hier versteckten sich R. Tackx und seine beiden Kameraden ab dem 10. April 1945 (Foto Gill)

Waldstück eine Art Höhle gebaut, in der sie tagsüber still verharrten. Manchmal hörten sie die Rufe der Hitlerjungen dicht am Rande ihres Waldstücks und die Angst entdeckt zu werden muss furchtbar gewesen sein, denn der Tod war ihnen dann gewiss. Vom Wasser im Moor trinkend und von Knospen sich ernährend, hielten sie so fast eine Woche durch, bis sie der Hunger und die nächtliche Aprilkälte zwang, eines Nachts im Schutze der Dunkelheit aus ihrer Deckung zu kommen und an die Tür der Behelfswohnung des Ehepaares Petersen zu klopfen. Da zumindest Richard Tackx ihnen vertraut war, öffneten sie und ließen die halb verhungerten und durchgefrorenen Flüchtlinge in die Wohnung. Hier und auch bei Else Stapel in den nächsten Nächten wechselnd, fanden sie Unterschlupf, Nahrung und Wärme. Lebensmittel besorgten die beiden Frauen auf irgendeine, manchmal auch illegale Weise. Tagsüber verbargen die Flüchtlinge sich in ihrer Höhle im Wald, die auch mit Unterstützung von Kurt Lange angelegt worden war. Und nachts schliefen sie im Häuschen von Hertha Petersen. Else Stapel, Hertha Petersen und Kurt Lange unterstützen die Flüchtlinge so bis zum letzten Tag mit Nahrungsmitteln, Zivilkleidung und nächtlichem Unterschlupf. Kurt Lange war an dem Tag, als die Öffentlichkeit vom Tod Hitlers erfuhr, desertiert und hatte sich bei dem Bauern P. in Lentföhrden verstecken können. Als am 5. Mai von Kurt Lange die ersten englischen Militärfahrzeuge auf der Reichsstraße 4 wahrgenommen wurden, machte er sich auf den Weg ins Moor. Als er sich der Höhle näherte, sang er laut die ersten Takte der Marseillaise. Das war für die drei Franzosen das Zeichen, dass nun die Stunde der Freiheit gekommen war.

Frau Stapel verwahrt unter ihren Papieren ein Stück, das sie Gerhard Hoch mit besonderem Stolz und erinnernder Rührung zeigte: auf kariertem Papier eine handschriftliche „Attestation" von Richard Tackx: „... bestimmt für die Besatzungsarmeen. – Ich, der unterzeichnete Tackx, Richard, Konzentrationär des Lagers Springhirsch, Nr.36 456, erkläre, dass Frau Stapel uns allergrößte materielle Hilfe hat zukommen lassen, indem sie uns mit Lebensmitteln aus ihrem eigenen Bestand und mit Kleidung versorgt hat. Diese Person, bei der wir, d.h. ich selber und Chevreuil, gearbeitet haben, gab uns Brot und Fleisch. Sie hat uns versprochen, dass die uns nach Beendigung des Krieges helfen würde, indem sie uns ein Auto (Ford) zur Verfügung stellen würde, damit wir damit schneller nach Frankreich kommen könnten, um die Familien unserer unglücklichen Kameraden -84 Tote- zu benachrichtigen. Mitten in Hunger und Elend schulden wir ihr unsere Anerkennung … Wir danken ihr aufrichtig für ihre Geste und hoffen, dass sie von Seiten der Alliierten Hilfe erhalten wird. Springhirsch, den 20.05.1945. Richard Tackx."

Im Besitz der Familie von Richard Tackx – die Tochter Colette Rey schickte 2007 eine Kopie an den Verf. – befindet sich eine „Erklärung", unterschrieben von Else Stapel und beglaubigt von Bürgermeister Böhlk, abgefasst in Springhirsch am 9. Mai 1945, in der es heißt: „Ich unterzeichnete Frau **Else Stapel** zu Springhirsch Besitzerin des Personenwagens Ford Type Köln No 57660 übergibt diesen Wagen an Herrn Richard Tackx, früher Konzentrationslager Springhirsch Kr. Kaltenkirchen, in Holstein mit der Nummer 36456, damit dieser und andere Kameraden (Messrs. Chevrieux 37 315 und Robinet 39 549) schnell zu ihren Angehörigen in Frankreich kommen. Außerdem sollen sie dadurch Gelegenheit haben, die unglücklichen Angehörigen der in dem Lager verstorbenen 84 Kameraden zu benachrichtigen und nach dem Verbleib der Leichen Nachforschungen anzustellen."

In seinem „Rapport" an die französische Regierung führt Richard Tackx aus: „… freut es mich, auf das Verhalten der Eheleute Petersen hinweisen zu können, die im Wald von Springhirsch-Lentföhrden beim Kilometerstein 20/5 wohnten. Schon während ihrer Haftzeit haben sie zwei der Unterzeichneten, Tackx und Chevreuil, geholfen. Dann haben sie den drei Unterzeichneten zur Flucht verholfen, indem sie ihnen Zivilkleidung gaben. Nach geglückter Flucht ließen sie uns alle Lebensmittel zukommen, deren sie habhaft werden konnten. Sie selber entzogen sich Brot für mehrere Tage, indem sie es uns gaben. Die Aufzeichnungen über unsere Toten zu verstecken, übernahmen sie auch. Ein Feldwebel der Kriegsmarine, Kurt Lange aus Frankfurt am Main, verband sich mit den Eheleuten Petersen, um unser Überleben zu sichern. Mit der totalen Hilfe, die sie uns leisteten, riskierten sie selbst die Todesstrafe." – Gerhard Hoch konnte diese Angaben verifizieren, denn mehrere ehemalige Nachbarn der Petersens bestätigten ihm die Darstellung von R. Tackx.

Links: Robinet; Mitte: Chevreuil; rechts: Tackx (Archiv G. Hoch)

Hertha Petersen

Hertha Petersen, geb. Saul, wurde am 6.5. 1899 in Hamburg geboren. Zwei Ehen wurden geschieden (Krüger und Steiniger). Am 6.4.1938 schloss sie die Ehe mit Walter Petersen in Hamburg-Uhlenhorst. Die Petersens wohnten seit Sept. 1938 erst in Hamburg 76, dann zogen sie bald nach Hamburg-Altona und irgendwann 1944 zogen sie hinaus nach Springhirsch in das kleine gemietete Wochenendhäuschen, um dem regelmäßigen Bombenhagel in Hamburg zu entgehen – übrigens ohne sich in Hamburg abgemeldet zu haben. Nach dem Krieg, im Jahre 1949, wurde auch diese Ehe mit Petersen geschieden.

Frau Petersen war für eine Hamburger Firma als Bürsten- und Besenbinderin in Heimarbeit tätig. Sie fuhr per Bus nach Hamburg, um sich mit Material zu versorgen und brachte auf demselben Weg die Fertigware in die Stadt zurück. Sicher ist, dass sie manchmal auch Bürsten und Besen in der Umgebung schwarz verkaufte oder gegen Lebensmittel eintauschte. Besonders Kartoffeln und Knochen löste sie gerne ein, woraus sie für die Häftlinge Suppen kochte. Sie kannte jene Wachposten sehr genau, denen sie vertrauen konnte und die es zuließen, dass sie Häftlinge versorgte.

Ihr Ruf in der Siedlung war nicht der beste. Auch nach dem Krieg hat sich an diesem negativen Bild, das sich die meisten Nachbarinnen von ihr machten, wenig geändert. Gerhard Hoch zitiert diese wenig schmeichelhaften Beschreibungen ihrer Person, die ihm in den siebziger Jahren von früheren Nachbarinnen vorgetragen wurden und die eigentlich mehr über jene Frauen aussagten als über Frau Petersen: „Sie war ein ordinäres Weib, um das immer Klamauk war. Sie kam aus dem finstersten Barmbek. Sie war immer zerlumpt und ungepflegt, die Haare unordentlich. Sie rauchte auch stark. Von ihr ging etwas aus, das eine gewisse Furcht einflößte. Man fürchtete, ihr könnten okkulte Kräfte zur Verfügung stehen. Alles um sie war etwas unheimlich."

Im ausgehenden Mittelalter waren ähnlich geartete Frauen als Hexen denunziert und hingerichtet worden, Frauen, die außerhalb der üblichen Norm lebten. Frau Petersen ließ sich ohne Zweifeln in keine Norm pressen, war sehr schwierig im Umgang und stand als Kommunistin den Nationalsozialisten, die damals die Norm prägten, ablehnend gegenüber. Innerhalb jener angepassten Menschen in ihrer Nachbarschaft wirkte sie wie ein Fremdkörper, sie, die keinen Hehl daraus machte, dass sie Kommunistin sei. Auch noch später weit nach dem Zusammenbruch des Naziregimes galt sie, die noch einige Jahre in der Siedlung lebte, als eine unheimliche Frau. Erstaunlich ist nur, dass sie von ihren Nachbarinnen nie denunziert wurde. Das Menschliche ihres Handelns positiv zu werten, dazu waren jene „normalen" Bürger, die durch die Brille der Angepassten schauten, nicht fähig. Nur ganz wenige erkannten an: „Es hieß, sie sei überzeugte Kommunistin. Eine einfache Frau. Ihr ganzer Lebensinhalt schien darin zu bestehen, diesen Menschen zu helfen." Ob sie nun den Häftlingen half, weil sie Kommunistin war und den Nazis schaden wollte oder weil sie jene natürliche Mitmenschlichkeit aufbrachte, zu der die Angepassten wegen ihres verstellten Blickes nicht fähig waren, sei dahingestellt. Vielleicht war sie gerade deshalb in der Lage, die Not der gequälten Menschen zu sehen, weil sie für die Nazipropaganda unempfänglich gewesen war und deshalb ihren mitmenschlichen Blick hatte bewahren können.

Das Beispiel Hertha Petersen beweist nur, dass die Verachteten, also jene, die in der gesellschaftlichen Hierarchie ganz unten rangieren, im Härtefall zu mehr Menschlichkeit fähig sind als die, die in der Gesellschaft eine achtbare Stellung erreicht und Karriere gemacht haben.

Den unaufhaltbaren Zusammenbruch des „Dritten Reiches" schien Hertha Petersen wie den Sieg ihrer eigenen Sache zu erwarten und zu ersehen. Vielleicht fürchteten einige Nachbarn, sie könne im Bunde mit den Siegern als eine künftige Rächerin auftreten. Das tat sie nie. Jedenfalls hängte sie eine Fahne an ihr Fenster, als die Engländer einrückten, so wird berichtet. Ob es die weiße Fahne war, wie die vieler Opportunisten, oder die Rote ihres Bekenntnisses, das ist nicht überliefert.

Warum hat man sie, von der alle wussten, dass sie Kommunistin war und den KZ-Häftlingen half, nicht bei den Behörden denunziert? Vielleicht hat man die einfache Bürstenmacherin nicht ernst genommen und seine Verachtung durch Nichtbeachtung gezeigt.

Richard Tackx hatte dieser Frau seine heimlichen Aufzeichnungen über die Toten des Lagers übergeben, die er beerdigt hatte. Ein hoher Vertrauensbeweis! Und sie verbarg dieses wichtige Dokument, bis sie es dem Urheber nach dessen Rettung zurückgeben konnte. Freudig begrüßte sie die polnischen Offiziere in Alveslohe, die dort zur Erholung einquartiert worden waren. Eine Reihe von Häftlingsgräbern nördlich der Siedlung in Springhirsch pflegte sie jahrelang liebevoll, wobei ihr die Gemeinde Nützen einen Geldbetrag zur Verfügung stellte. Als im Lauf des Jahres 1951 die Gräber zu verwildern begannen, erfuhr man, dass Frau Petersen schwer erkrankt sei. Tackx berichtet, dass er sie einige Jahre nach dem Krieg besucht habe, wahrscheinlich während seiner Anwesenheit anlässlich der Exhumierungen in Moorkaten. Da lag sie bereits in Bad Bramstedt im Krankenhaus. Am 25. Oktober 1951 ist sie dort gestorben. Ihr Grab auf dem Friedhof in Bad Bramstedt existiert seit langem nicht mehr.

Am 5.Mai waren die Engländer auf der Reichsstraße 4 von Süden her gekommen. Kurt Lange hatte die drei im Wäldchen versteckten Flüchtlinge erlöst. Sie waren frei. Sie hatten überlebt. Ihnen war die Evakuierung der Lagerinsassen am 17. April in das furchtbare Auffanglager Wöbbelin erspart geblieben, das vielen noch das Leben kostete. Frau Petersen ist neben Frau Stapel und Kurt Lange als ihre Retterin zu achten und zu ehren.

Kurt Lange berichtet über die Befreiung der drei Franzosen in seinem Schreiben vom 3.9.1980: „In der Nähe der inzwischen gut ausgebauten Höhle sang ich laut: ´Allons, enfants, le jour de gloire est arrive´, so dass meine Freunde annahmen, es sei ein Franzose, der da sang. In den nächsten Minuten lagen wir uns in den Armen und ließen Freudentränen fließen. Als ich mit den drei Begleitern nach Alveslohe kam, bildeten die Massen (der Kriegsgefangenen und deportierten Ausländer) Spalier, und wir konnten ungehindert zu den beiden Offizieren gelangen, denen sofort von den drei Franzosen Bericht erstattet wurde." Diese nahmen nun Quartier bei ihren Landsleuten in dem Alvesloher Arbeitslager auf dem Grundstück Schwede.

Obwohl Frau Stapel ihnen ihr Auto für die schnelle Heimkehr nach Frankreich in Aussicht gestellt hatte, trennten sie sich nicht sofort von der Stätte ihres Leidens. Die Gräber ihrer vielen toten Kameraden wollten sie nicht so schnell verlassen. Beglei-

Französische Kriegsgefangene nach ihrer Befreiung in Alveslohe mit den Holzkreuzen (Archiv G. Hoch)

tet von Kurt Lange, begaben sie sich zunächst in den Schutz des Guts Kaden. Dort fanden sie Aufnahme durch die Gräfin Gabriele von Platen, eine geborene Luxemburgerin und Gegnerin des Nationalsozialismus. Es hieß, versprengte Einheiten der Waffen-SS machten noch die Gegend unsicher, gemäß dem Aufruf Himmlers zum Werwolf-Einsatz gegen die Besatzungstruppen und gegen deutsche „Verräter". Zum Schutz versorgte die Gräfin die drei mit Waffen. Aber die Lage beruhigte sich bald. So kehrten die drei geretteten Franzosen ins Dorf Alveslohe zurück. Der dortige englische Ortskommandant ließ sie zunächst nach Kaltenkirchen bringen, um sie hier beim Einsammeln zurückgelassener Waffen einzusetzen. Aber bald veranlasste Richard Tackx im Einvernehmen mit dem englischen Ortskommandanten die Anfertigung von 82 Holzkreuzen durch einen ortsansässigen Tischler. Sie wurden mit den französischen Nationalfarben –blau-weiß-rot – versehen und dann auf den Gräbern der toten Häftlinge in Moorkaten an der Stelle aufgestellt, wo Richard Tackx als Leiter des Beerdigungskommandos zuvor während seiner Haftzeit die verstorbenen Kameraden der Erde zugeführt hatte. Damit hatte er erst einmal dafür gesorgt, dass die Gräberstätte in Moorkaten für die Zukunft gekennzeichnet blieb.

Die Toten

Es wird nie eindeutig zu klären sein, wie viele Menschen im Außenkommando Kaltenkirchen gestorben sind. Die heimlich angefertigten Listen, mündliche und schriftliche Aussagen verschiedener Gewährsleute, wie S. Jaskiewicz, J. Wehres und R. Tack, lassen eine Zahl über 500 vermuten, obwohl nur 214 Namen von in Kaltenkirchen Verstorbenen auf verschiedenen Listen verzeichnet sind. Karl-Michael Schroeder vom Stadtarchiv Kaltenkirchen schickt in seiner 2003 erstellten Untersuchung „Die Toten des KZ-Außenlagers Kaltenkirchen" einleitend vorweg, dass diese 214 erfassten Toten nicht die zutreffende Todeszahl sein kann. Er bemerkt: „Da es offenbar verschiedene Begräbnisplätze gab, deren Lage bis heute nicht in allen Einzelheiten bekannt sind, darüber hinaus die heute vorliegenden Totenlisten entweder nicht den gesamten Zeitraum umfassten, in dem das Lager existierte, oder aber erst nach Ende des Krieges erstellt worden waren, kann bis heute die Frage nach der Anzahl der Toten nicht eindeutig geklärt werden." Erst heute im Jahre 2008 eröffnet sich eine Chance, auf dem Gelände des Bundeswehrübungsplatzes in der Kaltenkirchener Heide weitere Massengräber zu finden. Die Bundeswehr möchte Ende 2008 den Platz aufgeben und das Land verkaufen. Deshalb beauftragte sie eine Firma, das Gebiet nach möglichen Blindgängern oder anderen Altlasten zu untersuchen. Die Firma entdeckte nun bei der Auswertung alter und neuer Luftfotos vermutete Gräberstätten, die später näher in Augenschein genommen werden können, wenn die Genehmigung dafür erteilt ist.

ie Unsicherheit beginnt mit dem ersten Transport von Neuengamme nach Kaltenkirchen, auf dem es schon sehr viele Tote gegeben hat. Deren Namen und Begräbnisplätze sind nirgendwo erwähnt. Und dass es von Ende August bis Mitte November 1944 keine Toten gegeben haben soll, ist äußerst unwahrscheinlich. Verzeichnisse über Insassen und Tote des Lagers vor Mitte November liegen nicht vor. Es ist deshalb als sicher anzunehmen, dass die Toten der ersten Monate an unbekannten Plätzen verscharrt wurden, wie es auch von 1941 bis Ende 1943 mit einem Teil der sowjetischen Kriegsgefangenen im „Sterbelager Heidkaten", geschehen war.[63]

Erst im November wurde, was die Totenbestattung anging, eine gewisse Ordnung geschaffen. Den Anlass dafür kennen wir nicht. Um diese Zeit wurde der französische Häftling Richard Tackx mit einem kleinen Kommando betraut, Tote zu begraben. Ihm stand eine kleine Tischlerwerkstatt am östlichen Ende der Nordbaracke zur Verfügung, um für die verstorbenen Franzosen Särge anzufertigen. Meistens wurden zwei Leichen in einen Sarg gelegt. Später, als die Todeszahlen sprunghaft anstiegen, wurden keine Einzelsärge mehr angefertigt. Es gab

nur noch den so genannten „Sarg vom Dienst". Er wurde lediglich für den Transport gebraucht. Am Ort des Begräbnisses wurden die Leichen herausgenommen. Die verstorbenen Russen und Polen erhielten keinen solchen `Luxus`. Von ihnen hieß es nicht nur auf Seiten der Lagerführung: „Weg mit dem Dreck!". Selbst im Tod wurde die unterschiedliche Behandlung sichtbar, die von der allgemein verachtenden Betrachtung osteuropäischer Völker herrührte. Alle Toten mussten entkleidet und nackt begraben werden. Diese entwürdigende Bestattung wurde vom Beerdigungskommando unter Richard Tackx manchmal durchkreuzt. Z.B. Balcon, „le petit Bard" genannt (20 Jahre alt), wurde am 21.12.44 in Dachpappe gewickelt und so in die Erde gesenkt.[64]
Die entwürdigenden Bestattungen nackter Leichen in Massengräbern, allenthalben im Reich praktiziert, hatten sogar gegen eine ausdrückliche Anweisung des Reichsministers des Inneren in einem Schnellbrief vom 27.10.1941 stattgefunden. Dort hatte es geheißen: „Die Leiche ist mit starkem Papier ... oder sonst geeignetem Material vollständig einzuwickeln..."[65]
Die Toten, sofern sie im Lager verstorben oder mit ins Lager gebracht worden waren, wurden in dem zweiten Latrinenraum auf der östlichen Seite der Latrinenbaracke abgelegt, der extra zum Leichenraum umgewidmet wurde. Diese Leichenablage, später „Rattenkeller" genannt, obwohl der Raum eigentliche kein Keller war, bezeugt den abscheulichen und besonders verächtlichen Umgang mit den Häftlingen noch im Tode. Der ehemalige Häftling Stroweis 1991 in Paris: „Es gab da zwei Toiletten... Und da wurde eine Toilette geschlossen ... So, also sie (die Leichen) wurden ausgezogen und in die Toiletten gelegt....Aber in der Zwischenzeit kamen die Ratten, die Ratten kamen, um sie zu fressen... Und zuerst fraßen sie die Augen, die Lippen und die Geschlechtsteile." Die Rattenplage war so groß, dass es Jaskiewicz gestattet wurde, eine Katze zu halten.
Der Abtransport der Leichen erfolgte normalerweise mit einem Pferdekarren, der von einem französischen Kriegsgefangenen aus einem Zwangsar-

Bei der Exhumierung 1951 freigelegter Sarg, Foto aus dem Rapport...

beiterlager in Heidkaten gefahren wurde. Auch ein Handkarren war zeitweise im Einsatz. Waren zu viele Leichen angefallen, benutzte man zum Abtransport eine Feldbahn, die in einer Waldschneise parallel zur Ringbahn nach Süden verlief. Jaskiewicz fiel auf, dass das Beerdigungskommando manchmal nur eine halbe Stunde unterwegs war, während es an anderen Tagen einen halben Tag fort blieb. Dann sprach man von der „langen Tour". Diese führte zweifellos nach Moorkaten. Aber wohin führte die „kurze Tour"? Jaskiewicz weiß darüber zu berichten, dass nach seiner Erinnerung „bis Hundert irgendwo im Wald" verscharrt sein müssen. Denn der „aus Kaltenkirchen geholte Pferde-Leichenwagen" habe Leichen irgendwohin, nur nicht nach Moorkaten, Springhirsch oder zum Kaltenkirchener Friedhof gebracht, sondern sie

„irgendwo im Wald liegenlassen". Dies habe der Fuhrmann selber gesagt[66]. Jaskiewicz resümiert am Schluss seines Briefes: „Darum sieht man den Grund, warum auch im geretteten Büchlein kein Komplett der Kommando-Teilnehmer und Opfer drinnen ist."
Außerdem spricht Jaskiewicz oft von 150 bis 200 Toten „dicht am Zaun – vor dem Zaun des Block 2…", ein Massengrab ganz in der Nähe des Lagers, das bis heute nicht gefunden wurde. General Mahieu bestätigt ein solches Grab direkt am Lagerzaun, wo er selber einmal für ganz kurze Zeit mithelfen musste, Leichen zu begraben. Mahieu beschreibt den Ort in einem Gespräch mit Gerhard Hoch am 5.5.85 so: „…am Rande des Waldweges zwischen Ringstraße und Reichsstraße 4, an der keine Baracken standen." Richard Tackx bestätigt ein solches Massengrab in der Nähe nicht. Aber er war nicht die gesamte Zeit Führer des Beerdigungskommandos und so kann diese nahe Beerdigungsstelle, die wohl nur kurze Zeit bedient wurde, von ihm übersehen worden sein. Viele Vorgänge im Lager, zweifellos geschehen, konnten nicht alle Häftlinge mitbekommen. Jaskiewicz bestätigt das Massengrab in der Nähe des Lagers schriftlich und mündlich mit Nachdruck. Da er als Stubenältester das Lager zur Arbeit nicht verlassen musste, habe er selber die Beerdigungen an dieser Stelle beobachtet. Der Grund sei gewesen, dass zeitweilig so viele Tote anfielen, dass der Lagerführer Waldmann keine Möglichkeit sah, sie alle nach Moorkaten zu überführen.
In dem Manuskript des Hamburger Journalisten Franz Ahrens aus dem Jahre 1966 betitelt „Kaltenkirchener Wintertag" spricht Jaskiewicz davon, dass nach seinem Eindruck 500 Polen, 200 Russen und 150 Franzosen im Kaltenkirchener Lager ums Leben gekommen sein müssten. Die Belegschaft sei 1½-mal ausgestorben, das versicherte er auch später schriftlich und mündlich. Das ist ein Mehrfaches der Einzelgräber auf dem Friedhof in Moorkaten und auch ein Mehrfaches der Toten, die auf verschiedenen Listen verzeichnet sind. Sicher dürften die genannten Zahlen Schätzwerte sein, die nach oben aufgerundet wurden. Aber als Lagerschreiber und Funktionshäftling besaß Jaskiewicz schon einen ganz guten Überblick. Wenngleich die geschätzte Zahl von 500 polnischen Toten zu hoch gegriffen erscheint, ist sein Schätzwert über 150 toten Franzosen ziemlich realistisch.

Am 24. September 1945 machte der ehemalige Wehrmachtspilot Franz Vieten vor der britischen Militärverwaltung eine interessante Aussage. Sie wurde in englischer Sprache protokolliert. Er war als Pilot beim Jagdgeschwader 7 auf dem Kaltenkirchener Militärflugplatz seit dem November 1944 stationiert gewesen und hat die KZ-Häftlinge fast täglich sehen können. Er spricht von etwa 200 Männern aus vielen Nationen, meistens Franzosen, in gestreifter Häftlingskleidung, die auf dem Flugplatz arbeiteten. Er beschreibt ihren Zustand als von Hunger und Krankheit gezeichnet und dass sie kaum in der Lage gewesen seien, sich fortzubewegen. Alte und junge Männer seien unmöglich voneinander zu unterscheiden gewesen. Einmal habe er abends beobachtet, wie zwei tote Männer von vier ihrer Kameraden weggetragen wurden, die selber sehr schwach waren. Am nächsten Tag habe er an der Poststelle einen der Wachsoldaten des Lagers getroffen, der ihm Totenscheine, unterschrieben vom Lagerkommandanten, gezeigt habe. Auf seine Frage, was mit den Scheinen geschehen werde, habe er die Antwort erhalten, dass sie einem Arzt zur Unterschrift vorgelegt werden, bevor die Männer begraben würden. `Wie kann es sein, dass der Arzt Totenscheine unterschreibt, ohne die Verstorbenen zu sehen`? Auf diese Frage habe der Wachsoldat geantwortet: „…such formality was never done". Solche Formalitäten ersparte man sich. Franz Vieten nannte bei seiner Aussage einen Namen. Der einzige Arzt in Kaltenkirchen (gemeint war wohl ein Militärarzt des Jagdgeschwaders 7 in Kaltenkirchen, über den es in der Einwohnermeldekartei Kaltenkirchens keinen Hinweis gibt) sei Dr. Brechter gewesen. Franz Vieten sagte weiter aus, dass er viele Häftlinge während ihrer Arbeit habe sterben sehen. Er schätze, dass 150 Männer zwischen Nov. ´44 und Febr. ´45 hier während der Arbeit gestorben seien. Wo sie begraben sind, wisse er nicht. Er nannte einen weiteren Namen. Ein Wachsoldat namens Carl Albrechter habe besonders rücksichtslos auf die Häftlinge eingeschlagen und eingetreten, um sie zu härterer Arbeit anzutreiben. Die spätere Suche nach Dr. Brechter und dem Wachsoldaten Carl Albrechter sind im Sande verlaufen.

Die von Vieten geschätzte Zahl von 150 allein während der Arbeit auf dem Flugplatz verstorbenen Häftlingen ist interessant und spricht für eine wesentlich höhere Gesamtzahl von Toten des Lagers.[67]

Wie schon angedeutet, bestreitet R. Tackx die Existenz von Massengräbern in der Nähe des Lagerzauns. Es habe lediglich mehrere Einzelgräber dort gegeben, die sehr bald auf den kleinen Friedhof in Springhirsch nördlich der Siedlung umgebettet worden seien. Er kann aber Jaskiewiczs Beobachtung nicht entkräften. Denn es gibt auch deutsche Gewährsleute, die Massengräber „direkt nördlich am KZ, neben dem Zaun" bezeugen (19.11.1976), wobei die Angabe der Himmelsrichtung „nördlich" nicht unbedingt stimmen muss. R. Tacks relativiert seine eigene Liste. In einem Brief vom 23.01.1950 bemerkte er, dass er 250 Tote begraben habe. Seine Liste führte aber „nur" 165 auf.[68] Am Ende seines bearbeiteten Verzeichnisses führte er an: „Es sind noch weitere Franzosen gestorben. Aber es war nicht möglich, deren Matrikelnummern und Gräber zu bestimmen."[69] Im Rapport (S.38) folgert er selber logisch: „Die solchermaßen nicht erfassten Toten können also vor den ersten Grablegungen in Moorkaten gestorben sein oder – und das ist äußerst wichtig – zwischen dem 20.3. und dem 10.4.45. (richtigerweise 17.4.45, d. Verf.) Über diese Periode von 21 Tagen (28, d. Verf.) haben wir keine Angaben über etwaige Todesfälle. Das Lager wurde am 10.4. (17.4., d. Verf.) evakuiert. Der letzte Todesfall aber wurde am 20.3. registriert. Es erscheint ganz unmöglich, dass während dieser Wochen niemand gestorben sein soll." Zwei Seiten vorher hatte Tackx die Frage aufgeworfen, wo all die Toten begraben sein könnten, die vor Mitte November 1944 gestorben und auf keiner Liste aufgeführt worden sind.

Vom 10.02. bis 25.2. 1945 wurden, wie schon berichtet, 21 Häftlinge auf dem kleinen Begräbnisplatz, ca. 800 m nördlich des Lagers auf der westlichen Seite der Reichsstraße 4 begraben, der kleinen Begräbnisstätte, die Hertha Petersen so liebevoll nach dem Krieg gepflegt hatte. Tackx selber hat mit seinem Kommando um den 25.02. herum acht Tote auf einem Handwagen dorthin transportiert. Nach der Befreiung wurden auch hier 10 Kreuze mit den französischen Farben aufgestellt.

Die einzige Quelle, die Aufschluss geben kann über Todesursachen, ist das Lagerschreiberbuch

Kleine Gräberstätte in Springhirsch – später aufgelöst – Foto Forschungsstelle Das Foto wurde 1951 aufgenommen

von Jaskiewicz. Ab Ende Februar 1945 fügte er jeweils die angebliche Todesursache hinzu. Das ergibt zunächst ein harmloses Bild: „Allg." für allgemeine Schwäche, „Lung." für Lungenkrankheit, „Herz" für Herzversagen, „Darm" für Ruhr, und je einmal „Sepsis", „Sch" wahrscheinlich für Schuss und „Bomb" für Bombenverletzung. Jaskiewicz bezeugt, dass diese Angaben mit Absicht fingiert waren, also von den eigentlichen Todesursachen ablenken und sie verharmlosen sollten. Dahinter verbergen sich auch die „auf der Flucht Erschossenen" und Exekutierten. Lagerältester Wehres und Jaskiewicz versichern, dass Häftlinge auch des Außenkommandos Kaltenkirchen ermordet wurden: erschossen oder totgeschlagen. Dies geschah aber selten im Lager selber, sondern meist an den Baustellen oder auf dem Marsch. Es kam vor, dass ein Wachposten einem Häftling die Mütze vom Kopf riss und sie ins Gelände warf. Wenn der Häftling wie erwartet hinterher lief, traf ihn die Kugel, „auf der Flucht erschossen". Stroweis berichtete im Interview 1991, dass ihm eine Holzpantine zur Seite geflogen war, die zu holen, er sich nicht traute. Denn beim Marsch aus der Reihe zu treten, das war ein tödliches Unterfangen. Wie berichtet wird, fand man auch immer wieder erhängte Häftlinge auf, bei denen freilich nicht auszuschließen ist, dass einige aus Verzweiflung über ihre hoffnungslose Lage Selbstmord begangen haben.

Obwohl ermordete oder „hingerichtete" Häftlinge eigentlich nicht auf dem offiziellen Begräbnisplatz in Moorkaten bestattet werden sollten, scheint aber dieser Grundsatz kaum Anwendung gefunden zu haben. Denn einige ärztliche Befunde während der Exhumierungen 1951 lassen auf gewaltsame Tötungen schließen.

Drei Plätze also sind bekannt, an denen Tote des Außenkommandos begraben wurden:
a. Gräberstätte Moorkaten
b. Kleiner Begräbnisplatz Springhirsch
c. Gemeindefriedhof Kaltenkirchen

Der erste bezeugte Tote des Lagers ist der Holländer Petrus Swaan, geb. 1908, gest. am 9. November 1944 (Mitteilung des Niederländischen Roten Kreuzes an Gerhard Hoch). Der Name erscheint in keiner der Listen. Auch sein Begräbnisplatz ist unbekannt. Wenn man bedenkt, dass das Lager Mitte August eingerichtet wurde – und der Zeitpunkt kann als ziemlich sicher angenommen werde – und die ersten Nachrichten von Verstorbenen erst im November auftauchen, dann ist zu fragen: Wie viele Häftlinge sind im September und Oktober bis zum 9. November im Lager und auf den Transporten verstorben? Wo sind sie begraben oder gar registriert worden? Nach allem, was wir wissen, kann es nicht sein, dass erst im November plötzlich das große Häftlingssterben eingesetzt hat.

Während des Monats November fanden einige Beerdigungen auf dem Gemeindefriedhof an der Kieler Straße in Kaltenkirchen statt. Das Friedhofsregister verzeichnet im Einzelnen:

11.11.1944 Louis Laplace, Franzose aus Lyon, K-Häftling Kaltenkirchen Heidkaten, am 14.3.1950 exhumiert und nach Frankreich überführt;
13.11.1944 Friedrich Tischer, geb. am 27.5.1920 in Salzburg, K-Häftling Nr. 47 302 Strafkommando Fliegerhorst Kaltenkirchen-Heidkaten;
15.11.1944 Adam Kowsch (falsche Transkription, eigentlich „Kowsechl", wohl der einzige Jude des Lagers, der Verf.), Russe, geb. am 14.9.1912, KZ-Häftling Heidkaten;
21.11.1944 Aleksander Jezierski, Pole, geb. am 12.12.1892, K-Häftling Heidkaten;
14.12.1944 Paul Seifert, K-Häftling Strafkommando Fliegerhorst (nach Auskunft der VAN Hamburg wegen Wehrkraftzersetzung am 14.8.1944 ins Zuchthaus Brandenburg eingeliefert);
8.1.1945 Karl Oertel;
20.1.1945 Paul Möller;
12.2.1945 Fritz Rehbein, geb. am 17.3.1913.

Nicht alle diese Namen finden sich in den überkommenen Totenlisten. Es besteht aber kein Zweifel daran, dass sie alle aus dem Außenkommando in Springhirsch stammen. Auffällig ist, dass im November die Begräbnisse von Ausländern plötzlich abreißen und danach nur noch deutsche KZ-Häftlinge auf dem Kaltenkirchener Gemeindefriedhof ankommen. Geht man davon aus, dass die meisten Häftlinge des Lagers Ausländer und nur wenige Häftlinge Deutsche waren, und dass die vielen Toten des Außenkommandos ausländischer Herkunft ab Ende November ohne kirchliche Beteiligung in irgendwelchen Massengräbern anonym verschwanden, während die im Lager verstorbenen Deutschen in die Obhut der Kirchengemeinde gelangten, dann muss diese Regelung von Seiten der Lagerleitung mit der Kirche zumindest abgestimmt worden sein. Auch die Häftlingsgräber auf dem Gemeindefriedhof und die Bezeichnungen im Friedhofsregister „K-Häftling", „KZ-Häftling", „Strafkommando Fliegerhorst" oder einfach „Heidkaten" beweisen, dass das KZ-Außenkommando der Kirche nicht unbekannt gewesen ist.

Der erste in Moorkaten von R. Tackx begrabene Tote war der Franzose Edmond Henry (25.11.1944). Tackx führte, wie schon berichtet, heimlich Buch über die Bestattung durch sein Kommando. Die so entstandene Liste konnte er mit Hilfe von Hertha Petersen retten. Bis zum Grab Nummer 99 konnte Tackx aus eigener Anschauung seine Notizen machen. Am 13. Februar entdeckte Kommandant Waldmann, dass er versuchte, den toten Kameraden heimlich kleine Kennzeichen mit ins Grab zu geben, um eine spätere Identifizierung zu ermöglichen. Waldmann drohte ihm Erhängung an, beließ es aber lediglich dabei, ihn vom Beerdigungskommando auszuschließen. Seine geheime Liste versuchte er weiterzuführen, war aber nun auf Angaben der Kameraden angewiesen. Insgesamt erfasste seine Liste 81 Franzosen, unter ihnen wenige Belgier. Die Liste wurde während der ersten Nachkriegsjahre aus verschiedenen Unterlagen ergänzt und umfasste in ihrer letzten Fassung zwischen 170 und 190 Gräber, jene in Springhirsch einbegriffen. Natürlich konnten auf diese Weise nicht alle Verstorbene erfasst werden und sie sind, besonders Polen und Russen, anonym verschwunden.

Das Lagerschreiberbuch von Jaskiewicz verzeichnet 568 Personen. Eine Abschrift besitzt die Forschungsstelle für Geschichte des Nationalsozialismus in Hamburg. Das Original ist inzwischen verschollen. Die Namen der Lagerinsassen sind nach den Neuengammer Häftlingsnummern geordnet. Rechts herausgerückt finden sich Bemerkungen wie „gest.13.2.45" oder „überstellt nach Neuengamme 17.3.45". Am Ende findet sich eine Zusammenfassung der Toten nach laufenden Nummern, entsprechend der Folge der Todesfälle, aber nur grob geordnet und hinten beginnend. Die Totenliste beginnt erst mit der laufenden Nummer 43 zum 13.1.45 (Banasiak) und endet mit der Nummer 186 zum 13.4.1945 (Zdanowski). Sie verzeichnet mithin 144 Tote, wobei zwei Personen mitgezählt wurden mit dem Zusatz „geflüchtet".

Diese ab Mitte Januar 1945 auf verbotene Weise entstandene Abschrift von den Bestandslisten des KZ-Außenlagers Kaltenkirchen wurde offenbar nach dem Krieg mit einigen Abweichungen die Grundlage für eine weitere Liste, die durch die Sektion CCMM bei den Exhumierungen verwendet wurde. Sie hieß „Ex-inmates of Kaltenkirchen" (= ehemalige Lagerinsassen von Kaltenkirchen). Eine weitere Liste, die Gerhard Hoch im Zuge seiner Recherchen aus Belgien erhielt und mit „Capt. Lechat" gekennzeichnet war, so weist Gerhard Hoch akribisch nach, geht ebenfalls auf die Liste von S. Jaskiewicz zurück.

In „Etude" und „Rapport" findet sich als Annex die mit „Ex-inmates of Kaltenkirchen" betitelte Liste, die zur Grundlage bei den Exhumierungen wurde. Sie verzeichnet ebenfalls wie bei Jaskiewicz 568 Namen. Auch die Todesfälle sind vermerkt, allerdings nicht in einer zusammenfassenden Liste. Es sind auch nur 126 aufgeführt, gegenüber 144 bei Jaskiewicz. Die ersten neun Namen fehlen ganz, ebenso fehlt der auffällige Name „Mond" mit der niedrigen Häftlingsnummer 135. Die englische Liste folgt ganz der Vorlage von Jaskiewicz, selbst bei falscher Schreibweise von Namen. Einige Änderungen der Schreibweise gehen offensichtlich auf Abschreibfehler von einer handschriftlichen und schwer lesbaren Vorlage zurück. Eine gewisse inhaltliche Änderung bedeutet es auch, wenn aus „geflüchtet"

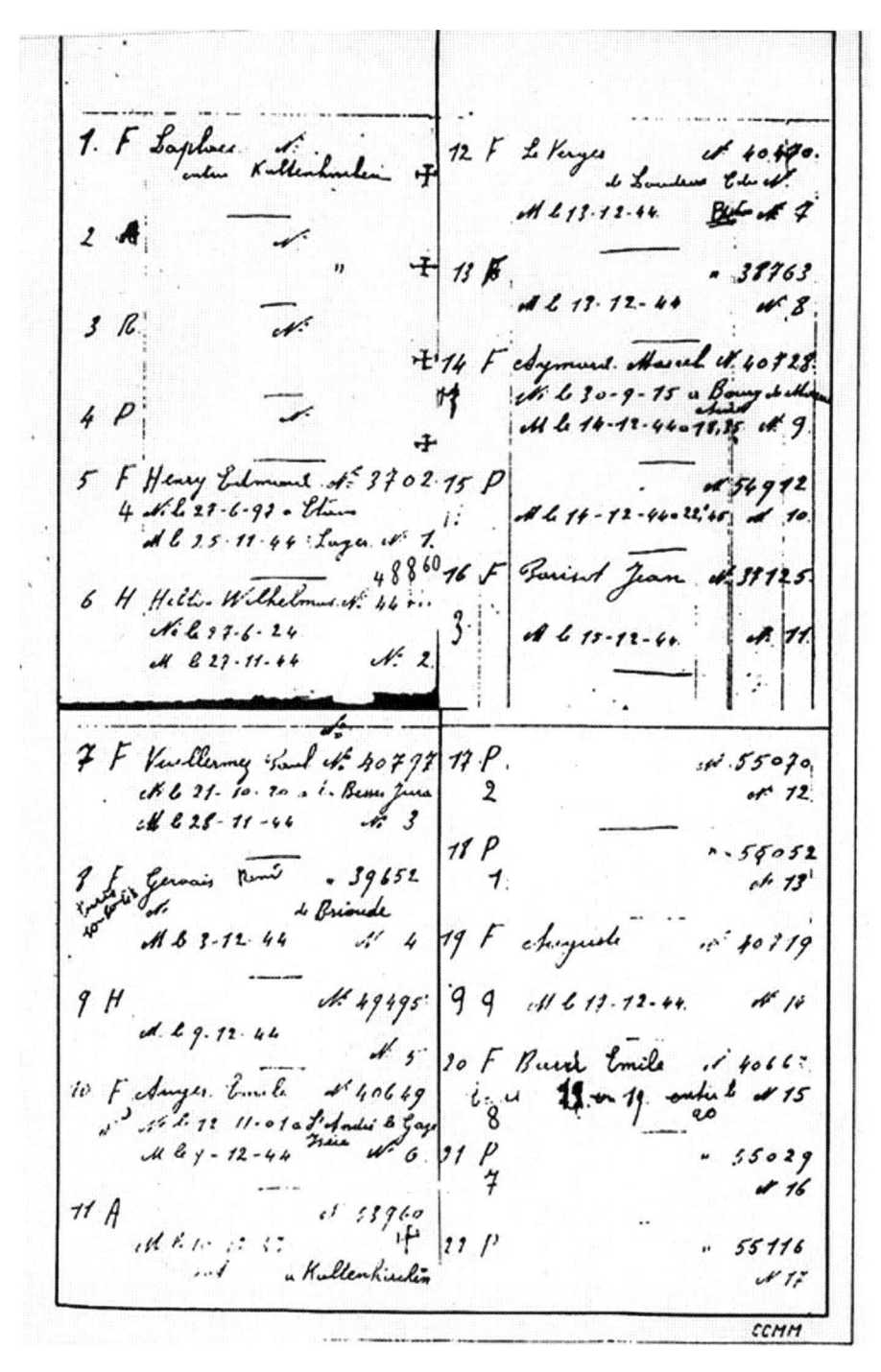

Die ersten vier Seiten der geheimen Aufzeichnungen des Richard Tackx
Spalte 1: laufende Nummer der Bestattung – Spalte 2: Nationalität abgekürzt, nur ein Großbuchstabe
Spalte 3: sofern Franzose, dann Name mit Daten – Spalte 4: Neuengammer Häftlingsnummer

ein „tried to escape" wird. Es bestehen keine Zweifel, dass die englische Liste „Ex-inmates of Kaltenkirchen auf die Liste von Jaskiewicz als originäres Verzeichnis zurückzuführen ist.

Die von der belgischen Regierung in Brüssel an Gerhard Hoch gesandte Liste mit dem gestempelten Namen „Cap. Lechat", handschriftlich datiert mit 3.2.48, ist mit „Ex-inmates of Kaltenkirchen" identisch. Gleichzeitig erhielt Gerhard Hoch aus Brüssel eine Kopie einer „Liste über 126 Personen verschiedener Nationalität, verstorben im Konzentrationslager Kaltenkirchen". Sie stellt einen Auszug dar aus einer Liste von 568 Personen. Auch sie trägt den Namen des Capitaine Lechat und den Vermerk „Service D le 29.9.47".

Gerhard Hoch stellt bei näherer Untersuchung der Einzelheiten fest: „Aus Identität und Abweichung ist zu schließen, dass diese Liste sich auf die Liste Jaskiewicz wie auch auf die englische Liste stützt, aber von dritter Hand, sicher einer französischen, hergestellt worden ist, wahrscheinlich von dem erwähnten Capt. Lechat."

Schließlich muss das Totenbuch von Neuengamme genannt werden.[70] Dieser umfangreiche und großformatige Band erhebt den Anspruch, alle Häftlinge aufzuführen, die in Neuengamme, seinen Außenkommandos und während der Evakuierungen zu Tode gekommen sind. Aber das Verzeichnis ist höchst unvollständig und nicht alle Eintragungen halten einer kritischen Prüfung stand.

Eine Synopse aus allen heute vorliegenden Verzeichnissen umfasst die Namen von 214 in Kaltenkirchen zu Tode gekommenen Häftlingen, wobei nicht ganz auszuschließen ist, dass es wegen Schreibfehler von Namen und Daten noch immer zu der einen oder anderen Doppelnennung kommt. Karl-Michael Schroeder vom Stadtarchiv Kaltenkirchen spricht noch von fünf möglichen Doppelnennungen, die belassen wurden, weil weitere Daten von einander abweichen. Das Stadtarchiv Kaltenkirchen hat also unter Berücksichtigung aller Listen eine eigene Datenbank aufgebaut, die jetzt 214 Tote des Außenkommandos Kaltenkirchen verzeichnet. Schroeder fasst in seinem Bericht von Februar 2003 zusammen: „Nach dem heutigen Erkenntnisstand können für das KZ-Außenlager Kaltenkirchen gesichert angenommen werden, dass dort etwa 200 Menschen verschiedenster Nationen zu Tode kamen."

Wie schon erwähnt, kann davon ausgegangen werden, dass die tatsächliche Anzahl der Toten deutlich höher liegen muss, einmal, weil die vorhandenen Listen nicht den gesamten Zeitraum der Existenz des Lagers erfassen, zum anderen, weil es weitere, heute nicht bekannte Begräbnisplätze gegeben haben muss, und zum dritten, weil die subjektiven Einschätzungen von verschiedenen Häftlingen, die überlebt haben, wesentlich höhere Zahlen erwarten lassen. Die schriftlich überlieferten Listen und Verzeichnisse, deren Lückenlosigkeit über den gesamten Lagerzeitraum nachweislich nicht vorliegt, darf nicht alleinige Grundlage für die Beurteilung des Sterbens im Lager sein. Der polnische Lagerschreiber Jaskiewicz (Die Belegschaft des Lagers ist 1 ½ mal ausgestorben), der Lagerälteste Johannes Wehres (Den Ersatz von 200 frischen Häftlingen aus Neuengamme wirtschaftete Waldmann „in 1 bis 1 ½ Monaten genau wieder herunter), der französische Häftling Mahieu (Nach zwei Monaten sind von den 500 bis 600 Häftlingen 200 bereits tot und 200 weitere zu „Muselmännern" geworden) und Richard Tackx (Als Anführer des Beerdigungskommandos gibt er an, etwa 250 Tote begraben zu haben, obwohl er nur eine begrenzte Zeit Totengräber war) gehen von weit höheren Totenzahlen aus. Ihr subjektiver Eindruck mag als überlebende Betroffene gefärbt, ihre Erinnerung mag durch das eigene erlittene Schicksal getrübt und ihr Zorn über das erduldete Unrecht mag die Dimension der tatsächlichen Opferzahlen ausgeweitet haben, ihre Aussagen müssen dennoch in das Gesamtbild einfließen.

So sind vermutlich während des gesamten Unternehmens „KZ-Außenkommando Kaltenkirchen" auf den Transporten, im Lager selbst, auf den Märschen zur und von den Arbeitsstellen und auf den Arbeitstellen selber schätzungsweise, wenn eine unsichere Zahl genannt werden soll, mindestens

500 Menschen durch Krankheit, Folter, Mord, Erschöpfung, Hunger und Demütigung um ihr oft junges Leben gebracht worden. Wir erinnern daran, das Durchschnittsalter der in Kaltenkirchen verstorbenen Häftlinge betrug 28,15 Jahre.

Evakuierung des Lagers

Im Frühjahr 1945 war es auch für die Häftlinge kein Geheimnis mehr, dass der Krieg bald beendet und damit das Großdeutsche Reich vernichtet sein würde. Die Hoffnungen der Häftlinge auf Befreiung und Überleben wuchs. Dass ihnen aber noch Schlimmeres bevorstehen könnte, ahnte keiner. Am 7. April 1945 wurde der Flugplatz durch 143 amerikanische Bomber angegriffen und weitgehend zerstört. Das deutsche Jagdgeschwader des Militärflugplatzes zog ab. Es war nur noch eine Frage der Zeit, wann die alliierte Frontlinie Hamburg erreichen würde.

Die SS-Leitung sah keinen Grund mehr, das Lager hier aufrechtzuerhalten. Aber was sollte mit den 576 Häftlingen geschehen? In die Hände der Engländer wollte man die Elendsgestalten nicht fallen lassen. Also beschloss man eine Evakuierung in ein östlicher gelegenes, rasch aus dem Boden gestampftes Auffanglager für alle Neuengammer Häftlinge, nach Wöbbelin, bei Ludwigslust in Mecklenburg. So gerieten die Häftlinge mit in den plan- und sinnlosen Strudel des Untergangs. Was ihnen jetzt noch bevorstand, übertraf alles bisher Erlebte. Vor diesem Hintergrund erscheint die mit Hilfe von Hertha Petersen und anderen Helfern gelungene Flucht von Richard Tackx und seinen beiden Kameraden kurz vor der Evakuierung des Lagers als eine wunderbare Lebensrettung.

Am 16. April wurde das Lager an der Reichsstraße 4 geräumt. Der russische Lagerarzt hatte sich bemüht, wenigstens für den Transport der Kranken Lastwagen zu erhalten. Obwohl solche gestellt wurden, dienten sie hauptsächlich der Beförderung der Lagerverwaltung. Zudem hatte die SS-Lagerführung „für den Evakuierungstransport nur eine kleine Marschration an Lebensmitteln vorgesehen. Durch das Eingreifen von Jaskiewicz war es aber möglich, die ganzen Lebensmittelvorräte des Lagers mitzuführen, und somit war die Lebensmittelversorgung der Häftlinge für diesen Evakuierungsmarsch sichergestellt."[71]

Das hier abgedruckte Dokument einer verspäteten Rechnung der AKN enthält eine Fülle von Informationen. Aus ihm entnehmen wir das Datum der Evakuierung, den 16.04.1945, die Anzahl der Häftlinge des aufgelösten Lagers, nämlich 576 Häftlinge, zwei Offiziere, wahrscheinlich SS-Leute ohne den Lagerführer Waldmann und 84 Wachsoldaten unter Mitnahme von vier Wagenladungen Gepäck. Und was besonders wichtig erscheint, sind

Aufnahme vom 8.4.45 nach dem Luftangriff, der das Flugfeld weitgehend zerstörte, Foto: Keele University Aufklärungsfoto der USAAF

die Angaben des Verladebahnhofs – „von unserem Bahnhof Kaltenkirchen" - und des Zielbahnhofs – „Lager Wöbbelin Bahnhof Ludwigslust" - .
Peter Schiller behauptet, dass „die Gefangenen an der bekannten Rampe an der heutigen Barmstedter Straße außerhalb der damaligen Bebauung verladen worden" seien, „zu der von dem Bahnhof eine Lokomotive mit Güterwagen dorthin rangiert wurde."[72]
Warum sollte die Verladung der Häftlinge ausgerechnet an einer Rampe vorgenommen worden sein, die sich kaum 800m westlich vom Bahnhof Kaltenkirchen befand und heute noch dort zu finden ist, eine Rampe, die als Verladerampe für Materialien und Güter ausgelegt, viel zu klein und zu hoch war, um 576 Häftlinge aufzunehmen und zu verladen? Die Maße dieser Rampe lassen das Entladen oder Beladen von nur einem einzigen Waggon zu. Wie uns ein Fachmann 2007 unterrichtete[73], ist der Abstand zwischen Rampe und Waggon so breit, dass damals eine bewegliche „Rollrampe" zur Überbrückung des Abstandes verwendet wurde, betätigt von Hand durch Bahnbedienstete. Die gesamte Prozedur für viele – mindestens zehn – Waggons hätte den öffentlichen Verkehr auf der eingleisigen Strecke nach Neumünster ziemlich lange blockiert. Warum solcher Umstand, wenn doch der Bahnhof Kaltenkirchen die Möglichkeit bot, alle Waggons

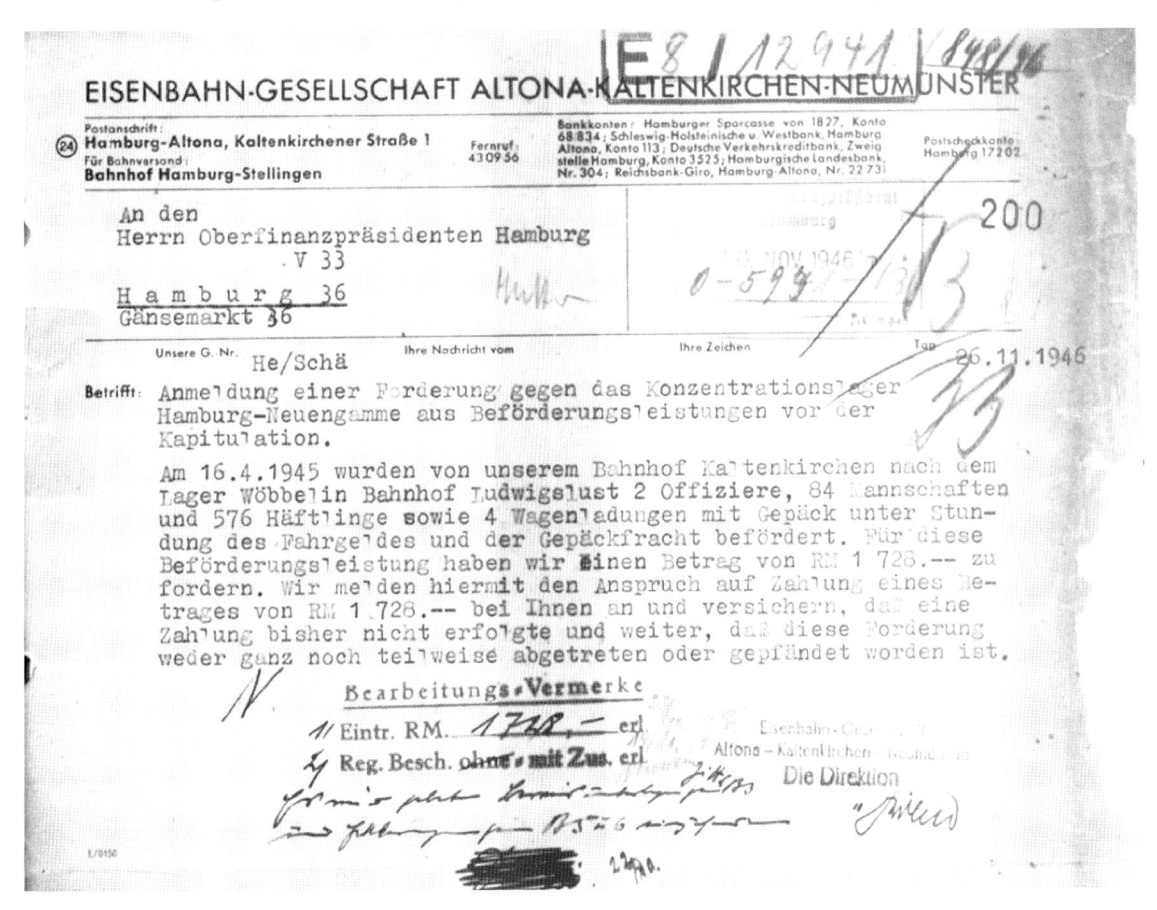

Rechnung der Eisenbahn-Gesellschaft AKN vom 26.11.1946 an die Oberfinanzdirektion Hamburg zur nachträglichen Zahlung des Fahrpreises für den Evakuierungstransport, Kopie des Originaldokuments, von der KZ-Gedenkstätte Neuengamme zur Verfügung gestellt

gleichzeitig und ohne Störung des Bahnbetriebes zu entladen? Betrieb man einen solchen kaum zu bewältigenden Aufwand, damit die Bevölkerung nichts mitbekam?

Der französische Häftling Ritz beschreibt den letzten Transport nach Mecklenburg so: (29.6.1976) „Der letzte Transport ging ab nach Ludwigsburg (Ludwigslust, d. Verf.). Wir hatten viele Kranke, die aus Schwäche und Entbehrung unterwegs starben. Sie wurden aus den Waggons gezogen und auf den Bahndamm geworfen."

Man weiß nicht genau, wie viele Stunden die Fahrt dauerte, wie oft rangiert wurde, wo die AKN die Waggons an die Reichsbahn übergeben hat, jedenfalls erreichte der Transport das kleine Dorf Wöbbelin bei Ludwigslust in Mecklenburg irgendwann am 17.04.45.

Ab Mitte Februar war ein großer Teil der Neuengammer Häftlinge in ein leer stehendes Kriegsgefangenenlager bei Wöbbelin verfrachtet worden, das als Auffanglager für KZ- Häftlinge aus Norddeutschland hergerichtet wurde. Es trug den Namen „Reiherstieg", nach der Gemarkung, auf der es angelegt worden war. In seiner Nähe begann man mit dem Ausbau eines neuen Lagers. Als die ersten Transporte aus den Außenkommandos Bendorf, Fallersleben, Kaltenkirchen, Lerbeck und Schandelah dort eintrafen, war das Lager erst zur Hälfte fertig. Die Baracken standen dort im Rohbau; Fußböden, Fenster und Türen gab es noch nicht[74] Ein Überlebender des Lagers berichtet: „Dies Lager war das kümmerlichste meiner Lagererfahrung. Es gab kein elektrisches Licht, nur Sand, fensterlose Ziegelbaracken, alles schnell und in einfachster Form

Lagerplan KZ-Wöbbelin (Forschungsstelle für Geschichte des Nationalsozialismus in Hamburg)

im Rohbau hergerichtet. Wir trafen bereits (am 26. April) etwa 3000 Häftlinge an, Boden schmutziger Sand, mit vielen Flöhen. Das Dach war undicht, weil es noch nicht voll abgedeckt war. Es war kalt, es regnete und wir alle hatten furchtbaren Hunger und Durst. Im Lager war eine einzige Handpumpe. Diese lieferte das Wasser für die „Suppe". Das Krankenrevier war in einem Barackenraum und hatte nicht einmal Bettstellen. Die Kranken lagen auf dem Sand, teils halbtot, die meisten unfähig, sich zu bewegen. Es gab viele Tote und keine geordnete Beerdigungsmöglichkeit. Es gab täglich etwa 4 Prozent Tote"[75]

Der überlebende Ernst Bösch aus Hamburg berichtet, dass mitunter 100 Häftlinge täglich starben und dass die Häftlinge fast von Sinnen, von den Leichen Stücke abrissen und diese kochten.[76]

In einem kurz nach dem Kriegsende erschienenen Buch lesen wir über Wöbbelin: „Der Hunger wirkte verheerend. Die Entfernung zwischen der Küche und dem Revier betrug etwa 200m. Ein Dutzend bewaffneter Männer war nötig, um die für die Kranken bestimmten Suppenkannen zu schützen. Täglich ereigneten sich Gewalttaten rings um die Baracken. Sofort nach der Essensausgabe bildeten sich Gruppen, die die Allerschwächsten und Einzelgänger überfielen, um ihnen die Verpflegung zu entreißen. Es gab drei Fälle von Kannibalismus. Die Leichenhalle musste bewacht werden. Es gab nicht die Andeutung von Medikamenten. Die Leute starben reihenweise, und es war schwierig, die Leichen wegzuschaffen. Der Gestank um die Leichengrube war entsetzlich. Jede Nacht gab es wahnsinnige Szenen in den Baracken für die „Genesenden", einer Erweiterung des Reviers, wo man die Schwachen und Sterbenden zusammenpferchte und wohin sich manche verkrochen, um dem Frondienst zu entkommen. Jede Nacht wurden Menschen umgebracht, und ihr Heulen dauerte bis zum Tagesanbruch. Von Zeit zu Zeit griffen Kapos ein mit Knüppelschlägen.[77]

In diese Hölle des entmenschlichten Chaos gerieten die Häftlinge aus Kaltenkirchen. Sie waren dort bereits am 17. April angekommen. Der Kaltenkirchener Häftling B. Krajewski schreibt aus Warschau am 15.10 1992: „Die schrecklichsten Momente habe ich erst in Ludwigslust erlebt (Wöbbelin). In diesem Lager kämpfte man jeden Tag ums Überleben. Die Leute waren wahnsinnig vom Hunger."

An diesem Endpunkt der Evakuierungsmärsche und –fahrten aus den verschiedenen Lagern verstarben weit über 1000 Menschen, „Opfer der grausamen Zustände in diesem Lager".[78] Selbst unter diesen chaotischen Umständen gelang es den politischen Häftlingen vom illegalen politischen Lagerkomitee, sich als unentbehrliche Ordnungsfaktoren ins Spiel zu bringen. Sie erreichten, dass Jaskiewicz zum Kalfaktor bei SS-Obersturmbannführer Hoppe gemacht wurde. Hoppe war der letzte Kommandant des Konzentrationslagers Stutthoff bei Danzig gewesen. Jaskiewicz und das Komitee waren immer über die Absichten der Lagerführung unterrichtet. So erfuhr man, als die Front immer näher rückte, dass auch das ganze Lager Wöbbelin evakuiert werden sollte. „Es gelang uns, den Transport zu verzögern. Hinzu kam noch eine Bombardierung der Eisenbahnstrecke in letzter Minute. Und so war es möglich, dass wir von den anrückenden alliierten Streitkräften am 2. Mai befreit werden konnten… Durch das Verhalten der politischen Häftlinge, darunter Jaskiewicz, konnte vielen deutschen und ausländischen Kameraden das Leben gerettet werde." (Wehres, Linder, Fehren). Diese positive und mit der Absicht formulierte Darstellung, das Handeln der politischen Häftlinge (meistens Kommunisten) in ein gutes Licht zu rücken, muss natürlich immer vor dem Hintergrund des tausendfachen Leidens und Sterbens der vielen anderen nichtorganisierten und deshalb nicht privilegierten Häftlinge gesehen werden.

Der schon oben zitierte Rousset berichtet Einzelheiten aus den letzten Tagen. Danach soll von polnischer und französischer Seite noch ein Aufstand, vielleicht ein gewaltsamer Ausbruch geplant worden sein. Die politischen Häftlinge mit der längsten Lagererfahrung sprachen sich freilich entschieden dagegen aus. Sie schätzten die zwar bröckelnde, aber immer noch vorhandene Übermacht und vor allem die Brutalität der SS richtiger ein. An der Schwelle der Freiheit – sie waren gut über die nahenden alliierten Truppen informiert – wollten sie nichts mehr riskieren. Rousset schildert die Vorgänge am Tag der Befreiung so: „Morgens waren bei der SS die ersten Zeichen des Aufbruches erkennbar. Aber die Posten bewachten das Lager noch. Am Morgen töteten sie etwa 30 Menschen, die versucht hatten zu fliehen. Gegen 10 Uhr erging an alle Deutschen der Befehl zum Abmarsch. Am späten Nachmittag formierten sich tatsächlich die ersten Gruppen vor dem Tor…Um 13 Uhr sah man, wie die SS auf der anderen Seite des Zaunes Gewehre an die Kapos verteilte. 14.30 Uhr waren die meisten SS-Leute und die Posten verschwunden. Aber eine ganze Anzahl von Kapos mit ihren Gewehren blieb. Es mag 3 Uhr gewesen sein, als sich im Lager ein gewaltiger Schrei erhob: Die Amerikaner! Ein erstes Fahrzeug erschien und fuhr auf der Straße vorbei. Die letzten Posten und die Kapos waren verschwunden. Etliche Gewehre waren liegen geblieben. Die Russen und Polen fielen über die Fahrzeuge und die Baracken der SS her, wo ihnen Lebensmittel in die Hände fielen."[79]

Szenen in Wöbbelin nach der Befreiung durch die US-Armee am 2. Mai 1945
(Forschungsstelle für Geschichte des Nationalsozialismus in Hamburg)

Kurz vor der Befreiung des Lagers hatte es die SS tatsächlich noch fertig gebracht, mehrere Häftlingstransporte von Wöbbelin wegzubringen in Richtung Lübecker Bucht. Wer in diese Transporte hineingeraten war, den ereilte zumeist ein furchtbares Schicksal, wie den Kaltenkirchener Häftling Jaworski. Er ging mit tausenden Neuengammer Häftlingen zugrunde, die in Neustadt auf drei Schiffe verladen worden waren. Englische Flugzeuge hatten die „Cap Arcona" irrtümlich angegriffen, weil die Verantwortlichen sich geweigert hatten, die Kapitulationsflagge zu setzen. Marine-Kadetten eines Ausbildungslagers in Neustadt hatten den Befehl, an Land schwimmende und sich rettende Überlebende der „Cap Arcona", der „Thielbek" und der „Deutschland" abzuschießen. Sie taten das, was sie für ihre Pflicht hielten.[80]

– Ein weiterer kleiner Teil der Kaltenkirchener Häftlinge verschlug es ins KZ Ravensbrück und wurde dort befreit.

Der Holländer de Langen und sein belgischer Freund van Ham, ehemalige Häftlinge in Kaltenkirchen, hatten Glück. So berichtet de Langen in einem Brief an Gerhard Hoch vom 2.11.1975: „Als die alliierten Truppen in die Nähe kamen, versuchten die Deutschen uns wieder in Marsch zu setzen. Aber Pierre und ich haben eine Möglichkeit gefunden, uns zu drücken und zu entwischen. Schon bald begegneten wir dann den alliierten Truppen. Da war für uns das Leid vorbei. Wir wurden über die Elbe abgeschoben. Ich ging mit Holländern zurück nach Holland. Auf vielen Umwegen kam ich zu Hause an und traf meine Familie wieder an, meine Frau und die vier Kinder, und alle gesund."

Der Autor Rousset blieb noch eine Weile in der Nähe des Lagers. Er machte sich Gedanken über die Zukunft im besetzten und zerstörten Deutschland. Er beobachtete schon damals 1946 scharf und genau. Seine Beobachtungen sollen Ausgangspunkt sein von Betrachtungen, die wir am Schluss dieser Arbeit über die Verdrängungsbemühungen im Nachkriegsdeutschland und im Besonderen über das Vergessen in der Region um Kaltenkirchen anstellen wollen. Rousset: „Das Deutschland der ersten Wochen nach dem Kriege war nichts als ein riesiger Friedhof. Ein Pesthauch lag über dem Land, und alle Menschen waren tot, auch die, die man auf den Straßen gehen sah. Niemand dachte mehr… man hat ihnen das Hirn herausgenommen. Und das stimmte nur zu sehr, mehr, als sie selber wussten."[81]

Kaltenkirchen danach

Die Geschichte des KZ-Außenkommandos Kaltenkirchen endet nicht mit dem Tage der bedingungslosen Kapitulation am 8. Mai 1945. Das Handeln und Leiden der Opfer setzt sich fort. Das Handeln und Wegtauchen der Täter bleibt ein wichtiger Faktor der Nachkriegsgeschichte und gibt zu vielfältigen Betrachtungen Anlass. Die befreiten Häftlinge strebten zurück zu ihren Angehörigen, in ihre Heimatländer, oder sie suchten irgendwo Unterkommen und Beschäftigung. Das Wachpersonal, Soldaten und SS-Leute zerstreuten sich oder tauchten unter. Die vormals Herrschenden verschwanden wie ein Spuk. Die Bevölkerung ringsum in der Region suchte mitten in der „schlechten Zeit" zurechtzukommen. Die Verhältnisse kehrten sich total um. Jetzt herrschte die englische Militäradministration. Jeder suchte sich vor ihr als unbelastet darzustellen. Die Zeit der florierenden „Persilscheine" begann. Sogar Sozialdemokraten teilten sie oft denen aus, unter deren Macht sie während der Nazizeit kuschen mussten. Sie taten das vielleicht, weil sie hofften, so Anerkennung und Bedeutung zu gewinnen vor denen, die früher das Sagen in der Region hatten. Aber das Tragische daran war, sie bewirkten damit nur, dass manche vorübergehend abgetauchten Nazigrößen mit der Zeit wieder hinter verändertem Etikett ihre alten Machtstellungen erlangten und die Sozialdemokraten politisch ins Abseits drängten.

Sozialdemokraten waren zuvor immer auf der Seite der Verlierer gewesen. Sie verhielten sich nach der Befreiung wie Menschen, die zu lange im Dunkeln gelebt haben, und nun, da sie im Licht sind, geblendet werden. Erst tappen sie noch unsicher und müssen lernen, im vollen Licht zu gehen. Karl Zuckmayer sagte das von führenden Sozialdemokraten nach dem Ersten Weltkrieg.[82] Andere, nicht die Sozialdemokraten, bestimmten das gesellschaftliche und politische Klima im Nachkriegsdeutschland. Und das galt besonders auch für die hiesige Region. Aus „braunen" Hochburgen vor `33 wurden nun „schwarze Hochburgen" nach `45.

Die allgemeine Sorge um Nahrung und Kleidung, um Wohnung, Heizung und Arbeit war eine gute Ablenkung. Sie trug zuweilen Züge einer fast pathologischen Flucht in das Vergessen und Umdeuten des Vergangenen. So wie die Symbole des Nationalsozialismus in Gärten vergraben, auf Dachböden versteckt und in Öfen verbrannt wurden, suchte man auch seine Erinnerung an die Vergangenheit auszulöschen. Und noch dreißig Jahre nach Kriegsende stieß Gerhard Hoch während seiner Recherchen zur vorliegenden Arbeit auf jenen Unwillen, an der Vergangenheit zu rühren. Er spricht von der „Flucht vor der Geschichte" und weist auf die gefährlichen Folgen dieser „Geschichtslosigkeit" und Vergesslichkeit hin. Das Buch von Alexander und Margarete Mitscherlich: „Die Unfähigkeit zu trauern. Grundlage kollektiven Verhaltens"[83] hat ihn angeregt und motiviert – wie er selbst sagt- , die Zeitgeschichte seiner Heimatregion zu erforschen und dem kollektiven Vergessen und Verdrängen den Kampf anzusagen.

Die Geschichte der Flucht vor der Vergangenheit begann schon im Mai 1945. Richard Tackx war, wie oben berichtet, mit seinen Kameraden Chevreuil und Robinet aus dem Lager geflohen und hatte sich mit befreiten Landsleuten, französische Kriegsgefangene, zusammengetan. Wie ebenfalls schon oben dargestellt, ließ er von einem Alvesloher Tischler für jedes bestimmbare Grab ein Holzkreuz anfertigen – insgesamt 82 –. Nun veranlasste er, zu den Kreuzen ein Schild mit der deutlichen und offenbar „störenden" Aufschrift aufzustellen: „Hier ruhen 83 Häftlinge, von den Nazis ermordet". Als Richard Tackx nach einigen Tagen den Friedhof wieder aufsuchte, war dieses Schild von unbekannter Hand beseitigt worden. An die Kreuze hatte man sich nicht herangewagt. Aber das Schild, das den wahren Charakter der

Französische Kameraden aus Alveslohe zusammen mit R. Tackx auf dem Friedhof Moorkaten im Mai 1945. Foto Tackx

Stätte bezeichnete, wollte man nicht dulden. Die Zeit des Verdrängens hatte ihren ersten Schatten geworfen.

Die zahllosen Kriegsgefangenen, Zwangsarbeiter und Verschleppten von Moorkaten bis Springhirsch und aus den umliegenden Gemeinden hießen plötzlich „DPs" („Displaced Persons"). Sie verliefen sich bald. Ihre Baracken an der Reichsstraße 4 bezogen deutsche Flüchtlinge aus dem Osten. Auch die Baracken, die zu dem KZ-Außenkommando Kaltenkirchen in Springhirsch gehört hatten, wurden nunmehr bis zu Beginn der siebziger Jahre von deutschen Flüchtlingen bewohnt. Die Kinder, die hier geboren wurden und aufwuchsen, wussten nichts von der früheren Bestimmung ihres Zuhauses. Die Eltern und Nachbarn in Springhirsch schwiegen.

Als die französischen Behörden 1948 Vorbereitungen zu einer Exhumierung der Toten in Moorkaten trafen, stellten sie Untersuchungen am Ort an. Der damalige gewählte „Bürgermeister" von Springhirsch, Otto Notka, erklärte in einem Brief vom 15. März 1949 an eine französische Kommission, es habe in dem Lager nur wenige Kranke gegeben. Die Behandlung der Häftlinge sei in der Beziehung in Ordnung und sie selber glücklich gewesen, von Neuengamme nach Kaltenkirchen gekommen zu sein.[84] Notka gibt wieder, was derzeit in der Gegend überliefert wurde. Er selber hatte bestimmt keinen Kontakt zu einem ehemaligen Häftling des Lagers, der ihm etwas anderes erzählt hätte. Ein Interesse, überlebende Häftlinge zu befragen oder nur anzuhören, bestand überhaupt nicht. Die Legende des „Es war alles gar nicht so schlimm" nahm ihren Anfang und wurde von nun an so fleißig gepflegt, bis fast alle daran glaubten.

Die „Vereinigung der Verfolgten des Nazi-Regimes (VVN)", Landessekretariat Schleswig-Holstein, hatte sich am 27. September 1949 an das Landratsamt Bad Segeberg gewandt und auf den „verwahrlosten" Zustand des Friedhofs in Moorkaten hingewiesen. Darauf wurde eine Ortsbesichtigung durchgeführt. Das Ergebnis wurde der VVN als Vermerk vom 30. September 1949 zugestellt:

„Ich habe heute zusammen mit Herrn Saggau von der Gemeindeverwaltung Kaltenkirchen die Grabstätte der KZ-Opfer in Moorkaten besichtigt. Die Grabstätte, die mitten in einer Tannenschonung liegt, wurde 1946 von der Gemeinde Kaltenkirchen hergerichtet. … Es soll sich um ein Außenlager von Neuengamme gehandelt haben, das auf dem Wehrmachtsgelände Springhirsch untergebracht gewesen ist…. Herr Saggau teilte mir noch mit, dass die französische Mission in Lübeck telefonisch mitgeteilt hätte, auf diesem Friedhof müsse sich, außer den Einzelgräbern, auch noch ein Massengrab befinden…. Einen so verwahrlosten Eindruck, wie ich nach dem Schreiben der Vereinigung der Verfolgten des Nazi-Regimes annehmen musste, hat die Grabstätte auf mich nicht gemacht. Eine gepflegte und saubere Grabstätte stellt sie auch nicht dar…" Abschließend wird der VVN versichert, „dass die Grabstätte noch in diesem Herbst völlig neu gestaltet wird. Die Gemeindeverwaltung Kaltenkirchen habe bereits verschiedene Pläne ausarbeiten lassen, die zur Zeit der Landesregierung Schleswig-Holstein zur Prüfung vorliegen. Die Landesregierung hat sich die Entscheidung vorbehalten, weil sie die Kosten für die Herrichtung der Grabstätte voll erstattet".

In ihrer Ausgabe vom 27. Mai 1961 bringt die „Segeberger Zeitung" einen ausführlichen Bericht über einen Feldgottesdienst beider Konfessionen auf dem Friedhof in Moorkaten. Die Stätte wird hier schon als „Soldatenfriedhof" bezeichnet, auf dem „115 französische Kriegsgefangene und ein Russe in Einzelgräbern sowie 300 bis 400 KZ-Häftlinge in zwei Sammelgräbern ruhen". Bemerkenswert ist die Feststellung: „Die breite Öffentlichkeit weiß kaum etwas von dem Vorhandensein dieses Soldatenfriedhofs(!) inmitten eines Fichtenwaldes in Moorkaten."

Auch der Journalist der „Segeberger Zeitung", der diesen Bericht verfasste, war schon ziemlich ahnungslos. Vielleicht wusste auch der Wehrbereichsdekan Frense aus Kiel nicht, wo er sich befand, als er den jungen Rekruten aus Pinneberg predigte: „Wir stehen hier an der langen Reihe der Gräber unserer ehemaligen Gegner ohne Hass und Rachegedanken." Ganz abgesehen davon, dass die ausdrückliche Verneinung eines Sachverhaltes (ohne Hass und Rachegedanken) diesen erst einmal in unserer Vorstellung auftauchen lässt, ist es kaum zu ertragen, wenn ein Geistlicher an den Gräbern zahlloser zu Tode gequälter Kriegsgefangener und ziviler KZ-Häftlinge gönnerhaft versichert, er verspüre gegenüber diesen Opfern keinen Hass und hege keine Rachegedanken. Da kann man ihm nur zugute halten, dass er glaubt, auf einem Soldatenfriedhof zu sein, das Ergebnis einer erfolgreichen Verdrängungsarbeit. Weiter heißt es in seiner Predigt: „Wir wollen das Andenken an die Männer, die ihr Leben für eine Aufgabe eingesetzt haben und hier ruhen, hochhalten." Die soldatische Leerformel nützt niemandem. Sie ist die Fortsetzung einer unseligen soldatischen Grundhaltung, die da lautet: Der Soldat setzt sein Leben für eine Aufgabe ein und fragt nicht nach dem Sinn.

1968 wird von interessierter Seite ein Versuch gemacht, den sich verdichtenden Nebel zu lichten. Eine Notiz im „Archiv Hans Schwarz" in der Forschungsstelle in Hamburg berichtet darüber. Irgendjemand hatte Moorkaten aufgesucht. Er folgte dem gelben Wegweiser auf den Bundeswehrübungsplatz und fand eine gut gepflegte Gräberstätte mit 116 nummerierten Gräbern ohne Namen. „Der obere Teil der Kreuze ist mit blauweiß-roten Streifen versehen. Anfrage beim Volksbund für Kriegsgräberfürsorge Hamburg … ergab folgende Auskunft: Vermutlich handelt es sich um deutsche Soldaten aus Schleswig-Holstein, da Schleswig-Holstein blau-weiß-rote Farben… Nach einigen Tagen Anruf: Es handelt sich um französische Kriegsgefangene, die in Neuengamme und Außenlagern verstarben. Zuständig für die Pflege der Stätte: die Gemeinde Kaltenkirchen. Es gibt weder einen Hinweis darauf, dass es sich um Franzosen handelt, noch dass sie in Neuengamme umgekommen sind. Hans Zorn. 2.5.68"

1967 beginnt die „Zentrale Stelle der Landesjustizverwaltung" in Ludwigsburg sich mit dem Außenkommando Kaltenkirchen zu befassen.[84] Die Ludwigsburger Staatsanwälte haben sich Gerhard Hoch gegenüber als außerordentlich hilfsbereit erwiesen. Er konnte die bei der Staatsanwaltschaft in Kiel liegenden Ermittlungsakten uneingeschränkt einsehen. Am 21.6.67 fragt Ludwigsburg in Kiel an, ob verfolgbare Straftaten im Nebenlager Kaltenkirchen bekannt seien. Die Staatsanwaltschaft in Kiel antwortet am 3.7.67, ihr sei nichts Derartiges bekannt. „Es sind daher wegen dieses Nebenlagers auch keine Verfahren bei der Staatsanwaltschaft Kiel anhängig. Mangels tatsächlicher Anhaltspunkte beabsichtige ich auch nicht, ein Ermittlungsverfahren einzuleiten. Pries. 1. Staatsanwalt."

Das ist erstaunlich. Während sonst jedem strafbaren Delikt, was auch immer, eifrig nachgegangen wird, war es im Zusammenhang von hunderten Toten in der kurzen Zeit des Außenlagers Kaltenkirchen bisher nie zu einer Anklage oder wenigstens zu einer Ermittlung gekommen. Hatten die Amtspersonen nie etwas von den Umständen im Außenkommando und von anderen Gewaltverbrechen in Kaltenkirchen gehört?

Aber Ludwigsburger Staatsanwälte bohrten weiter. Am 28.7.67 folgte eine Anfrage an die Kriminalpolizei in Bad Segeberg, „ob bei der dortigen Polizeibehörde Straftaten bekannt sind, die sich mit Vorgängen in dem Nebenlager Kaltenkirchen befasst haben bzw. befassen. Darüber hinaus bitte ich, mir anzugeben, ob dort auf andere Weise (Anzeigen, Berichte, alliierte Militärgerichtsverfahren usw.) etwas über die Verhältnisse in dem Nebenlager bekannt geworden ist…" Am 10.8.67 antwortete Kriminalpolizeimeister Schmidt von der Außenstelle Bad Segeberg: „…auch der Kreisverwaltung liegen keine Erkenntnisse vor. Herr Zeitz wusste nur zu vermerken, dass in Moorkaten (Flugplatz Kaltenkirchen) ein Ausländerfriedhof sein soll. Hier seien angeblich Arbeiter von dem ehemaligen Flugplatz während des Krieges bestattet worden."

Die allgemeine Interesselosigkeit leistete der Ahnungslosigkeit Vorschub. Der 8. Mai 1945 war im Bewusstsein der Menschen wie eine Mauer. Die Stunde Null! Ende und Neubeginn! Was räumlich dahinter oder zeitlich davor lag, hatte einen nichts anzugehen. „Ach, das war während des Krieges" wurde zum Synonym für eine „Auszeit", die alles oder nichts erklärte und die man ausblenden durfte. Das sei eine rechtlose Zeit gewesen, in der Bedingungen herrschten, die andere Maßstäbe anzulegen zwängen, hieß es. Solche Verbrechen zu verfolgen, die in den völlig anders gearteten Verhältnissen der Kriegs- und Vorkriegszeit ausgeübt wurden, verlange höchste Vorsicht und Zurückhaltung. Das war offensichtlich die unausgesprochene Einstellung der meisten Juristen, von denen nicht wenige schon dem „Dritten Reich" gedient hatten. Aber die geltenden Maßstäbe von Recht und Gesetz auch auf jene Zeit zwischen 1933 und 1945 anzulegen, hätte sich geboten. Es lebten unzählige Täter von einst völlig unbehelligt und geachtet in der Bundesrepublik der ersten Nachkriegsjahrzehnte. Sie bestimmten hier nicht unwesentlich das gesellschaftliche und politische Klima, das der Schriftsteller Heinrich Böll und andere als so bedrückend empfanden.

Die Stellungnahme des Kriminalpolizeimeisters Schmidt vom 10.8.67 wird der zuständigen Kriminalpolizeistelle Neumünster zugeleitet[85]. Von dort gelangt das Schreiben an den Polizeiposten Kaltenkirchen.[86] Polizeiobermeister Kock geht der „Sache" nach und berichtet nach Neumünster am 25.8.67: „… Über ein Nebenlager Kaltenkirchen des KL Neuengamme ist an der hiesigen Dienststelle nichts bekannt. Über NS-Verbrechen ist hier auch nichts bekannt geworden. Es wurde in dieser Hinsicht Nachfrage beim Ordnungsamt Kaltenkirchen gehalten. Herr Saggau als damaliger Gemeindedirektor und jetziger Standesbeamte erklärte, dass auch ihm nichts über NS-Gewaltverbrechen bekannt geworden ist und dass auch keine Anzeigen, Berichte, alliierte Kriegsgerichtverfahren usw. erfolgt seien. Auf dem damaligen Flugplatz Kaltenkirchen-Moorkaten, wo dieses Lager gewesen sein soll, befindet sich im Wald noch eine Gräberstätte, die einen sehr gepflegten Eindruck macht…"

Das ist ein erstaunliches Dokument. Alle, die es wissen müssten, wissen nichts. Der Friedhof im Wald von Moorkaten hat bis dahin nie eine Funktion als Gedenkstätte oder Mahnmal zur Erinnerung an die Opfer des KZ-Außenlagers gehabt. Schon sein Name „Kriegsgräberstätte" verschleierte den Sachverhalt. Der gepflegte Eindruck hat gar nichts zu bedeuten, weil er niemandem nützt und zur Aufklärung nichts beiträgt. Er war eine Stätte des Vergessens geworden, ein Denkmal öffentlicher Verdrängungskunst.

Aber wie steht es mit dem Wahrheitsgehalt der polizeilichen Erklärung? Welche Rolle spielt besonders „Herr Saggau als damaliger Gemeindedirektor und jetziger Standesbeamte". Hat er nichts gewusst? Es gibt einen Bericht vom Landratsamt/Hauptamt Bad Segeberg vom 30. September 1949, worin es heißt: „Ich habe heute mit Herrn Saggau von der Gemeindeverwaltung Kaltenkirchen die Gräberstätte der KZ-Opfer in Moorkaten besichtigt…" In demselben Bericht wird auch auf die Massengräber hingewiesen. Am 4. Juli 1949 berichtet Saggau selber in einem Schreiben an das Landratsamt über „Gräber von Opfern der Konzentrationslager" auf dem Friedhof Kaltenkirchen.

Im Jahre 1967 weiß jedermann im Lande, dass Konzentrationslager Stätten von Gewaltverbrechen waren. Herr Saggau weiß definitiv, dass an der damaligen Reichsstraße 4 in Springhirsch ein KZ-Außenlager von Neuengamme mit hunderten Toten existierte. Dass hier Gewaltverbrechen stattgefunden haben, davon hätte er ausgehen können. In der Nacht zum 4. Mai 1945 erschossen SS-Leute in Kampen aus Frust und Laune 10 serbische Zwangsarbeiter. Davon erfuhr die Bevölkerung in und um Kaltenkirchen. Sie sind auf dem Kaltenkirchener Gemeindefriedhof beerdigt und als Mordtaten im Friedhofsregister vermerkt worden. Saggau selbst führte seinerzeit die Sterbebücher des Standesamtes Kaltenkirchen. Im Oktober 1949 nahm er die nachträgliche Registrierung eben dieser zehn gewaltsamen Todesfälle vor[87], und versah alle mit dem Zusatz „gest. am 4. Mai 1945 in Kampen". Die Registrierung erfolgte unter Hinzuziehung der Friedhofsregister. Er hatte also die sichere Erkenntnis von den gewaltsamen Todesursachen[88].

Ortsbekannt sind auch die in Kaltenkirchen erfolgten Morde an zwei Häftlingen des Konzentrationslagers Fuhlsbüttel Ende April 1945, die mit ihren SS-Aufsehern von Süden her kommend hier durchgezogen sind und übernachtet haben. Auch diese Toten wurden auf dem hiesigen Gemeindefriedhof bestattet. „Amtsvorsteher war der Arzt Dr. Schade. Er und Saggau haben die Todesursache beider Häftlinge unterschlagen."[89]

Auch im Ordnungsamt Kaltenkirchen war selbstverständlich das KZ-Außenkommando mit seiner sehr hohen Sterberate bekannt. In Saggaus Schublade befand sich als das einzige Original in deutscher Sprache der zweibändig Exhumierungsbericht der französischen Kommission aus dem Jahre 1951. – Angesichts dieser Tatbestände entsteht der Eindruck, dass hier in voller Absicht und gegen besseres Wissen eine kollektive Front des Schweigens aufgebaut wurde, vielleicht sogar im ruhigen Glauben, dass die Verbrechen vor der Stunde Null einer anderen Kategorie angehörten und unter den heutigen Bedingungen nicht mehr zu interessieren hätten.

Der Internationale Suchdienst des Roten Kreuzes in Arolsen erstattete der Zentralen Stelle in Ludwigsburg auf Anfrage ebenfalls Fehlanzeige: keinerlei Unterlagen vorhanden.

Erfolgreicher war man wahrscheinlich erst, als man sich an Hans Schwarz in Hamburg wandte, den damaligen Generalsekretär der Amicale International de Neuengamme. Schwarz und die Amicale hatten viele Dokumente und Informationen über das KZ Neuengamme und seine Außenlager zusammengestellt. Diese Archivalien befinden sich heute in der Forschungsstelle in Hamburg. Von hier aus gelangte der oben mehrfach zitierte Bericht von Johannes Wehres aus dem Jahre 1946 nach Ludwigsburg. Auf Bitte der Zentralen Stelle Ludwigsburg vernahmen nun Beamte des Landeskriminalamtes am 30 April 1968 den früheren Lagerältesten von Kaltenkirchen, Wehres, und zwar in den Büroräumen der Fluggesellschaft BEA in Düsseldorf-Lohhausen, wo Wehres als Kraftfahrer angestellt war. Auf den Inhalt dieser Vernehmung waren wir in dieser Arbeit schon früher eingegangen und haben sie bewertet und gewürdigt. Die Ermittlungsbehörde interessierte sich natürlich vornehmlich dafür, ob Wehres Namen im Zusammenhang mit Tötungshandlungen im Lager nennen konnte. Wehres: „Von Tötungshandlungen in Kaltenkirchen ist mir lediglich ein Fall bekannt. Damals ist ein Häftling angeblich auf der Flucht erschossen worden. An die genaue Tatzeit kann ich mich nicht erinnern. Ich weiß nur, dass sich die Erschießung des Häftlings während oder kurz nach einem Bombenangriff ereignet hat. Erschossen wurde der Häftling, dessen Namen ich nicht angeben kann, von einem Angehörigen der Wachmannschaft….Der Täter ist mir nicht mit Namen bekannt. Auch kann ich keine Täterbeschreibung geben. Misshandlungen von Häftlingen, die den Tod zur Folge hatten, sind mir aus meiner Zeit in Kaltenkirchen nicht bekannt." Wir haben schon oben die Unglaubwürdigkeit dieser Aussage belegt und auch zu erklären versucht, warum sich Wehres so wenig kooperativ zeigte.

Die Suche der Ludwigsburger Behörde nach den Kommandanten Freyer und Waldmann und nach dem Rottenführer Lange nahm viele Monate in Anspruch. Waldmann und Lange waren inzwischen verstorben. Und hinsichtlich Otto Freyer entschied die Staatsanwaltschaft: „Von einer Vernehmung des oben erwähnten Otto Freyer aus Schmieden, bei dem es sich möglicherweise (!) um den ehemaligen ersten Lagerführer des Nebenlagers Kaltenkirchen handelt, wurde Abstand genommen. Einmal steht nicht fest, ob die Erschießung des Häftlings (s. o.) sich ereignet hat, als Freyer Lagerleiter war; zum anderen ist nicht ausgeschlossen, dass es sich tatsächlich um eine Erschießung ´auf der Flucht´ (!) gehandelt hat. Von dem einzigen, inzwischen 78-jährigen Zeugen sind weitere Aufschlüsse nicht zu erwarten…"[90] Das ist aus heutiger Sicht eine totale Fehlentscheidung. Erstens hätte man klären müssen und können, ob Freyer tatsächlich der erste Kommandant des Außenlagers gewesen war. Und zweitens hätte man über ihn Namen von weiteren etwaigen Zeugen erfahren können. Hier ist eine Chance verpasst worden.

Am 8. Mai 1972 wurden die Akten dem zuständigen Generalstaatsanwalt in Kiel zur weiteren Bearbeitung übergeben. Das war insofern notwendig, weil die zentrale Stelle in Ludwigsburg nicht ermächtigt ist, Verfahren einzustellen. Der Vorgang erhielt in Kiel das Aktenzeichen 2 Js 680/72. Am 10. Juli 1972 wurde die Einstellung des Ermittlungsverfahrens verfügt. Sie wird damit begründet, dass für Erschießungen von Russen keine konkreten Anhaltspunkte vorlägen, mithin auch keine Tatsachen, die heute noch verfolgbar wären.

Auf den ersten Blick mag die Einstellung des Verfahrens unverständlich erscheinen. Auf den zweiten Blick aber erschließen sich dem Betrachter doch verständliche Gründe dafür. Eine akribische Untersuchung und Weiterbearbeitung des Falles Kaltenkirchen hätte erhebliche Kosten verursacht, zumal die Aussicht, zu einem verwertbaren Ergebnis zu gelangen, denkbar gering war. Wirklich Schuldige zu finden, deren Schuld zweifelsfrei im Jahre 1972 noch nachzuweisen wäre, erschien kaum noch möglich. Aus jahrelanger Beschäftigung mit NS-Verbrechen wusste man, wie wenig Bereitschaft zur Mitarbeit in der Bevölkerung vorhanden war. Bei der Untersuchung zur Aufklärung der Morde an den zehn serbischen Zwangsarbeitern in Kampen musste man diese Erfahrung schon machen. Kaltenkirchen und Umgebung mauerten vielleicht noch stärker als anderswo. Staatsanwälte und Kriminalbeamte besitzen keine geeigneten Instrumente, um die Mauern des Schweigens zu durchbrechen. Das ist nicht vordringlich Sache der Justiz, sondern eher Sache von Bürgern oder Historikern. Es geht darum, sorgfältig und konsequent vorzugehen, um „solche zeitgeschichtliche Aufhellung als notwendigen Prozess der gesellschaftlichen Selbstreinigung"[91] voranzutreiben. Gerhard Hoch hat das nicht nur im Rahmen der Vorlage für dieses Buch, sondern auch darüber hinaus getan. Ziel solcher Aufklärung über die nationalsozialistische Vergangenheit in der Region Kaltenkirchen soll sein „Einsicht und Sinneswandel".

Gräberstätte Moorkaten

Als das Beerdigungskommando Richard Tackx in der zweiten Novemberhälfte 1944 mit den Bestattungen in Moorkaten begann, fand es dort im Fichtenbestand eine Lichtung vor, die gerade erst mit kleinen Jungfichten neu bepflanzt worden war. Dass das Kommando ausgerechnet dort mit den Beerdigungsarbeiten begann, kann kein Zufall gewesen sein. Man hatte es wohl hierhin beordert, weil der Platz –wem auch immer- noch als einer der Beerdigungsplätze für die Toten des „Sterbelagers" Heidkaten, das zwischen 1941 und 1943 bestanden hatte, bekannt war. Mit dem Fortschreiten der Beerdigungsarbeiten des Kommandos Tackx beseitigte man die Fichtenjungpflanzen.

Die Bestattungen begannen links vom heutigen Eingang der Gräberstätte. In der ersten Reihe fanden nur sechs Tote platz. Dann stieß man auf ein Massengrab, in dem bereits skelettierte Leichen in Stärke von etwa einem Meter lagen. Darauf begann man daneben mit einer zweiten Reihe. Nach dem 13. Grab in dieser Reihe wurde man wieder durch ein Massengrab blockiert. Erst die weiter links angelegten Reihen 3 und 4 konnten weitergeführt werden. Weitere Bestattungen folgten dann in einer Reihe rechts vom Eingang unmittelbar am Rande des Platzes (vom 26.2. bis 4.3.1945). Nach der rechtwinkligen Linksbiegung dieser Reihe konnten auch hier die Bestattungen nicht fortgesetzt werden, da Massengräber im Weg lagen. Insgesamt bestattete das Beerdigungskommando Tackx 163 Verstorbene des Außenkommandos Kaltenkirchen auf dem Platz, 163 Gräber.

Über die gesamte mit Jungfichten bepflanzte Lichtung erstrecken sich die enorm stark belegten Massengräber. Bei den unzähligen Toten handelte es sich um einen großen Teil der Verstorbenen des „Stalags (Stammlager) XA Schleswig, Zweiglager Heidkaten" für kranke sowjetische Kriegsgefangene („Sterbelager"). Da diese Toten im Spätherbst 1944 bereits skelettiert waren und der Platz schon mit jungen Fichten bewachsen war, ist anzunehmen, dass die Toten schon länger als ein Jahr hier bestattet worden sein müssen.[92]

Wie schon beschrieben, ließ Richard Tackx nach seiner Befreiung zusammen mit französischen Kameraden den Platz herrichten. Mit der Aufstellung von Holzkreuzen hat also Richard Tackx dafür gesorgt, dass diese Waldlichtung zukünftig als Gräberstätte gekennzeichnet war. 1946 übernahm die Gemeinde Kaltenkirchen die Pflege der Stätte. Durchgeführt wurde sie während der ersten Nachkriegsjahre von Teilnehmern des Jugendaufbauwerkes, das in den früheren Wehrmachtsbaracken in Moorkaten an der Ostseite der Straße (B 4) untergebracht war. Um diese Zeit dürfte auch das große Holzkreuz errichtet worden sein, das erst 1978 entfernt und durch ein großes steinernes Kreuz ersetzt wurde. Es trug die Aufschrift: „Den Toten zum Gedenken".

Bald nach Kriegsende setzte in ganz Europa die große Suche nach den Verschleppten und Verschollenen ein. Millionenfach suchten Hinterbliebene die Gräber ihrer toten Angehörigen. Auch Kaltenkirchen wurde bald Ziel solcher Suche. Die Aussichten auf Erfolg waren hier weit günstiger als anderswo. Denn Richard Tackx hatte, wie in einem früheren Kapitel berichtet, als Leiter des Beerdigungskommandos heimlich Aufzeichnungen zu den Bestattungen gemacht und verschiedenen Toten Erkennungsmarkierungen mit ins Grab gegeben. Nach Frankreich zurückgekehrt, wandte er sich an das zuständige französische Ministerium. Dort und bei den englischen Besatzungsbehörden erreichte er die Zustimmung dafür, dass in Moorkaten und Springhirsch nur eine generelle und keine einzelne Exhumierung in Frage kommt, und die möglichst in seinem Beisein. „Denn ich bin der einzige, der die Toten identifizieren kann, vorausgesetzt, dass niemand die Gräber anrührt."[93]

Dessen ungeachtet kam es doch zu mehreren Einzelgrabungen. Bei den später zustande gekommenen allgemeinen Exhumierungen (1951) zeigte sich, dass sehr viele Gräber gestört waren: Skelettteile befanden sich in Unordnung oder fehlten ganz.

Zum Beispiel hatte im Herbst 1948 eine amerikanische Kommission das Grab eines abgeschossenen amerikanischen Piloten gesucht. Dazu wurden die Gräber in Springhirsch geöffnet. Die Kommission stellte 21 Leichen fest, untersuchte lediglich –und erfolglos- die Schädel und schloss die Gräber wieder.[94]

Oder: Am 29.9.49 wurde versucht, in Springhirsch die Leiche des französischen Häftlings André Rouzic zu finden – ebenfalls erfolglos.

Auch am 19.01.50 wurden zwei Grabungen von französischer Seite vorgenommen, um die Häftlinge Charles Crinquand und Michel Mege zu finden. Sie konnten nicht identifiziert werden. Zwei weitere Versuche am 26.2.50 scheiterten ebenso. Der gesuchte Häftling Roger Bourgeat wurde nicht gefunden.

Diese Misserfolge führten zu der Einsicht, dass, wie es R. Tackx von vornherein vorgeschlagen hatte, nur eine sorgfältige Vorbereitung für eine generelle Exhumierung Erfolg verspreche. Mit solchen Vorbereitungen betraute das zuständige französische Ministerium eine besondere Arbeitsgruppe, die Section Camps de Concentration et Marches de la Mort (CCMM) mit Sitz in Göttingen. Die Section unterstand H. Vigneron.

Sie sammelte alle verfügbaren Unterlagen und Daten über die Begräbnisplätze und über die im Außenkommando Kaltenkirchen verstorbenen französischen Häftlinge. Zu diesen Unterlagen gehörten die Originalaufzeichnungen von R. Tackx als wichtigstes Dokument, Grablagepläne der Friedhöfe, chronologische Verzeichnisse der Sterbefälle im Lager, das Verzeichnis „Ex-inmates of

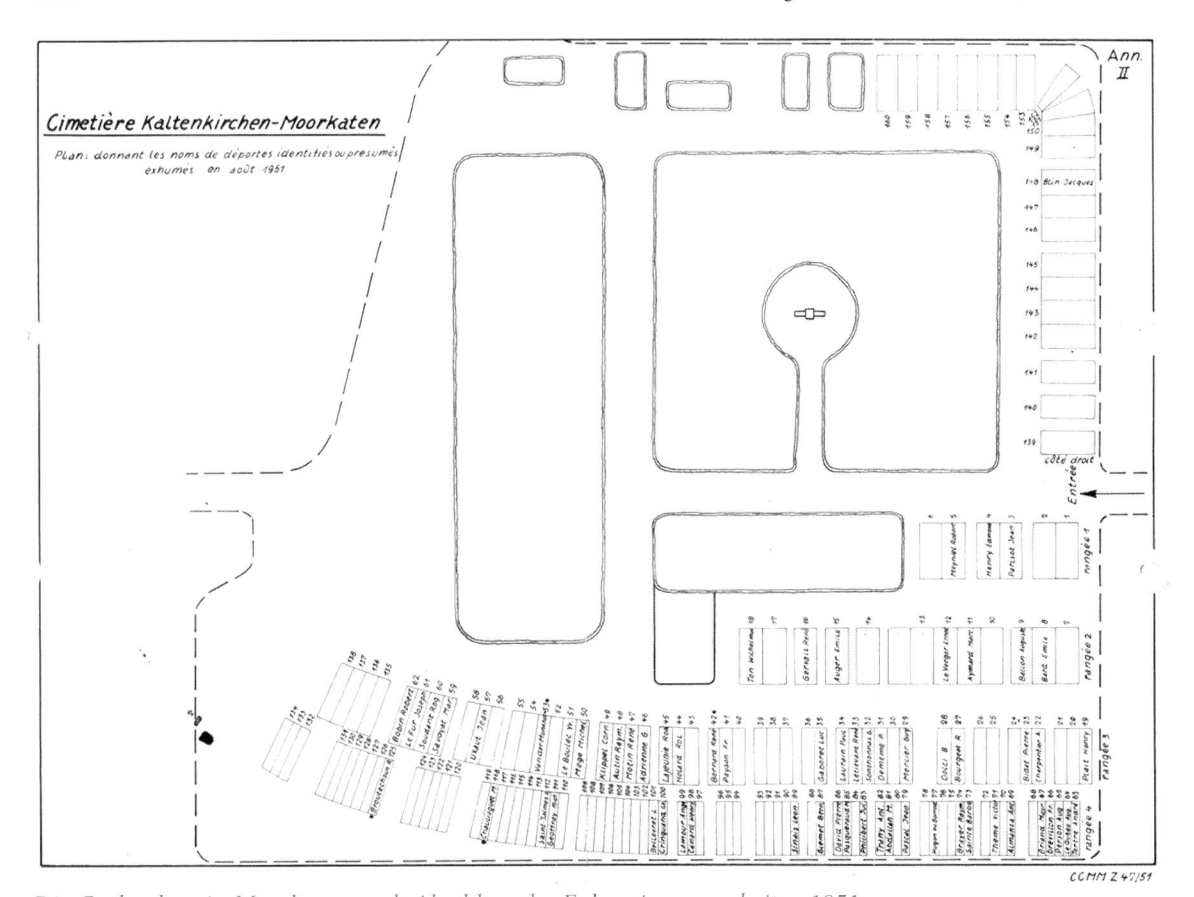

Die Grabanlage in Moorkaten nach Abschluss der Exhumierungsarbeiten 1951

Von links nach rechts:
1. Gerichtsmediziner Dr. Schulz
2. H. H. Vigneron, Chef der Section C.C.M.M.
3. Richard Tackx
4. Wasserbau-Ingenieur Wüstefeld
5. Gerichtsmediziner-Foto aus dem offiziellen Grabungsbericht

Kaltenkirchen" sowie zahlreiche von den Angehörigen der Toten ausgefüllte Fragebögen. Die so gesammelten Daten wurden in einer 44-seitigen und mit 14 Anlagen versehenen Studie ausgewertet und dem französischen Ministerium vorgelegt.[95]
Die genannte Studie liegt maschinenschriftlich vor und wurde Gerhard Hoch vom Rijksinstituut voor Oorlogsdocumentatie in Amsterdam in Kopie überlassen. Sie ermöglichte dann die Exhumierungen 1951. Die folgenden Angaben basieren auf dem offiziellen französischen Exhumierungsbericht (maschinenschriftlich) von 1951. Die deutsche Ausgabe mit allen Beigaben und Anlagen wurde in der Stadtverwaltung Kaltenkirchen deponiert: „Bericht über die Exhumierungen in den Friedhöfen Kaltenkirchen-Springhirsch und Moorkaten", nebst Suppl. 105 Bl., 160 Bl. Die Existenz dieses Dokumentes war zunächst von der Kaltenkirchener Stadtverwaltung gegenüber Gerhard Hoch geleugnet und erst dann wieder „entdeckt" worden, als Gerhard Hoch die Unterlagen aus Amsterdam erhielt.
Im Sommer 1951 traf ein Arbeitsteam der Section CCMM in Kaltenkirchen ein. Dieses Team hatte sich schon bei Ausgrabungen in Lüneburg bewährt. Es bestand aus dem Leiter der Section, H. Vigneron, einem deutschen Gerichtsmediziner, einem deutschen Ingenieur, mehreren deutschen Arbeitern. Anfangs war auch Richard Tackx anwesend. Auf Anordnung des Regierungspräsidenten des Landes Schleswig-Holstein erhielt das Team Unterkunft und Verpflegung gegen Entgelt in den Baracken des Jugendaufbauwerkes Kaltenkirchen-Moorkaten. Am 16. Juli 1951 wurde mit den Grabungen begonnen. Die letzten Leichen wurden am 10. August exhumiert. Die Exhumierungen fanden weitgehend ohne größere Beachtung durch die Öffentlichkeit statt.
Im Exhumierungsbericht ist zu lesen: „Der feinkörnige Sandboden ließ das Wasser schnell passieren, so dass schon kurze Zeit nach Regenfällen weitergearbeitet werden konnte. Dagegen störte das Wurzelwerk der unmittelbar am Rande der Gräberreihe 4 stehenden Tannen, das manche Gräber völlig durchwachsen hatte, die Ausgrabungsarbeiten erheblich…"
Die Leichen lagen meist in Gruppengräbern, d. h. in Gräbern, in denen die Toten, die am gleichen Tag beigesetzt wurden, neben- oder übereinander lagen. Die Leichen waren unbekleidet und völlig skelettiert. Die Identifikation der Toten in den

Gruppengräbern gestaltete sich besonders schwierig. Jedes Skelett musste sorgfältig zusammengesetzt werden. In den ersten drei Wochen erfolgten die Untersuchungen bei heißem und trockenem Wetter. Danach folgte eine Regenperiode, die es erforderlich machte, unter provisorisch aufgebauten Regendächern zu arbeiten. Im Westteil der Gräberstätte Moorkaten hatte wegen des hohen Säuregehaltes des Bodens bereits ein Zersetzungsprozess an den Knochen eingesetzt.

Jedes Untersuchungsergebnis wurde in ein besonderes Formblatt eingetragen – mit allen Besonderheiten und den wichtigsten Maßen. Diese Daten wurden dann mit den eingegangenen Fragebögen verglichen. Wichtige Daten lieferten wohl die Gebissfunde. Aber ganz wesentlich erleichtert wurde die Arbeit durch die Aufzeichnungen, Grabbeigaben und durch die persönliche Mitarbeit von Richard Tackx in der ersten Untersuchungswoche.

Die Exhumierungen hatten folgendes Ergebnis:

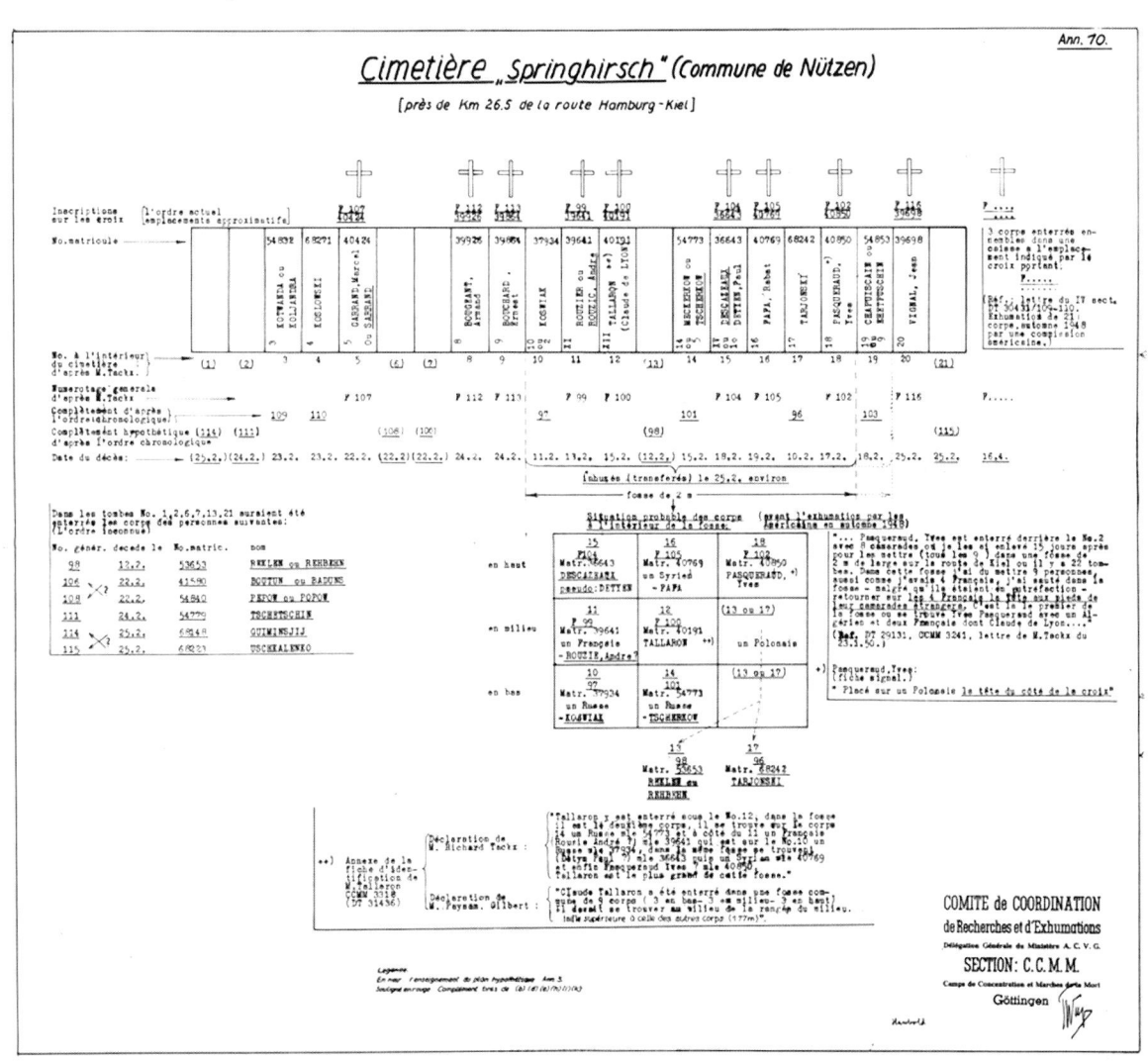

Die Grabanlage in Springhirsch, wie sie während der Exhumierungsarbeiten 1951 dokumentiert wurde. Der kleine Friedhof wurde danach planiert.

In Springhirsch wurden 24 und in Moorkaten wurden 160 Leichname untersucht. Von den 81 gesuchten französischen Staatsbürgern waren schließlich 46 mit Sicherheit und 16 mit großer Wahrscheinlichkeit identifiziert worden. Ebenfalls konnten zwei holländische Staatsbürger mit Sicherheit und ein weiterer mit hoher Wahrscheinlichkeit identifiziert werden. Für jeden exhumierten Leichnam wurde ein Protokoll angefertigt, aus dem die anatomischen Befunde hervorgehen. Die Todesursache konnte nicht in jedem Fall eindeutig nachgewiesen werden. Die überwiegende Anzahl dürfte krankheitsbedingt –Hunger, Entbehrung, Erschöpfung natürlich eingeschlossen- verstorben sein. Doch einige Häftlinge, nicht wenige, müssen durch Gewalteinwirkung ums Leben gekommen sein, denn entsprechende Untersuchungsbefunde an den Knochen und gefundene Projektile legen dies nahe.

Der kleine Friedhof in Springhirsch wurde planiert und die nicht identifizierten Toten nach Moorkaten gebracht und dort begraben. 95 Leichen konnten insgesamt nicht identifiziert werden. Die Überreste der 62 identifizierten Franzosen und der drei Niederländer wurden in ihre Heimat überführt. Die verbliebenen Leichen „liegen in ein Igelittuch eingeklebt im Sarg. Zu ihrer Kennzeichnung liegt innerhalb des Tuches ein Ziegelstein mit einer Tontafel, die die Bezeichnung des Friedhofes und die Grabnummer trägt. Anstelle der Särge der Exhumierten wurde die gleiche Tontafel nebst einer zweiten Tontafel mit der Aufschrift ´exhumiert´ und einem Ziegelstein in ein Igelittuch eingeklebt beigesetzt. Die Lage dieser Gräber ist auf dem Friedhofsplan von Moorkaten schraffiert." (S.72)

Nach Abschluss der Exhumierungen wurden die Holzkreuze wieder aufgestellt, Wege gezogen und Pflanzungen vorgenommen. Die Stadt Kaltenkirchen übernahm weiterhin die Pflege.

Die Bedeutung der Gräberstätte geriet von Jahr zu Jahr mehr in Vergessenheit. Das Hinweisschild an der „Betonstraße" mit der Standartbezeichnung „Kriegsgräberstätte" verschleierte die eigentliche Bedeutung und verbannte die hier begrabenen Opfer einer unmenschlichen Ideologie aus dem Blickfeld der Öffentlichkeit.

Aber am Volkstrauertag 1975 (16.11.), einunddreißig Jahre nach Kriegsende, veranstaltete die „Friedensgruppe Kaltenkirchen", angeführt von Gerhard Hoch, eine Gedenkfeier in Moorkaten, an der zahlreiche Besucher aus Kaltenkirchen und Umgebung, aber auch aus Hamburg, Neumünster und Kiel teilnahmen. Jedes der alten Holzkreuze wurde mit Blumen und einem Windlicht geschmückt. Seitdem begann durch die Initiative von Gerhard Hoch und seinen Helfern Zug um Zug in einem langsamen

Der hier ausgedrückte Wunsch wurde erst 1992 erfüllt. (Archiv Hoch)

Prozess sich die wahre Bedeutung der Stätte wieder zu enthüllen, zum erklärten Leidwesen jener, die meinten, um den guten Namen Kaltenkirchens fürchten zu müssen.

Im Jahre 1976 (27.10.) hatte die Amicale (Freundeskreis) Internationale de Neuengamme ein großes Treffen in Neuengamme. Erstmals konnte Gerhard Hoch mit einigen Freunden unter den vielen Hunderten von Teilnehmern vier ehemalige Häftlinge des Außenkommandos Kaltenkirchen finden, Kontakte und Freundschaften zu ihnen aufbauen und ihnen viele Informationen über das ehemalige Lager entlocken. Damit war der Startschuss zur Aufhellung dieser dunklen Geschichte Kaltenkirchens gefallen.

Nach vielen Mühen gelang es 1976, mit dem ehemaligen polnischen Häftling S. Jaskiewicz Kontakt aufzunehmen. Der Magistrat der Stadt Kaltenkirchen, angeführt von dem damaligen Bürgermeister Günther Fehrs, bemühte sich, diesen Mann und auf dessen Wunsch Frau Hanna Jaworska, Witwe eines anderen polnischen Häftlings in Kaltenkirchen, im Juli 1977 als offizielle Gäste der Stadt Kaltenkirchen einzuladen.

Hanna Jaworska, S. Jaskiewicz in Kaltenkirchen, Foto: Jaskiewicz

Foto: Gill

Der für dieses Buch so wichtige Besuch kam tatsächlich zustande. Beide weilten über eine Woche in Kaltenkirchen.

Im Herbst desselben Jahres, also 1977, besuchten für mehrere Tage drei ehemalige Häftlinge aus Frankreich die Stadt. Auch sie waren vom Magistrat und dem Bürgermeister begrüßt worden.

Zuvor schon zeichnete sich in den Gremien der Stadt Kaltenkirchen, die dazu in engem Kontakt mit Gerhard Hoch und der „Historischen Arbeitsgruppe" stand, ab, dass eine Umgestaltung der „Kriegsgräberstätte" Moorkaten notwendig sei. Es wurde der Kontakt zum Volksbund Deutsche Kriegsgräberfürsorge gesucht. Vertreter des Landesverbandes Schleswig-Holstein besuchten Kaltenkirchen. Auch zwischen ihnen und der Stadt herrschte bald die Übereinstimmung, dass eine Neugestaltung der Gräberstätte unumgänglich sei.

Im Zeichen des 25-jährigen Jubiläums der Jugendlager des Volksbundes führte der Landesverband Schleswig-Holstein sein erstes internationales Jugendlager in diesem Bundesland durch: vom 28.07. bis 15.08.77 in Kaltenkirchen. Junge Leute aus sieben europäischen Nationen (Großbritannien, Norwegen, Italien, Frankreich, Island, Luxemburg und der Bundesrepublik Deutschland) arbeiteten nach Plänen des Volksbundes an der Neugestaltung der Gräberstätte Moorkaten. Im Anschluss an die Eröffnungsfeier des Jugendlagers versicherten übereinstimmend alle offiziellen Vertreter der Landesregierung Schleswig-Holsteins, des Volksbundes, der Bundeswehr und der Stadt Kaltenkirchen, dass von dieser Stätte eine spezifische politische Botschaft ausgehen müsse.

In den Sommerferien 1978, also ein Jahr später, wurde das internationale Jugendlager fortgesetzt und die begonnenen Arbeiten vollendet. Unter großer Beteiligung der Öffentlichkeit und im Beisein einer Delegation früherer französischer Häftlinge des Lagers wurde die Stätte am 13.8.1978 in einer Gedenkstunde eingeweiht. Nun heben Gedenktafeln am Eingang die bisherige Anonymität des Friedhofes auf. Entstanden ist eine Gedenkstätte, ein Mahnmal, dessen Bedeutung der Kaltenkirchener Bürgermeister Günther Fehrs am 13.8.1978 auf den Punkt brachte: „Zwölf Jahre Gewaltherrschaft waren kein Betriebsunfall der deutschen Geschichte. Das Regime brach nicht aus heiterem Himmel über Deutschland und die Welt herein. Nationalsozialistisches Gedankengut fiel auf fruchtbaren Boden, bevor es zur furchtbaren Wirklichkeit für Millionen wurde."

Trotzdem hatte sich der Volksbund nicht zu einer neuen Namensnennung der Gräberstätte durchringen können. Er bestand auf der Standartbezeichnung „Kriegsgräberstätte". Das Hinweisschild an der Straße und die neu gestaltete steinerne Tafel an der Zuwegung zur Gräberstätte behielten die alte irreführende Bezeichnung. Erst 1992 konnte das Hinweisschild an der Betonstraße korrigiert werden. Seitdem weist es auf die „Gräberstätte für Kriegsgefangene und KZ-Opfer" hin.

Jedoch die seit dem internationalen Jugendlager 1978 vor der Zuwegung zur Gräberstätte existierende, eigentlich ganz ansehnliche Tafel befindet sich bis heute mit ihrer alten Bezeichnung immer noch unverändert an ihrer Stelle. Aber im Herbst 2006 ließ die Stadt Kaltenkirchen auf Anregung des Trägervereins KZ-Gedenkstätte Kaltenkirchen daneben ein erläuterndes Schild anbringen, das die Besucher so informiert:

„Die Tafel von 1978 mit der irreführenden Bezeichnung „Kriegsgräberstätte" soll erhalten bleiben als Erinnerung an eine Nachkriegsgesellschaft, die vergessen wollte. Die Tafel soll mahnen, die Opfer niemals wieder aus den Augen zu verlieren." Foto: Gill

Nachwort

„Man konnte doch nichts wissen", dieser im Nachkriegsdeutschland oft ausgesprochene Satz - zuletzt allerdings seltener und leiser – war selbst im Jahr 2006 noch einmal zu hören gewesen, wir berichteten.

Im konkreten Kaltenkirchener Fall fassen wir noch einmal zusammen:

Weder die SS-Führung noch die Luftwaffenführung zeigte irgendein auffälliges Interesse, das Außenkommando der öffentlichen Wahrnehmung zu entziehen. Das Lager befand sich in unmittelbar an der viel befahrenen Reichsstraße 4, für jedermann sichtbar und die Neugier geradezu herausfordernd. Die Arbeitskolonnen von Häftlingen in ihrer auffällig gestreiften Kleidung marschierten täglich auf offener Straße. Die hohlwangigen Elendsgestalten, uralt und alle gleich aussehend - ob sie noch jung waren oder tatsächlich alt, das war nicht zu bestimmen - begleitet von gebrüllten Befehlen auf Deutsch, konnten von den Bewohnern der „Wald- und Gartenstadt Springhirsch" täglich gesehen und gehört werden. Kaltenkirchener Geschäftsleute hatten regelmäßig Zugang zum Lager. Arbeiter bei den Baufirmen, die zum Teil in Privatquartieren der Umgebung untergebracht waren, begegneten den Häftlingen an den Arbeitsstellen. Die zahlreichen um den Flugplatz herum stationierten deutschen Soldaten und die Wachsoldaten selber dürften darüber gesprochen haben, was sie gesehen und erlebt haben. Die gesamte Bevölkerung im Umkreis wusste, so erfuhr es Gerhard Hoch während seiner Recherchen vielfach, nicht nur von der Existenz des Lagers, sondern auch von den Zuständen dort. Die Menschen redeten darüber in Kaltenkirchen, Alveslohe, Nützen, Lentföhrden und in anderen

Gemeinden der Umgebung, das ist bezeugt. Auf welche Weise sie darüber sprachen und mit welcher persönlichen Einstellung dazu, das ist eine andere Frage.

Man muss also nicht länger die in den Nachkriegsjahrzehnten kolportierten Legenden wie z.B. „in Kaltenkirchen hat man nichts gewusst" widerlegen wollen, das ist müßig. Viel interessanter ist es, der Frage nachzugehen, warum und wozu sich diese Legenden gebildet haben. Da sind zunächst natürlich die besonderen Zeitumstände der letzten Kriegsmonate zu berücksichtigen, die angesichts des allgegenwärtigen Todes zu einer enormen Abstumpfung der Gefühle bis hin zur Verrohung geführt haben. Die verzweifelten Anstrengungen der Funktionsträger, das drohende Unheil des eigenen Unterganges abzuwenden, das sich Klammern an Strohhalmen und der Kampf ums eigene Überleben schufen eine Atmosphäre, in der für Mitleid ausgerechnet gegenüber den „Feinden Deutschlands" kein Platz war. Die anklagenden Fragen nach dem Kriege: „Was habt ihr gegen das Unrecht getan?" empfand man als anmaßende und unberechtigte Vorwürfe der Sieger und deren Nachsprecher. Denn das Ende des Krieges war als Niederlage des deutschen Reiches und der eigenen Hoffnungen und Wünsche erlebt worden. Wer nun „opportunistisch" - so schätzten es die Leute hier ein - nach Mitverantwortung für die Katastrophe fragte, hatte entweder keine Ahnung oder betrieb die Geschäfte der Sieger, die Deutschland mit Schmutz bewerfen wollten.

Ausgerechnet Gerhard Hoch, der einer von ihnen gewesen war, einst ein strammer Hitlerjunge und glühender Nationalsozialist, freudig für ein großdeutsches Reich in den Krieg gezogen, ausgerechnet er stellte die unerhörte Frage an seine ehemaligen Weggefährten im Dorf und an sich selber: „Was haben wir gegen das Unrecht getan?" Ihm trat, wie er selber im Nachwort der ersten Ausgabe dieser Studie sagt, „eine ganze Palette von Reaktionen entgegen: Ärger und Empörung über das ´Herumrühren in alten Sachen, die unser Nest beschmutzen und dem Ansehen unseres Landes schaden´" Er wurde darauf hingewiesen, „dass im Lager doch auch Kriminelle, hauptsächlich Angehörige der Feindmächte, allen voran Russen und Polen einsaßen". Er wurde aufgefordert, „doch lieber Leiden und Tod deutscher Kriegsgefangener in der Sowjetunion gegen die Zustände in den deutschen KZ´s aufzurechnen." Oder er stieß auf die Mauer des Schweigens und Leugnens. Diejenigen, die sich berühren ließen von den Ergebnissen seiner Untersuchung und ihre Abscheu gegenüber jenem „deutschen Wesen" des Dritten Reiches erklärten, die gab es „glücklicherweise", wie er feststellte, - zwar nicht so häufig - auch.

Gerhard Hoch ging 2007 den Gründen für die hartnäckige Behauptung „Man konnte doch nichts wissen" nach und bot zwei Grundmuster zur Erklärung an:[96]

1. Es handelt sich um eine bewusste Schutzbehauptung
2. Es ist das Ergebnis eines unbewussten gesellschaftlichen Prozesses.

An dieser Stelle sollen beide Punkte einmal aus der Sicht von G. Hoch näher erläutert werden. Zur bewussten Schutzbehauptung bemerkt G. Hoch, dass sehr viele Zeitgenossen damals sich persönlich mehr oder weniger eingebunden sahen in eine „Volksgemeinschaft". Dass das, was in deren Namen geschah, als Verbrechen empfunden wurde, prägte sich deshalb individuell sehr verschieden aus. Meistens überdeckte das Gefühl des Stolzes über die „Erfolge" des Regimes das Gefühl des Mitleids mit den Opfern dieser „Leistungen", und dies, wie Hoch feststellt „je nach Sensibilität des Einzelnen". Erinnert sei in diesem Zusammenhang das merkwürdige „Unschuldsgefühl" der in Nürnberg angeklagten NS-Täter, die sich alle für nichtschuldig erklärten und angesichts der ungeheuren Verbrechen ruhig schlafen konnten und während psychologischer Untersuchungen keinerlei neurotische Störungen, sondern normale Reaktionen gesunder und unschuldiger Menschen zeigten. Dieses die Weltöffentlichkeit entsetzende Phänomen war damals als die „Banalität des Bösen"

(Hannah Arendt) beschrieben worden. Erst heute wissen wir genauer, dass die Täter als ganz normale Menschen innerhalb des Systems völlig integer, angepasst und mit äußerer und innerer Zustimmung und Anerkennung gelebt haben, freilich in einem System, das Menschen, die zu „Schädlingen" erklärt worden waren, vernichtete.[97]

Dieses extreme Phänomen der Täter im Nationalsozialismus sei hier angeführt, um die möglichen graduellen Unterschiede der Identifikation mit dem System in der Bevölkerung begreiflich zu machen, was deren Unschuldsbewusstsein und späteres Abwehrverhalten bestimmte. Gerhard Hoch 2007: „Wenn nach der Zerschlagung des Dritten Reiches ... die kriminelle und menschenfeindliche Kehrseite dessen, mit dem man sich bisher identifiziert hatte, offen zutage trat, wandelte sich der Stolz millionenfach in ein Gefühl tiefster Erniedrigung. Die Empfindung von Scham fand nur selten Platz. Die herrschende, vor aller Welt zutage tretende Emotion war Selbstmitleid." [98]

Thomas Mann prägt den Begriff „Die beleidigte Nation". Um Schmerz, Scham und Enttäuschung auszuweichen, flüchtete man in billige Tröstungen, die auch von kirchlicher Seite her reichlich geliefert wurden. Hoch: „Leichter begehbar schien der Weg der Leugnung und Verkleinerung von Mitverantwortung und Schuld."[99]

Wer ohnehin damals die Ereignisse um das Lager in der Region Kaltenkirchen als ziemlich „normal" und undramatisch erlebte, für den sie halt gewohnter akzeptierter Alltag ohne bemerkenswerte Besonderheit waren, dem fiel das Vergessen offenbar leichter, so wie man unbedeutende Erlebnisse, die einen wenig angehen, eher vergisst als die quälenden. Wenn aber dann jemand mit einer anderen Bewertung die Ereignisse von damals nachträglich in ein scharfes Licht rückt und Fragen dazu stellt, die wie eine Anklage wahrgenommen werden, dann reagiert man aufgeschreckt und verärgert. Aber für uns heute, die wir unbefangener an die Geschichte herangehen können, ist es ein unabdingbares Gebot, die Handlungen und Taten des Naziregimes mit der 250-jährigen Elle von Humanität und Aufklärung zu messen und sie als Verbrechen gegen die Menschlichkeit zu werten. Eine Gesellschaft, die das versäumt, ist gegen eine Wiederholung des Unrechts –unter welchem Gewand auch immer – nicht gefeit.

Gerhard Hoch weist in dem erwähnten Aufsatz auf einen zweiten Aspekt der Verdrängung hin, die er als „das Ergebnis eines längeren, unbewussten Prozesses in der Gesellschaft" bezeichnet. Die bedrückende Lage der Nachkriegszeit, als das alles auf das deutsche Volk zurückschlug, was es vorher selber anderen Völkern zugefügt hatte, ließ keinen Raum für Reflexionen über Recht und Unrecht, über Moral und Verantwortung. Auch die Menschen in der hiesigen Region sahen sich einem Überlebenskampf ausgesetzt, der alle ihre körperliche und seelische Energie band und alle Zeit und Aufmerksamkeit beanspruchte. „Dies Mühen um elementarste Dinge des Lebens, die daraus resultierende Atemlosigkeit war es, die den meisten keinen Raum zur Reflektion der eigenen Lage ließ, zur Einsicht in deren Ursachen und für die Erinnerung an Unmenschlichkeiten, die sich nicht selten vor ihrer eigenen Tür zugetragen hatten."[99)] Gerhard Hoch führt weiter aus: „Viele Familien trauerten um Angehörige, die den deutschen Angriffskrieg mit ihrem Leben oder mit ihrer Gesundheit bezahlt hatten. Unzählige hatten den Verlust ihrer Heimat und ihres ganzen Besitzes zu beklagen. Die daraus resultierenden Gefühle verdunkelten den Blick auf die Ursachen all dieses Unglücks."

Dass dort draußen in der Kaltenkirchener Heide einmal ein KZ-Außenkommando gewesen war, in dem Menschen bis zur physischen und psychischen Vernichtung ausgebeutet, geschunden und gedemütigt wurden, von dem man gehört und dem man aber schon damals keine große Bedeutung beigemessen hatte, das erschien im eigenen täglichen Überlebenskampf keiner Erinnerung wert. So verschwand es aus dem Gedächtnis der Region, bis Gerhard Hoch ab 1975 wieder daran rührte.

Zum Schluss seien hier die 2007 neu entdeckten Fotos erwähnt, die vom schönen Leben der NS-Täter in Auschwitz während ihrer Freizeit erzählen.

Zutiefst erschrocken formulierte Arno Widmann in der FR vom 21.09.07 dazu: „Die Auschwitz-Aufnahmen zeigen nichts, sie lassen uns ahnen, wozu wir fähig sind. Vor ihnen fangen wir an, über Umstände nachzudenken, die aus Nachbarn Mörder machen."

Die Geschichte der KZ-Gedenkstätte Kaltenkirchen

Die Dokumentation des KZ-Außenkommandos Kaltenkirchen wäre unvollständig, wenn nicht anschließend die Geschichte seiner Wiederentdeckung und der Entstehung einer Gedenkstätte am Ort des Lagers kurz erzählt würde. Die Entstehungsgeschichte der KZ-Gedenkstätte Kaltenkirchen in Springhirsch reicht zurück in das Jahr 1975. Bis dahin hatte es die Allianz des Schweigens geschafft, das KZ-Außenkommando fast völlig aus dem Gedächtnis der Menschen zu tilgen. An der Stelle, wo das ehemalige Lager vom August 1944 bis zum April 1945 existierte, wuchs inzwischen der „Wald des Vergessens".

Dreißig Jahre nach der Befreiung von der Nazi-Herrschaft in Jahre 1975 wurde Gerhard Hoch, damals Redaktionsmitglied einer Kaltenkirchener SPD-Ortszeitung „Info", von einem älteren Parteimitglied, von Hermann Möller, darauf aufmerksam gemacht, dass es im Raum Kaltenkirchen ein KZ-Außenlager von Neuengamme gegeben habe. „Kümmert Euch darum", hatte Hermann Möller seine Parteifreunde aufgefordert. Gerhard Hoch kümmerte sich im Auftrage der Redaktion und veröffentlichte im Frühjahr 1975 im Parteiblatt einen Artikel unter der Überschrift „Kaltenkirchens blutige Erde". Die ersten Recherchen zu diesem

Die ehemalige Nordbaracke in den sechziger Jahren

Artikel brachten so viel verschüttetes Wissen zutage, dass Gerhard Hoch von nun an vom Thema „Kaltenkirchen unterm Hakenkreuz" gepackt war. In vielen weiteren Veröffentlichungen deckte er die nationalsozialistische Vergangenheit seiner Heimatregion auf, entriss sie gegen mannigfaltige Widerstände dem gewollten Vergessen und wurde damit zum Pionier auf dem Gebiet der regionalen Zeitgeschichtsforschung, der in anderen Regionen der Bundesrepublik seine Nachahmer fand.

Mit der Wiederentdeckung der Geschichte des Lagers waren die Voraussetzungen geschaffen worden für die Möglichkeit, genau an dem Ort, wo das Lager damals existiert hatte, eine Gedenkstätte zu errichten. Schon am 7.06 1984 stellte die Kreistagsfraktion der GRÜNEN in einer Sitzung des Segeberger Kreistages den Antrag, an den Stellen, „wo besonders schwere Verbrechen begangen worden sind: Im KZ-Außenkommando Kaltenkirchen (Springhirsch) und im „Sterbe-Lager"…" Gedenktafeln zu errichten. Die Kreistagsfraktion der CDU (Mehrheitsfraktion) lehnte jedoch den Antrag mit der Begründung ab, mahnende Gedenktafeln an die Naziverbrechen passten nicht in die Kaltenkirchener Landschaft. (Kaltenkirchener Stattblatt vom 16. Juni 1984). SPD und FDP hatten dem Antrag der GRÜNEN zugestimmt.

Später zog es Gerhard Hoch immer wieder an jene Stelle an der B4, wo nach seiner Kenntnis das Lager gewesen sein musste. Dass er diese systematische Suche nach Überbleibseln des Lagers erst in den neunziger Jahren intensiver aufnahm, lag an den vielfältigen Verpflichtungen seiner historischen Forschungsarbeit, die ihn zeitlich sehr stark in Anspruch genommen hatte, verbunden mit Vorträgen, Publikationen und Unterricht in Schulen.

Wäre er nicht erst 1975, sondern schon 1972/73 auf das KZ-Außenlager Kaltenkirchen aufmerksam gemacht worden, dann hätte er möglicherweise noch auf die Nordbaracke des ehemaligen Lagers treffen können, in der am Westende eine Kneipe und zuvor noch deutsche Flüchtlinge aus dem Osten untergebracht gewesen waren. Nunmehr hatte aber die neue Grundstückseignerin,

Colette Rey, Tochter von Richard Tackx, 2006 in der Richard-Tackx-Str., Foto: Gill

die Flughafengesellschaft (FHG) Hamburg in Erwartung des Großflughafens Kaltenkirchen alle Gebäude abgerissen. Und in den Jahren danach holte sich auf dem ungenutzten Gelände die Natur ihr Terrain zurück.

Ohne denkmalswürdige Überreste und Funde war es schwierig, eine Gedenkstätte in den Gremien durchzusetzen. Trotzdem stellte die SPD-Fraktion der Kaltenkirchener Stadtvertretung am 9. Nov. 1982 den Antrag, neben der vorhandenen Gräberstätte in Moorkaten eine weitere Gedenkeinrichtung ins Auge zu fassen, die an das KZ-Außenkommando Kaltenkirchen in Springhirsch erinnern sollte. Es blieb aber bei einer Absichtserklärung. Kronkreter war da schon am 7. Juni 1984 der oben erwähnte Antrag der GRÜNEN im Segeberger Kreistag gewesen mit dem negativen Ergebnis wegen der Ablehnung durch die Mehrheitsfraktion.

Erster Baggereinsatz in unwegsamem Gelände – Foto: Archiv Hoch

Einen schönen Erfolg seiner Anstrengungen konnte Gerhard Hoch in den neunziger Jahren feiern. Ihm und einer Arbeitsgruppe gelang es, die Kaltenkirchener Stadtvertreter zu veranlassen, drei Personen, deren Namen eng mit der Geschichte des KZ-Außenlagers verbunden waren, zu ehren. Nach Richard Tackx, Hertha Petersen und Else Stapel wurden 1995 drei Straßen in einem südwestlich gelegenen Neubaugebiet Kaltenkirchens benannt.

Es war im Herbst 1994, als Gerhard Hoch während eines Spazierganges mit seiner Frau in Springhirsch unweit der B4 auf ein Loch stieß, und an dieser Stelle unter einer dicken Laubschicht eine Betonplatte fand, die sich später als die Küchenplatte im Versorgungsbereich der Nordbaracke identifizieren ließ. Damit war zu erwarten, dass mit weiteren Ausgrabungen in der Nähe noch mehr Überreste zu finden wären. Die Idee einer Gedenkstätte am authentischen Ort nahm von nun an handfestere Formen an. Aber im Januar 1995 wurde das entsprechende Ansinnen der „Friedensgruppe Kaltenkirchen" im zuständigen Ausschuss mit der Begründung zurückgewiesen, dass die Stadt mit der Pflege der Gräberstätte in Moorkaten genug für die Erinnerung und für das Gedenken täte und deshalb weitere Gedenkeinrichtungen in der Nähe überflüssig seien.

Dessen ungeachtet meldeten sich im Sommer 1996 zwei junge Leute, die Studentin Maren Grimm und der Student Oliver Gemballa, die die Bücher von Gerhard Hoch gelesen hatten, und nahmen die Angelegenheit unkonventionell in die eigenen Hände. Sie begannen zusammen mit Gerhard Hoch, ausgehend von der Betonplatte, systematisch mit Hacke und Schaufel nach weiteren Spuren des Lagers zu suchen. Man fand wenig. Ein Bagger musste her.

Inzwischen hatte Dr. Hans-Jürgen Häßler, Vorsitzender des „Zentralmuseums gegen Verbrechen wider die Menschlichkeit", Hannover, von dem Vorhaben erfahren. Er sagte einen Zuschuss von 1000 DM zu. Damit konnte für einen Tag ein Bagger samt Baggerfahrer gemietet werden. Unter fachmännischer Leitung durch den Grabungsexperten Dietrich Alsdorf, Stade, wurde ein Bagger eingesetzt. Er baggerte am Ostrand des ehemaligen Lagerkomplexes, wo er nicht durch Bäume behindert wurde und stieß hier glücklicherweise auf die Fundamentreste der früheren Latrinen- und

Die beiden Informationstafeln, wie sie heute zu sehen sind, Foto: Gill

Waschbaracke. Die wurden danach in mühsamer Kleinarbeit mit einfachem Gerät von Hand frei gelegt.

Verschiedene Stellen und Institutionen von staatlicher und privater Seite horchten auf. Sie boten Hilfe an und gaben somit dem Vorhaben entscheidende Impulse. Das Wissenschaftsministerium der Landesregierung SH im September 1997 reagiert mit einer nennenswerten finanziellen Unterstützung. Die „Amical Internationale de Neuengamme" wurde aufmerksam und es begann eine fruchtbare Zusammenarbeit. Im Oktober 1997 schob die Fa. Rasch, Weddelbrook, einen Erdwall entlang des nördlichen Weges zur Abgrenzung nach Norden auf. Im November 1997 vermaßen Fachleute aus Hamburg das Gelände auf der Grundlage britischer Luftfotos, aufgenommen am 25.12.44, so dass die Lage der Baracken zugeordnet und am Ort die Barackenbegrenzungen durch Holzlatten dargestellt werden konnten. Im Dezember 1997 begrüßte der Volksbund Deutsche Kriegsgräberfürsorge das Projekt und unterstützte die Herstellung zweier Informationstafeln.

Im Laufe des Jahres 1998 bis zum Herbst erschienen viele Besucher auf dem Gelände, auch jene, die für die Förderung der Gedenkstätte wichtig waren, Politiker und Personen von öffentlichem Rang. Von privater und öffentlicher Seite gab es jetzt Unterstützung, z. B. von der Deutschen Bank, von der Reemtsmastiftung, von der AKN, von den Kreissparkassen Segeberg und Pinneberg, von der Standortverwaltung des Bundeswehrübungsplatzes, vom Ministerium für Bildung, Wissenschaft, Forschung und Kultur des Landes Schleswig-Holstein, vom Institut für Friedens- und Konfliktforschung Hannover und vor allem von der Grundstückseignerin, der Flughafengesellschaft (FHG) in Hamburg. Letztere unterstützte das Projekt materiell und ideell unter Federführung des lt. Angestellten der FHG, Axel Schmidt. Die Leitung der FHG war über jeden Schritt der Entwicklung mündlich und schriftlich gründlich unterrichtet und erteilte nicht nur jeweils zu allen Maßnahmen ihre Zustimmung, sondern bot bei Bedarf den Einsatz von eigenem Gerät an.

Man bemühte sich besonders um die Schulen in der Region. Denn die wachsende Gedenkstätte sollte als Lernort der Geschichte ausgebaut und besonders für die Jugend entwickelt werden. 21 Schulen im Umkreis der Gedenkstätte konnten gewonnen werden, die sich verpflichteten, notwendige Pflegearbeiten zu übernehmen und regelmäßig ihre neunten und zehnten Klassen zu einem Un-

Das Dokumentenhaus der KZ-Gedenkstätte Kaltenkirchen 2006, Foto: Gill

terrichts- und Infovormittag zu schicken. Durch eigenes Mittun und Arbeiten am Ort des damaligen Leidens, so die Vorstellungen der Initiatoren, könnten Betroffenheit und Neugier bei den jungen Menschen eher geweckt werden als allein durch Information und Unterweisung. Hauptanliegen der Gedenkstätte sollten sein zu vermitteln, „dass die schlimmsten Erscheinungsformen des Nationalsozialismus nicht nur in fernen Gegenden zutage traten, sondern gleichfalls in der engsten Heimat und mitten in der damaligen Gesellschaft unter den Augen Tausender Zeitgenossen.[100]

Im Februar 1999 formierte sich die „Arbeitsgruppe KZ-Gedenkstätte" unter der Leitung von Gerhard Hoch. In ihren Händen lag die weitere Ausgestaltung der Gedenkstätte. Vor allem ging es um das Modell einer Trägerschaft zur dauerhaften Sicherung einer zukünftigen KZ-Gedenkstätte Kaltenkirchen, nachdem am 18.11.1998 der Amtsausschuss des Amtes Kaltenkirchen-Land die Übernahme einer Trägerschaft abgelehnt hatte. Das Amt Kaltenkirchen-Land war zunächst als der natürliche Träger erschienen, weil sich die Gedenkstätte in Springhirsch, einem Ortsteil von Nützen, befindet und die Gemeinde Nützen zum besagten Amt gehört.

Nach der Ablehnung wandte man sich an die Stadt Kaltenkirchen. Zwar war auch sie aus Kostengründen nicht bereit, eine alleinige Verantwortung zu übernehmen, aber die Stadtverwaltung half, das Modell einer privatrechtlichen Trägerschaft aufzubauen, das geeignet erschien, die Lasten auf viele Schultern zu verteilen. Die Stadt selbst erklärte ihre Bereitschaft, einem gegründeten Trägerverein sofort als Mitglied beizutreten. Diese privatrechtliche Konstruktion eines Trägervereins, die bald verwirklicht wurde, hat sich hervorragend bewährt und wird getragen vom Engagement ehrenamtlich tätiger Personen bis in die Gegenwart.

Am 5. Juli 1999 gründete sich mit Hilfe der Stadt Kaltenkirchen der „Trägerverein KZ-Gedenkstätte Kaltenkirchen in Springhirsch e. V.". Ihm traten schon in der Gründungsversammlung neben 28 Einzelpersonen viele Gemeinden und Städte, Kirchengemeinden, Schulen und Firmen aus der Umgebung bei. Am gleichen Abend wurde der Vorstand des Trägervereins gewählt. Der Vorstand, der sich seitdem monatlich trifft, trieb Zug um Zug den Ausbau der Gedenkstätte voran.

Das Dokumentenhaus konnte durch großzügige Hilfen und Spenden von privater Seite im Januar 2001 verwirklicht werden. Ein Bürocontainer wurde am Nordostrand der Gedenkstätte auf solide Fundamente gestellt. Damit konnte endlich die KZ-Gedenkstätte ihre Funktion als „Lernort der Geschichte" wahrnehmen, denn es stand mit dem Dokumentenhaus eine beheizbare Tagungsstätte zur Verfügung, die zur Not sogar Plätze für eine

„Drehstein" von Ingo Warnke auf dem ehemaligen Appellplatz, Foto: Gill

Innenzaun um die Fundamentruinen, die das Herzstück der Gedenkstätte darstellen, Foto Gill

ganze Schulklasse bot, freilich dafür sehr beengt. Auch eine Dauerausstellung, bestehend aus 32 großen Wandtafeln, wurde eingerichtet. Seit dem April 2002 wird das Dokumentenhaus an Sonn- und Feiertagen für das Publikum geöffnet. Über das Sommerhalbjahr bis Ende Oktober können Besucher die Ausstellung betrachten, Bücher und Aufsätze einsehen, Fotos und Dokumente begutachten und mit der Aufsicht Kontakt aufnehmen, die gerne zu

Die Wandausstellung aus 32 Tafeln, die wir in diesem Buch eingangs abgedruckt haben, war im November 2002 fertig gestellt worden. Die einzelnen Wandtafeln wurden aus Platzgründen an zwei Wandhalterungen befestigt. Sie informieren mit Bildern, Texten, Grafiken und Dokumenten in chronologischer Reihenfolge nicht nur über das KZ-Außenkommando Kaltenkirchen, sondern stellen auch die nationalsozialistische Geschichte

Beschriftete Feldsteine am Rundweg, Foto: Gill

näheren Erläuterungen und Gesprächen bereit ist. Zeitweise konnte mit Hilfe der VHS-Kaltenkirchen eine ABM-Kraft auch unter der Woche als Aufsicht im Dokumentenhaus eingesetzt werden, das inzwischen mit Telefon, Alarmanlage, Video, DVD und Kopierer ausgestattet ist.

der Region vor und nach der Existenz des Lagers dar. Damit wird ein Bild über die Ursachen und Voraussetzungen des Lagers gegeben, es werden die Zustände im Lager selber dargestellt, es wird über die vielfältige Zustimmung, Unterstützung und das Wissen der Bevölkerung, aber auch über

Der Blick in das Innere des neuen Hauses im Herbst 2007, an den Wänden die Tafeln der ehemaligen Wandausstellung, die aus dem alten Dokumentenhaus dorthin gebracht worden waren, Foto: Gill

deren vereinzelte Widerstände und Hilfen für die Gefangenen berichtet und es wird sich kritisch damit auseinandergesetzt, wie nach dem Kriege mit der eigenen Geschichte umgegangen wurde.

Eine enorme Aufwertung erfuhr die Gedenkstätte mit der künstlerischen Gestaltung durch den Bildhauer Ingo Warnke. Besonders beeindruckt sein „Drehstein" auf dem ehemaligen Appellplatz die Besucher. Auf ihm ist die letzte Strophe des Gedichtes von Stephan Hermlin „Asche von Birkenau" spiralförmig von oben nach unten aufgetragen.

Drei weitere Gedenksteine, der „Hungerstein", der „Folterstein" und der „Sargstein" komplettieren die künstlerische Gestaltung. Die künstlerischen Arbeiten wurden von der Europäischen Kommission in Brüssel finanziell gefördert.

Der Innenzaun um die einzig vorhandenen Fundamentreste der Wasch- und Latrinenbaracke begann morsch zu werden. Er sollte Besucher daran hintern, die Ruinen zu betreten. Er wurde im Januar 2004 von unbekannten Tätern mutwillig niedergerissen. Der Innenzaun konnte im Sommer von ABM-Kräften mit dauerhaftem Eichenholz erneuert werden.

Viele weitere Verbesserungen kamen hinzu. Die Namen und bekannten Daten der im Kaltenkirchener Lager verstorbenen Häftlinge, insgesamt 214

Tote, wurden im Herbst 2004 auf Feldsteine aufgetragen und am Rande des Rundweges niedergelegt. Zwei Frauen aus Alveslohe, zwei Realschülerinnen aus Kaltenkirchen und polnische Schüler und Schülerinnen beschrifteten die Steine. Seitdem sind sie ein wichtiger Anziehungspunkt für die Besucher. Besonders ausländische Besucher, manchmal Angehörige von verschollenen Häftlingen, stehen hier lange und haben einen Ort ihrer Trauer.

In den Jahren 2006 und 2007 standen Finanzierung, Gestaltung und Ausbau eines zweiten viel größeren Containers als Versammlungs- Schulungs- und Ausstellungsraum im Mittelpunkt aller Anstrengungen. Dabei ging es nicht nur um die bauliche Komplettierung, sondern auch um die innere Entwicklung einer Gedenkstätte, die auf professioneller Basis den zukünftigen Anforderungen einer modernen Gedenkstätte, einer Gedenkstätte als „Lernort der Geschichte", gewachsen sein wollte. Für diese Arbeit tagte seit 2006 regelmäßig ein Arbeitkreis, der sich um Sinngebung und Ziele der Gedenkstättenarbeit immer wieder neue Gedanken machte. Gerade hierum bemühte sich die seit 2004 im Amt als erste Vorsitzende des Trägervereins befindende Uta Körby. Die Erkenntnis war, dass die Suche nach neuen Orientierungen nie aufhören durfte, weshalb der Arbeitskreis neben der Vorstandsarbeit auch in Zukunft weiterhin fortbestehen soll. In diesem Zusammenhang gelang es, Kontakt zu Kieler Studenten aufzunehmen, die zusammen mit dem Trägerverein ein verbessertes Ausstellungskonzept für die Zukunft erarbeiten wollen.

Mit dem 2007 in oft mühevoller Eigenleistung aus fünf Einzelcontainern zusammengebauten zweiten Haus ist endlich der Rahmen gegeben, innerhalb dessen die zukünftige Gedenkstättenarbeit „professioneller", wie Prof. Dr. Uwe Danker von der Universität Flensburg sie fordert, gestaltet werden kann. Dabei werden die geknüpften Kontakte zu den anderen Gedenkstätten in Schleswig-Holstein und darüber hinaus mit dem ständigen Informationsfluss zwischen ihnen sehr hilfreich sein, obwohl sich die Hauptarbeit auf die besonderen Gegebenheiten hier vor Ort konzentrieren wird.

Was die von Prof. Dr. Uwe Danker geforderte „Professionalisierung" der Gedenkstättenarbeit in Schleswig-Holstein angeht, so darf man doch den Einsatz von ehrenamtlich Tätigen, von „engagierten Laien", wie sie manchmal herablassend von akademischer Seite her bezeichnet werden, nicht gering achten. Ohne deren „laienhaftes" und manchmal unkonventionelles Vorgehen (man erinnert sich an Maren Grimm und Oliver Gemballa) hätte sich die KZ-Gedenkstätte Kaltenkirchen so nicht entwickelt.

Die Forderung nach „Professionalisierung" und Modernisierung der Gedenkstättenarbeit müsste eigentlich mit der Einstellung eines hauptamtlichen Mitarbeiters verknüpft werden. Dafür brauchte es aber den Einsatz erheblich größerer Geldmittel. Außerdem erscheint das als eine Nummer zu groß. Die Finanzkraft der „Bürgerstiftung Schleswig-Holsteinische Gedenkstätten", ohne deren Mittelzuwendungen die Entwicklung der KZ-Gedenkstätte Kaltenkirchen in letzter Zeit undenkbar gewesen wäre, ist zudem auch begrenzt. 10 000 Euro hat sie von 2005 bis 2007 jährlich (Projektförderung und institutionelle Förderung) für den Ausbau und die Arbeit der KZ-Gedenkstätte Kaltenkirchen zur Verfügung gestellt. Dieser jährliche finanzielle Beitrag ist jedes Mal neu zu beantragen und „den Förderrichtlinien entsprechend" zu begründen, die nach Prof. Dr. Uwe Danker „rigide" zur Anwendung kommen sollen. Eine Garantie der regelmäßigen Fortsetzung dieser Mittelzuwendung also gibt es nicht. Somit sollte die Zukunft der „KZ-Gedenkstätte Kaltenkirchen", wenn sie nicht ständig auf eine mögliche Förderung durch die Bürgerstiftung schielen will, etwas bescheidener ausfallen. Gerade die Überschaubarkeit, ihre starke Einbindung in und ihre engere Bezogenheit auf die Region und die relative Kleinheit der vom Ehrenamt geprägten Einrichtung wird ihren zukünftigen Erfolg sichern.

Schlussbetrachtung und Ausblick

Bis zur heutigen Gedenkstätte war es ein langer und mühsamer Weg gewesen. Von der Wiederentdeckung des Lagers 1975 bis heute sind zweiunddreißig Jahre vergangen. Ohne die Arbeit von Gerhard Hoch wäre hier nichts entstanden. Welchen Widerständen hatte er sich in den ersten Jahren entgegenstemmen müssen? Behutsamkeit und Geduld, aber auch Beharrlichkeit und Hartnäckigkeit waren gegen das Vergessen und Verdrängen notwendig gewesen. Spuren alten Denkens wurden sichtbar. Manchmal legte sich ein eisiges Schweigen wie Reif über die Landschaft und ließ nachbarliches und freundschaftliches Miteinander erfrieren.

Das hat sich heute gründlich geändert.

Welche Ziele hat sich der Trägerverein mit seiner Gedenkstättenarbeit in Kaltenkirchen vorgenommen? Beim Aufklären, Erinnern, Gedenken, Mahnen und Trauern – dem klassischen Gedenken an die Opfer - soll es allein nicht bleiben. Humanes Denken und Fühlen, Demokratie und Rechtsstaatlichkeit in Anknüpfung an die besten Traditionen europäischer Philosophie der Aufklärung und des Humanismus sollen die Wertmaßstäbe und der Hintergrund der Arbeit sein. Dabei soll in erster Linie die Gedenkstätte als „Lernort" gelten, der die „kognitive und affektive Vermittlung spezifischer Aspekte der NS-Zeit[101] als Hauptziel besonders gegenüber Jugendlichen und Schülern verfolgt. Wenn dabei das humanistische Ideal die grundlegende Motivation darstellt, dann werden wir mit wertenden Blicken zurückschauen. Wir werden dabei eine Messlatte anlegen, die von den meisten Menschen damals in der NS-Zeit nicht angelegt wurde. Schließlich werden wir und unsere Schüler nach dem pädagogischen Prozess ungeschminkt feststellen:

„Die Vorgänge hier in der Region, die damals unsere Vorfahren, das waren oft Mitglieder der eigenen Familie, gleichgültig beobachtet, hingenommen oder gar aktiv unterstützt haben, waren ungeheure Verbrechen."

Indem wir so am „Lernort Gedenkstätte" über die vergangenen Menschenrechtsverletzungen informieren, die hier vor Ort geschehen sind, werden wir – so hoffen wir - zugleich die unverzichtbaren Werte humanen Denkens und Fühlens in den Köpfen und Herzen der jungen Leute verankern.

Denn darauf sollten wir achten: Es geht darum, in den nachfolgenden Generationen den Blick dafür zu schärfen, wo, wann, wie und warum unmenschlich gehandelt wurde und ob heute wieder inhumane Tendenzen sichtbar sind. Wir verzichten auf den moralischen Zeigefinger, denn niemand von uns kann sicher sein, in der damaligen Situation menschlicher gehandelt zu haben. Aber heute mit dem Blick auf das Vergangene können und wollen wir in den jungen Menschen, ohne aufdringlich zu sein, jene Witterungen wecken, die sie gegen alle Strömungen wappnet, die in eine unheilvolle Zukunft weisen.

An ´Guantanamo`, dem amerikanischen Gefängnis, in dem gegen jedes Recht, gegen internationale Gesetze und gegen alle Werte humanistischer Traditionen verstoßen wird, gewöhnen sie sich auch dann nicht, wenn es unter dem Mantel des Kampfes gegen den Terrorismus daher kommt. Und wenn unter dem gleichen Mantel auch bei uns Grundrechte ausgehöhlt werden sollen, werden sie hellhörig. Das hoffen wir zu erreichen.

Als „Lernort" der Geschichte will die KZ-Gedenkstätte Kaltenkirchen jungen Menschen vermitteln, dass folgende Werte für ein gedeihliches Zusammenleben in der Gesellschaft unverzichtbar sind: Mitmenschliches Fühlen, Achtung vor dem Fremden, Rücksicht auf Schwächere, Toleranz gegenüber dem Anderssein und die Bedeutung des Mutes, sich für diese Werte einzusetzen. Wenn sie bei ihrer Rückschau auf das Gewesene erkennen, welches Unheil durch bestimmte Haltungen und Einstellungen einer Mehrheit der Menschen in Deutschland angerichtet wurde, dann werden sie besser für ihr Leben gerüstet sein als es ihre Vorfahren waren.

Hier sei zum Schluss eine kleine Auswahl jener

menschlichen Schwächen aufgelistet, wie sie damals verbreitet waren und heute immer noch verbreitet sind, sozusagen eine menschliche Mängelliste, die jederzeit zu höchster Wachsamkeit herausfordert:

a. Opportunistisches Verhalten des wirtschaftlichen und politischen Erfolges wegen
b. Rücksichtsloses Streben nach Karriere und Erfolg
c. Blinde Anpassung an das, was gerade „In" ist
d. Bedeutungshascherei von Leuten, die eigentlich nichts vorzuweisen haben
e. Überlegenheitsphantasien als Kompensation mangelnden Selbstbewusstseins
f. Unpolitische Haltung zu vieler Menschen nach dem Motto: „Das geht mich nichts an."
g. Geringachtung von Menschenrechten und Menschenwürde
h. Mangelnder Mut und mangelnde Zivilcourage
i. Mangelnde Wertschätzung von Rechtstaatlichkeit und Demokratie
j. Bereitschaft, im Zuge einer vermeintlichen Gefahrenabwehr Grundrechte zu opfern
   u. a.

Es gilt das Bewusstsein dafür zu schärfen, dass jeder einzelne Mensch in seiner Individualität einzigartig, unverwechselbar und wertvoll ist, ein Gut, das durch die Gemeinschaft geschützt werden muss. Junge Menschen sollen lernen, drohende Gefahren im Alltag früher wahrzunehmen und klarer zu definieren. Hilfreich ist grundsätzlich „das politische Misstrauen"[102] und nicht anfällig zu sein für die „ideologischen Vorgaben der Zeit"[103].

Wir wollen der Jugend das Misstrauen einpflanzen gegen die Vereinfacher, gegen die Heilsbringer, die die Welt in Gut und Böse, in „Schurken" und Freunde, in Richtig und Falsch einteilen und Sündenböcke für ihre Welterklärung brauchen. Geschichte und Gegenwart lehren, wie leicht der gesellschaftliche und politische Orientierungsrahmen, der uns alle prägt, aus den Fugen geraten und schleichend inhumane Züge annehmen kann. Das im Kleinen, im eigenen alltäglichen Umfeld und im Großen, im politischen Klima des Landes rechtzeitig zu erkennen, dazu wollen wir junge Menschen sensibilisieren. Somit versteht der Trägerverein seinen Auftrag pädagogisch und politisch.

Wie sagte Gerhard Hoch am Ende seines Buches „Hauptort der Verbannung", das der vorliegenden Arbeit als Grundlage diente: „´Hitlers Wiederkehr` ist nicht zu befürchten. Der Nationalsozialismus gehört unwiederholbar der Vergangenheit an. Das ist aber kein Grund zu Vergesslichkeit und Sorglosigkeit. Dass den kleinen Anfängen gewehrt werde – dazu möchte diese Dokumentation beitragen". Ich füge hinzu: Die KZ-Gedenkstätte Kaltenkirchen in Springhirsch ist die Konkretisierung und der sichtbare Ausdruck dieses Anliegens.

Anmerkung:

Oliver Gemballa und Maren Grimm, die beiden jungen Leute der ersten Stunde, stiegen 1998 aus dem Projekt aus. Oliver Gemballa begründete 1998 seine aufkommenden Zweifel in einer schriftlichen Erklärung, die hier dem Leser zur eigenen Beurteilung vorgestellt werden soll: „…Während zu Beginn der Arbeiten noch Einigkeit darüber bestand, dass der historische Ort markiert und die Anonymität aufgehoben werden sollte, kamen im Laufe der Zeit Zweifel auf. Wir stellten fest, dass wir von Seiten der Öffentlich mit Erwartungen konfrontiert wurden, die in der Konsequenz bedeuten würde, dass der Ort aus dem Zustand des „nicht vorhanden seins" in die nicht weniger anonyme Sphäre deutscher Erinnerungsmentalität versetzt würde. Das Anlegen von Wegen und Parkplätzen, das Aufstellen einer Gedenktafel und eines Papierkorbes beruhigt vielleicht das Gewissen einer Gemeinde, die durch unsere Aktivitäten aufgescheucht wurde, setzt aber letztendlich einen Schlusspunkt der Auseinandersetzung…."

Gerhard Hoch bedauerte den Ausstieg der jungen Leute sehr. Der Argumentation aber mochte er nicht folgen und sorgte dafür, dass die begonnenen Arbeiten fortgesetzt wurden.

Im Laufe …….

Geleitwort

Als im Jahre 1978 mein Buch „Hauptort der Verbannung. Das KZ-Außenkommando Kaltenkirchen" erschien, traf es auf eine Öffentlichkeit, die über diesen Abschnitt ihrer Geschichte weitgehend in Unkenntnis gehalten war. Dies Buch ebnete vielen Menschen den Weg, nun auch den übrigen Teil der örtlichen und regionalen Zeitgeschichte unter dem Hakenkreuz anzunehmen.

Das Buch ist seit langem vergriffen. Eine Fülle neuer Erkenntnisse über das Lager in Springhirsch verlangt statt einer neuen, verbesserten Auflage eine völlig neue Bearbeitung des Stoffes.

Diese Aufgabe hat Jürgen Gill nun mit diesem Buch geleistet. Dafür bin ich ihm sehr dankbar. Mit Jürgen Gill verbindet mich nicht nur eine lange Freundschaft, sondern darüber hinaus eine intensive und bewährte Zusammenarbeit am Thema eben dieses Buches.

Ich wünsche dem Buch eine gute Aufnahme in einer Öffentlichkeit, die, anders als im Jahre 1978, bereits für ihre Geschichte aufgeschlossen ist und die Bedeutung dieses historischen Vermächtnisses längst zu würdigen weiß.

Gerhard Hoch.

Das neue Haus neben dem alten Dokumentenhaus, die Gedenkstätte im Sommer 2007, Foto: Gill

Literaturhinweise

1. Siehe dazu auch Hampel, Thomas. Die Geschichte des Flugplatzes Kaltenkirchen. Manuskript vom 9. Juli 1995 im Besitz des Verf., S. 28
2. Meyer, Gertrud. Nacht über Hamburg. Frankfurt 1971, S. 182
3. So ging es zu Ende. Neuengamme. Hamburg 1960, S.144
4. Gedenkstätten für die Opfer des KZ Neuengamme und seiner Außenlager, herausgegeben von der Arbeitsgemeinschaft Neuengamme e.V. . Hamburg 2000, S.13
5. Nürnberger Dokumente 1165 – PS; zit. Nach Meyer, Gertrud, S.138
6. Gedenkstätten für die Opfer des KZ Neuengamme und seiner Außenlager, S. 14
7. KZ Neuengamme und Außenlager, WIEDEY, 1990, Karte in Gedenkstätten …Hamburg 2000, S. 54/55
8. Poel, Albert van de. Ich sah hinter den Vorhang. Hamburg 1948, S.7
9. Gely, Roger. Neuengamme. Clermont-Ferrand 1947, S.40f
10. Meier, Heinrich Christian. So war es. Hamburg 1948, S.40f
11. Alexander Solschenizyn, zitiert bei Jorge Semprun. Was für ein schöner Sonntag, S.127
12. Semprun, Jorge. Was für ein schöner Sonntag! Süddeutsche Zeitung/Bibliothek, München 2004, S.127
13. Die folgenden Ausführungen stützen sich auf Kogon, Eugen: Der SS-Staat. 5. Aufl. Frankfurt 1946, S. 60 ff
14. Schreiben der Amicale Internationale de Neuengamme. Hamburg, Brüssel. SG – 008/61 Schw/A. 10. Januar 1961
15. Die ´Gewitteraktion´ war eine Verhaftungswelle der Gestapo im ganzen Reich in den Nächten zwischen dem 21. und 23. August. Betroffen waren die wenigen noch auf freiem Fuße befindlichen Funktionäre der KPD und der SPD. Allein in Neuengamme wurden 450 „Gewitter-Aktionäre" aus Schleswig-Holstein, Hamburg, Niedersachsen und Bremen eingeliefert
16. Siehe: Vorläufiges Verzeichnis der Konzentrationslager und deren Außenkommandos; hrsg. vom Internat. Komitee d. Roten Kreuzes. Arolsen 1969, S. 185; oder Johe, Werner: das KL Neuengamme; in Studien zur Geschichte der Konzentrationslager, Stuttgart 1970, S. 44ff: "Eingerichtet August 1944."
17. Catalogue of camps and prisons in Germany and German occupied territories. Vol. 1. Arolsen 1949, S. 94
18. Ruth Schulz
19. siehe auch Gerhard Hoch: Die Wald- und Gartenstadt Springhirsch, Aufsatz ausliegend in der KZ-Gedenkstätte Kaltenkirchen
20. siehe Bringmann, Fritz. KZ Neuengamme. Berichte Erinnerungen Dokumente. Frankfurt a. M. 1981, S. 65f
21. siehe Hoch, Gerhard. Zwölf wiedergefundene Jahre. Neudruck. Norderstedt 2006, S. 257f
22. Luther, Hans: Der Französische Widerstand gegen die deutsche Besatzungsmacht und seine Bekämpfung. Tübingen 1957, S.239f
23. siehe Enzyklopädie des Nationalsozialismus. 2. Aufl. München 1998, S. 469)
24. zu sehen im Film „vergessene Lager" von Walther Vietzen, den dieser mit seinen Schülern/innen gedreht und den er der Gedenkstätte zur Verfügung gestellt hatte.
25. Brief von Gerhard Hoch an Gerhard Freyer vom 23. 11. 2002
26. Hoch, Gerhard. Otto Freyer, das Gesicht des Lagerführers vom KZ-Außenkommando Kaltenkirchen". Informationen zur Schleswig-Holsteinischen Zeitgeschichte. Heft 43, 2004, S. 4-23
27. ebenda S. 5
28. in einer von Willy Nuss, einst hoher Offizier der Wehrmacht, unterzeichneten Erklärung an die Spruchkammer Waiblingen vom 28. Febr. 1948
29. Oberst Josef Deindl, Freyers militärischer Vorgesetzter, in einer eidesstattlichen Erklärung gegenüber der Spruchkammer Waiblingen am 11.06.48

30	Brief vom 29.11.02
31	Brief vom 26.10.04
32	Else Stapel in einem Gespräch mit Gerhard Hoch 1976
33	Jemand hat „6.2.45" mit zwei Ausrufezeichen versehen an dieser Stelle eingefügt
34	Bericht über das Arbeitslager Kaltenkirchen/Holstein vom 13.2.46
35	Brief von Marian Marchewka am 6.10.85
36	siehe Aufsatz in: Informationen zur Schleswig-Holsteinischen Zeitgeschichte, Nr. 43, April 2004, S.22
37	Dokument D-747, in: So ging es zu Ende, S.15. Auch in: Bringmann, Fritz. KZ Neuengamme. Frankfurt a.M. 1981, S. 150
38	Hoch, Gerhard. Otto Freyer, das Gesicht des Lagerführers vom KZ-Außenkommando Kaltenkirchen. Aufsatz in „Informationen zur Schleswig-Holsteinischen Zeitgeschichte". Heft 43. Kiel 2004, S.20
39	siehe Wegner, Bernd. Hitlers politische Soldaten. Die Waffen-SS 1933-1945. 3.Aufl. Paderborn 1988, S. 283
40	Rappport sur les Exhumations dans les Cimetieres Concentrationnaires de Kaltenkirchen-Moorkaten et Springhirsch. 1951. S.40
41	Rapport von Tackx und anderen an das französische Kriegsministerium aus dem Jahre 1945.
42	Schreiben der Ehefrau E. Wehres vom 24.3.1978 und von K. Schabrod vom 23.3.1978
43	Pater Humbert in einem Schreiben an Gerhard Hoch vom 29.4.1976
44	Staatsanwalt beim Landgericht Kiel. Gesch.-Nr.2 Js 680/72
45	im Pariser Interview 1991, S.44
46	Gutachten aus dem Jahre 1946
47	Buchheim, Hans: Die SS. Das Herrschaftsinstrument; in: Anatomie des SS- Staates. Bd. 1 Olten & Freiburg 1965, S. 215
48	Enno, Georg. Die wirtschaftlichen Unternehmungen der SS. Stuttgart 1963, S. 109
49	Broszat, Martin: Nationalsozialistische Konzentrationslager 1939 – 1945; in: Anatomie des SS-Staates. Bd. 2. Olten & Freiburg 1965, S. 155
50	Schreiben vom 29. 06. 1076
51	Bericht von 1946
52	Bericht von Wehres 1946
53	Wehres Bericht 1946
54	Siehe: Schlaak, Paul. Das Wetter in Berlin von 1933 bis 1945, Frosttage in Berlin, Winter 1944/45. Bestätigt auch von Richard Henning, München, auf Anfrage des Verf. 2006
55	im Pariser Interview 1991
56	Bericht 1946
57a	siehe auch Schroeder, Karl-Michael: Die vergessenen Ortsteile – Die Flüchtlingslager nach dem 2. Weltkrieg. Duderstadt 2008, S. 56
57	Schiller, Peter. „…und um halb zehn kamen die Engländer", Studien und Materialien Nr. 2, herausgegeben vom Arbeitskreis Geschichte im Segeberger Land. Bad Segeberg 2006, S. 274
58	Zur näheren Skizzierung der Persönlichkeit von Johannes Thies siehe die Ausführungen in: Gerhard Hoch: Zwölf wiedergefundene Jahre, Kaltenkirchen unter dem Hakenkreuz, Bad Bramstedt, unveränderte Neuauflage 2006, S. 34-39
59	Johannes Thies in einem Brief an Gerhard Hoch vom 18. September 1976
60	Schiller, Peter in: … und um halb zehn kamen die Engländer, S. 274
61	in seinem 1948 in Hamburg erschienen Buch „Ich sah hinter den Vorhang", S 57f.
62	Bericht Pater Humbert
63	siehe Gerhard Hoch. Zwölf wiedergefundene Jahre, S. 273 ff
64	Rapport sur les exhumations …Suppl. Nr. 8 und 9

65	siehe dazu: Hoch, Gerhard. Zwölf wiedergefundene Jahre, S. 282
66	Brief von Jaskiewicz am 13.01.76 an Stefan Bindheim
67	Siehe: Public Record Office WO 309/404, britische Vernehmungsprotokolle, Gedenkstätte Neuengamme
68	Rapport sur les exhumations, S.38
69	Rapport, S. 38
70	Totenbuch Neuengamme. Hrsg. Freundeskreis e.V. Dokumentation Franz Glienke. Wiesbaden o. J
71	Stellungnahme von Wehres, Linder und Fehren vom 20.5.1950
72	Schiller in „…und um halb zehn kamen die Engländer, S. 273
73	ehemaliger Lokführer der AKN, Jahrgang ´22
74	Mahn- und Gedenkstätten Wöbbelin. Schwerin, 1976, S. 15ff
75	aus: „Die Hölle vor den Toren von Ludwigslust". Manuskript im Besitz von S. Jaskiewicz
76	Bericht über Wöbbelin; aus dem Archiv Hans Schwarz, vom 1.11.1965
77	Rousset, David. L´Univers Concentrationaire. Paris 1946, S. 171ff
78	Baganz, Carina. Zehn Wochen KZ-Wöbbelin. Wöbbelin 2000
79	Rousset, David. S. 172 f
80	siehe Schwarberg, Günther. Angriffsziel Cap Arcona. Göttingen 1998, S. 62ff
81	Rousset, David. L´Univers Concentrationaire. Paris 1946, S.176 f
82	Zuckmayer, Karl. „Als wär´s ein Stück von mir". Sonderausgabe bei S.Fischer. Frankfurt a. M. 2006, S. 359
83	Mitscherlich, Alexander und Margarete. Die Unfähigkeit zu trauern. Grundlage kollektiven Verhaltens. München 1968
84	Etude, S.41
85	Eingang 25.8.67, OB. Nr. 1. 176/67
86	Eingang 25.8.67, OB. Nr. 1. 176/67
87	ab Nr.195
88	siehe Hoch, Gerhard. Zwölf wiedergefundene Jahre, …, S. 316ff
89	Hoch, Gerhard. Zwölf wiedergefundene Jahre, …, S. 311
90	Aktenvermerk vom 20. April 1972
91	G. Hoch
92	Zu dem „Sterbelager" siehe Hoch, Gerhard. Zwölf wiedergefundene Jahre, S. 273ff
93	Rapport …S45
94	Rapport …S.35
95	Etude des Cimetieres du Kdo Kaltenkirchen-Springhirsch (Neuengamme) vom 27.7.1950
96	siehe Aufsatzsammlung, ausliegend in der KZ-Gedenkstätte Kaltenkirchen in Springhirsch. Der hier erwähnte Aufsatz von Gerhard Hoch ist abgedruckt im AKENS-Heft Nr. 49 – Informationen zur Schleswig-Holsteinischen Zeitgeschichte, Kiel 2008, S. 70–91.
97	siehe dazu Browning, Christopher R…„Ganz normale Männer – Das Reserve-Polizeibataillon 101 und die ´Endlösung´ in Polen", in ro-ro-ro Sachbuch 1999, Reinbek
98	Aufsatzsammlung ausliegend in der …
99	Aufsatzsammlung
100	Hoch, Gerhard. „ Bericht an die DGB-Jugend". 16.9.2002
101	Danker, Uwe. Beschlussvorlage des Vorstandes und Wissenschaftlichen Beirates der Bürgerstiftung Schleswig-Holsteinische Gedenkstätten vom 3. 09. 2007
102	Fest, Joachim. Ich nicht. Erinnerungen an eine Kindheit und Jugend. 2. Aufl. Reinbek 2006, S. 360
103	ebenda, S.360